恐怖の哲学

ホラーで人間を読む

戸田山和久 Todayama Kazuhisa

NHK出版新書
478

恐怖の哲学——ホラーで人間を読む　目次

第3章 これが恐怖のモデルだ！——身体化された評価理論……112

第7章 なぜわれわれはホラーを楽しめるのか？……298

まえがき

じつは、私はかなりの臆病者だ。おそらく幼児体験のせいだろう。といってもたいしたことが起こったわけではない。その頃、子どもはできるだけ早く親から離して自立させるがよろしし、という育児理論がはやったらしい。幼稚園に入った頃から、夜は自分の部屋で一人で寝ることになった。これが怖かった。我が家の居住スペースは父の仕事場の上にあった。三階建ての建物の三階だ。私の寝室の壁を隔てて、一階から三階につながる階段がある。部屋を暗くして眠ろうとすると、両親は一階の扉をちゃんと閉めてくれただろうかと心配になる。何か怖いものが入ってきたらどうしよう。そう思うと、階段を上ってくる足音が聞こえるような気がして、眠れなくなる。実際、ギシギシという音が聞こえてくる。結局、ベッドを抜け出して大人が起きている部屋に行って「ねむれない〜」と訴えることになるのだった。両親は、しょうがないねえ、と言って精神安定剤をくれたりした。

いいんでしょうか、こういう子育て。おかげさまで、何となく陰影に富んだ人間に育ったような気もするが、いまでもこのときの悪夢を何度も繰り返し見る。オマケに一階の玄関が壊れていて、カギがちゃんとかからないというシチュエーションに設定が変わってて恐怖度アップだ。夢の中の私がベッドでおびえていると、階段を「何か」が上ってくる。それは、泥棒でも幽霊でもない。正体がはっきりしないが、そのくせ恐ろしく禍々《まがまが》しいものであることだけは確かな、何か、なのである。ああ、こんなことを書いていると、また夢に見るかもしれないから、止めておこう。

そういう怖がりの私が、じつはホラーがけっこう好きだということに、最近気づいてしまった。『論文の教室』『科学哲学の冒険』などでお世話になったNHK出版の大場さんと、打ち合わせで飲む機会がある。真面目な話が終わると、いつもホラー映画やホラー小説について熱く語っている二人がいた。おかしいな。私は小説ではジョイスやフローベール、映画では小津、黒澤、ヴィスコンティといった高級本格志向だったハズなのに。なぜ？ そう思って、つらつら思い出してみると、たしかにけっこうホラーを観ているし、読んでいたのだった。あれ、オレってホラー好きなのかな。……というわけで、自分の隠された嗜好《しこう》に気づいたわけである。とはいえ、本格的なファンの皆様にはずかしくて、とても「ホラーファン」を名乗るつもりはない。自宅の地下に映写室とコレクションがあって、毎晩観ていたら離婚されたとか（そういう芸能人がいたのだ）、『ファンゴリア』と『ネムキ』

を創刊号からぜんぶ買ってました、というんではないからね。

ホラー映画への目覚めは高校生時代にさかのぼる。きわめて真面目な学生だった私は、どうしてもその日は学校に行く気がしなくて、飯田橋の外堀通り沿いにあった「佳作座」で映画を観ていた。行く気がしないのに学校に行く、などという不真面目なことがどうしてもできなかったのだ。上映中だったのは、ホラー映画の金字塔『悪魔のいけにえ』とアンディ・ウォーホルの怪作『悪魔のはらわた』の二本立て。このうち、『いけにえ』がいけなかった。もう、出口のない恐怖にいたぶられ続けて……。かなり神経を痛めつけられた私が、映画館から出てくると、そこはまだまっ昼間だった。太陽にカッと照りつけられた私は、こらえきれず、街路樹のマロニエの根元に朝ごはんに食べたものをすべて戻してしまった（マロニエというのはウソ。たぶんポプラか何か。でも嘔吐《おうと》するならマロニエでしょ）。不思議なことに、これがまた何とも甘美な体験で、それ以来、ときどきおっかなびっくりホラー映画を観るようになった。こんなに臆病者なのに。

大人になった私は、さすがに、もうちょっと客観的にホラーを観ることができるようになった。『ウルトラQ』の「クモ男爵」が怖くてトイレに行けず、オネショしてしまった私が、いまや「若林映子ってグラマラスでエエのお」とか言いながらＤＶＤを観ている。本書は、そういう私が、ホラーを題材に、いっちょ恐怖とは何かをテツガクしてみよう、という無謀な試みである。

恐怖は意外にも哲学の主題になってこなかった。ベルクソンやキルケゴールを引き合いに出すまでもなく、笑い、愛、絶望といった他の情動はさかんに論じられてきた。あるいは、情動全般を扱う「情動の哲学」も、心の哲学の一分野として定着している。おそらく、恐怖は情動の中でも人間的ニュアンスに欠ける、動物的・生理的反応にすぎないと思われているのだろう。アドレナリンが出て、ギャー、心臓ドックンドックン、息ハアハア、汗グッショリ……という具合。

しかし、いくつかの点で、恐怖はなかなか面白い問題を哲学につきつけている。たとえば……。情動は非合理で、理性の邪魔になる。合理的判断を妨《さまた》げると考えられてきた。だったら、**どうして私たちはそんな邪魔者をもっているのだろう**。何だかおかしくないか？　むしろ、情動も行動の合理性をもたらしてくれているのではないだろうか。

たしかに、ジャングルで猛獣が突然飛び出してきたとき、おや、これは何かしら、猛獣のように見えるけど、そうでないかもしれない。もうちょっと確たる証拠を集めないと。あ、すごい牙《きば》が見えるね。これは猛獣である可能性を高めるね。あ、大きな口がすぐそばに迫ってきた。これは逃げたほうがよいだろうか。助かる期待値を計算しなくては……。カプっ。これよりは、うわっ、何だか怖い、きゃー逃げろ。のほうが助かりやすいだろう。

感情も合理的行動をもたらす。とくに、リアルタイムで対処しなければならない状況に対して。

……それはそうなんだが、だとしたら、**なぜ恐怖が怖い必要があるのだろう**。恐怖はなぜ、あの怖い感じ、ゾクゾクとかドキドキとか「血も凍る」とかさまざまな仕方で表現される、あの独特の感じをもっている必要があるのだろうか。「うわっ、きゃー、とにかく逃げろ」を冷静にやってくれるシステムをもっているのではいけないのだろうか。そもそも、恐怖の怖い感じ、ってどんな「感じ」だったっけ。それって、不快感とどこが似ていてどこが違うの。こういった問いが浮かんでくる。

恐怖は、怖さ特有の「**怖い感じ**」をもっている。この怖い感じゆえに、恐怖が娯楽になる。それがホラーだ。恐怖を感じる生きものはいろいろいるだろうが、恐怖を楽しむことができるというのは、きわめて人間的な事実じゃないだろうか。**なぜ、どのようにして、人は恐怖を楽しめるのだろうか**。そして、その「楽しみ」の正体はいったい何だろう。ホラーの何を楽しんでいるのか。ホラーを楽しむためにはどんな能力が必要なのだろうか。

そして、ホラーはフィクションだ。怖いものが出てくるが、それって画面の中だけのことでしょ。**なんで作りごとだとわかっているのに、吐き気がするほど怖かったんだろう**。……こういった問いが次々に浮かんでくる。

さらに、**なぜわれわれはこんなにも多種多様なものを怖がることができるのだろう。**人間はいろんなことがらを怖がることができる。その場にないものを怖がることも、ありえないものを怖がることすらできる。本来怖くないものを怖がることだってありうる。この多様性が、ホラーのジャンルとしての成功をもたらしたわけだ。

このように、恐怖という情動については、考えてみるべき謎がまだまだたくさんある。そして、ホラーというジャンルの存在は、その謎をさらに多様に、さらに深くする。そこに問いがある以上、考えてみますよ、というのが哲学なので、考えちゃいましょう。

そこで本書では、まず第Ⅰ部で、感情心理学と情動の哲学の成果を助けに借りて、恐怖と情動一般についての包括的なモデルを提案する。第Ⅱ部では、そのモデルをふまえて、ホラーというジャンルについての三つの謎に挑む。そして第Ⅲ部では、最後まで残る難問、恐怖の怖い「感じ」の正体って何だ、その正体をつきとめることができるのか、どうすりゃできるのか、という問題を考えてみる。

いきなり問いばっかり立ててしまったぞ。うまく答えようとすると、本書は限りなく膨れあがってしまいそうだ……。これが目下の最大の恐怖。

I　恐怖ってそもそも何なのさ？

【第Ⅰ部の基本方針】

というわけで、本論に入っていこう。第Ⅰ部ではいきなり、恐怖って何なのかを明らかにすることを目指しちゃう。恐怖は情動、つまりエモーションの一種だ。だから、感情の心理学とか、情動の哲学と呼ばれる分野を導きの糸にする。それに加えて、ホラー映画から大いに学ぼう。映画に限らず、ホラー作品は恐怖という情動を哲学するもう一つのやり方だ。ホラーを読み解きながら、恐怖の正体を明らかにしてみたい。

そのためにまず第1章では、シンプルで原始的な恐怖、恐怖の原型を分析して、恐怖を構成するいくつかの要素を取り出してみる。第2章では、第1章で分解した要素の相互関連について考える。第3章では、アントニオ・ダマシオのソマティックマーカー仮説を紹介し、シンプルで原始的な恐怖は不合理なものと言われているが、それは本当か？　ということを検討する。最後に、それまでに考察した恐怖の構成要素をすべて結びつけ、統合した「恐怖のモデル」を提案する。

第1章　恐怖の原型としての「アラコワイキャー体験」

1　恐怖の三つの要素

子どもの頃にテレビで『オバケのQ太郎』、通称『オバQ』を見ていた。まだAとFに分裂する前の藤子不二雄の傑作だ。何度もアニメ化されているんだろうけど、私が見たのは一番最初のやつ。Q太郎はご存じのように犬を怖がる。「キューピーちゃん」こと石川進が脳天気な声で歌いあげたその主題歌に、次のような趣旨の一節があった。「ワン、ワン！あら怖いーキャー。ぼーくは犬には弱いんだ」。私も大の犬嫌いだったので、この歌には胸に迫るものがあったなあ。

大人になり、それほど犬を恐れない哲学者になった私から言わせてもらえば、この歌は**恐怖の原型**を余すところなく伝えている。概念の分析を旨《むね》とする哲学者にとって、まさに

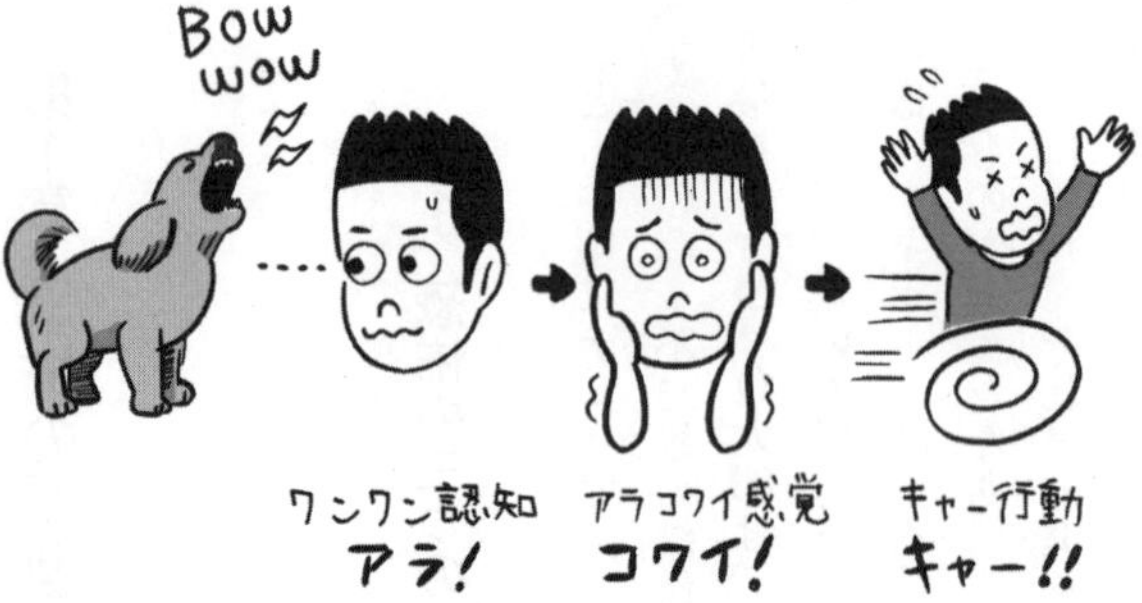

図1–1　アラコワイキャー体験の三つの要素

お手本となる歌と言ってよいかも。つまり、自分の生存に危害を加えるかもしれない何かが突然出現する。それに対して、心臓がドキドキ・バクバクする感じ、頭から血がスーッと引いていく感じ、時間の流れが遅くなる感じ、といったいわゆる「**恐怖感**」が生じる。そして一目散に逃げる(犬に吠《ほ》えられた場合)。あるいは、財布を差し出す(カツアゲくらった場合。やはり子どもの頃、渋谷駅でパンチパーマの高校生に二度もやられた。二回とも、イキナリ頭突きをされて鼻血が出た。いかにも気が弱そうだがお金はもっていそうな、要するにいいところのボンに見えたのであろう)。

つまり、逃げるにせよ、脅迫に応じるにせよ、悲鳴をあげて仲間の助けを呼ぶにせよ、生じそうな危害を避けるための何らかの行動が引き起こされる。ときには、恐怖のあまり腰が抜けて、相手の餌食《えじき》になることもある。しかし、たいていの場合、恐怖は、予想される危害を低減するための何らかの行動を促す。

というわけで、恐怖はおおよそ三つの要素からできている。自分に害をなす可能性をもつ対象を認知すること(ワンワン認知)、いわゆる恐怖感、怖さを感じているときのあの感じ(アラコワイ感覚)、危害低減行動(キャー行動)を促すシグナル、というか動機づけ。この三要素からなる恐怖の原型的なあり方を「**アラコワイキャー体験**」と呼んでおこう(図1-1)。

「出ますよ出ますよ」――アラコワイキャーの変奏

ホラーというジャンルは、人間がアラコワイキャー体験をもつようにできているという自然の事実に根ざしている。もちろん、この体験はあくまでも恐怖の「原型」にすぎず、よくできたホラーは、もっとさまざまな怖がらせ方を工夫するようになる。たとえば、ワンワン認知、つまり「自分に危害を加える可能性をもつ対象の認知」は、容易に「自分に危害を加える対象の可能性の認知」へと転化しうるので、怖い対象が実際にバーンと出てこなくても、「出ますよ出ますよ」とその可能性を指し示すだけでも、われわれはちゃんと怖がることができる。

『サイコ』の超有名な、シャワー室でカーテンの向こうに現れたノーマンに女性が殺されるシーン以来、シャワーカーテンはこの種のトリックの常套《じょうとう》的手法になった。カーテンの向こうに何かがいるのでは。主人公はごくりと生唾《なまつば》を飲み込みながらカーテンに近づいていく。一瞬のためらいののち、意を決してカーテンを開ける。と、いろんなことが起こる。カーテンを開けると、誰もいない。ホッとする主人公。そのとき、後ろから刃物をもった殺人鬼が、とか。これは『13日の金曜日』ね。カーテンを開ける、そこには鮮血が飛び散っているだけで、怪物も被害者もいない（『遊星からの物体X・ファーストコンタクト』）とか。

小佐田定雄作の新作落語『幽霊の辻』は、「出ますよ出ますよ」だけでできあがった傑作な怪談だ。使いの男が夕暮れ時に、茶店の婆さんに目的地までの道を尋ねる。婆さんは、水子池、首なし地蔵、父追い橋、首くくりの松を順に越えていけばすぐだと答え、それぞれの名前の由来になった「気色わるーい」話を語って聞かせる。男は、「あんな話、嘘やろ」と言いながら、やがて水子池にさしかかる。ほんぎゃほんぎゃと聞こえても……かまへんけどな。ま、どっちか言うと聞こえんほうがええけどな……ウワアアアアアアッ。……何にも聞こえへんがな。……これが繰り返されるという話。桂枝雀《かつらしじゃく》師匠の「何にも聞こえへんがな」「何にもあらヘン」のタイミングが絶妙だ。

とまあ、われわれは「有害対象の可能性」どころか、場合によっては**「有害対象の不在」**をすら恐れることができるようになったわけだ。これは人間に特有の興味深い現象だろう。どうしてこういうことができるようになったのかについては、第Ⅱ部で考察することにして、ここでは次のことを言っておきたい。このように、現にわれわれはいろんなものを恐れることができるのだが、それらはすべて、アラコワイキャー体験の変奏である、あるいはアラコワイキャー体験に寄生している。いわば、**アラコワイキャー体験のシミュレーションがわれわれにはできる、われわれはそれを利用してホラーという娯楽をつくりあげた、**というわけだ。

「声だけの敵」が襲ってくる！

実際に、多くのホラー映画では、シンプルなアラコワイキャーと、可能性の怖さ、不在の怖さをうまく組み合わせることで、単調さを回避している。しかし、恐怖の原型としてのアラコワイキャー体験をまったく欠いたホラーはほとんど成立しない、あるいはきわめて難しい、と言ってよいだろう。

ウェス・クレイヴン監督とケヴィン・ウィリアムソンの脚本が生み出した傑作『スクリーム』は、冒頭のドリュー・バリモアによる一人芝居が見事だ。郊外の、広い庭があり、パティオもついた白い瀟洒《しょうしゃ》な家。かなりリッチな家に見える（だいたい、この映画の舞台となる高校の生徒はほとんど全員が白人だ。推して知るべし）。留守番中の高校生（ドリュー演じるケイシー）に電話がかかってくる。間違い電話だからと言っていったんは切るのだが、再度かかってくる。話し相手になって欲しい、というわけだ。ケイシーは、これからレンタルしてきたホラー映画を観るつもりで、家庭用ポップコーンを火にかけたところだった。ホラー映画趣味をめぐるたわいもない話のあと、電話の主はケイシーに名前を尋ねる。そんなこと何で知りたいの、と逆に問うケイシー。電話の声は、ボクがいま見ているのが誰かを知りたいからだよ、と答える。**誰かが家の外に来ている！** この瞬間に画面の雰囲気はがらっと変化する。見事だ。

電話はケイシーへの殺人予告だったのだ。ホラー映画トリビアクイズを楽しもう。外《はず》れたら、殺す。ここから、見えない殺人鬼にケイシーが心理的に追い詰められていく様子が描写されていく。火にかけたままになり、銀紙の中でポンポンふくれあがっていくポップコーンが、ケイシーの恐怖ではじけそうな心のメタファーになっている。ここも、うまいよなあ。

というわけで、この映画は冒頭しばらくの間、不在の、声だけの敵（別世界からなじみの空間に闖入《ちんにゅう》してきた禍々《まがまが》しい存在）に翻弄《ほんろう》される恐怖という、かなり凝《こ》った怖さを味わわせてくれるのだが、ケイシーがついに殺される場面で、どうしても犯人（白い覆面をつけ、黒いガウンをまとって、ナイフをもったアレ。要するに死神の格好）が画面に登場せざるをえなくなる。死神である犯人が姿を露《あらわ》にするのと引き替えに、逆にケイシーは声だけの存在になる。

外出から帰ってきた両親が異変に気づいて警察に電話しようとすると、受話器からは瀕《ひん》死《し》のケイシーの弱々しいうめき声が聞こえてくる（ケイシーは登場してからほとんどずっと、犯人との追いかけっこの最中も電話の子機を手にしていた）。ケイシーの魂は、声だけの存在＝死神のやってきたところ、死の世界へ旅立とうとしている、というわけだ。彼女が現実世界に戻って両親と再会するのは、内臓をえぐられ木から吊《つる》された物言わぬ死体になってからである。

冒頭のエピソードが終わり、犯人がいったん姿を見せてしまってからは、『スクリーム』はまったく別の映画になる。もう、犯人の映ること映ること。後半の主人公であるシドニー（ネーヴ・キャンベル）にも、ケイシーと同様に犯人から電話がかかってくるのだが、シドニーはそんなに怖がっているように見えないし、電話直後にあっさり姿を現した犯人と取っ組み合ったりしちゃう。なぜ声にあまりおびえないのか。冒頭シーンの二番煎《せん》じになっちゃうということもあるでしょう、ネーヴ・キャンベルがドリュー・バリモアに比べて演技力不足ということもあるでしょう（そりゃ大いにありそうだ）。

でも、最大の理由は、一年前に母親を愛人に惨殺され（たと思っており）、その傷がまだ癒《い》えないシドニーには、そういう怖い目に遭《あ》わねばならない理由がうっすらわかっているからだし、外部からの声の侵入によってあっさり攪乱《かくらん》されてしまうような「平穏なサバービア的中産階級生活」とはそもそも無縁だからだ。シドニーを攪乱する声は、現実世界から別の電波に乗ってやってくる、つまり母親の死の真相を暴こうとするTVリポーターの声だ。というわけで、ケイシーの場合とはまるで違うね。

そうなると、ナイフを振りかざして襲いかかってくる連続殺人鬼をこれでもかと登場させて、手を替え品を替えてアラコワイキャーを繰り返す他はない。女子トイレに潜んでシドニーを襲う、校長室で校長先生を刺し殺す（このシーンで、『サイコ』のシャワーカーテンのパロディが使われる。ロッカーだけど。校長先生がバッとロッカーの扉を開けると、誰もいない。ホッとして部屋のドアを閉めると、ドアの陰に隠れていた犯人に襲われる）。ガレージでシドニーの親友をシャッターに挟《はさ》んで殺す、果ては、茂みに隠れていて用もないのにちらっと映ったり、隠しカメラの前を何となく横切ったりする。もう、出まくり。

このあたりが、武器を一種類しかもたないシリアルキラー（連続殺人犯）モノのつらいところだとも言える。さすがに、手練《てだ》れのクレイヴン、ウィリアムソンのコンビは、これだけ現れまくる殺人鬼が、現れまくるがゆえにかえって正体がわからんという方向に話をもっていくので、後半も退屈することはないのだけれども。

2　恐怖の認知的側面――アラコワイキャーをさらに分析する①

恐怖は志向性をもつ

そういうわけで、どんなホラーも、どこかでアラコワイキャー体験のもつ原初的な怖さに訴えざるをえないわけだ。サメに食われる（『ジョーズ』）から始まって、頭のイカレたテキサスの田舎者にチェンソーで追いかけられる（『悪魔のいけにえ』）とか、小説が書けなくてオカシくなったお父さんが斧《おの》をもって襲ってくるとか（『シャイニング』）、善悪の区別のつかない保険金詐欺のオバサンが包丁もって刺しにきて、しかもそれが大竹しのぶだったりするとか（『黒い家』）、体内でエイリアンの卵が孵化《ふか》して幼体が胸を食い破って出てくるとか（『エイリアン』）、果ては、暴走するセキュリティシステムにレーザー光線でサイコロ状に切り刻まれる（『バイオハザード』）とか。

これってみんな、痛そうで死にそうだ。それだけでなく、すべてに共通するのは、自分に重大な危害（最悪の場合、死）をもたらしそうな対象が明確になっており、それが目の前に迫っているのを認知しているという点だ。これを先ほどはワンワン認知と呼んだのだった。ワンワン認知のあり方についてもう少し考えてみよう。

ワンワン認知には、二つの側面がある。それを、**「対象」「評価」**と呼んでおこう。まず、ワンワン認知には対象がある。何かが恐れられているのである。それはサメだったり、チェンソーをもった殺人鬼であったり、エイリアンの幼体だったりする。普通の人が怖がらないものに病的な恐怖を感じる人がいるが、それも「何とかフォビア（ナントカ恐怖症）」という具合に、恐怖の対象が何であるかによって分類されている。広場恐怖症、高所恐怖症、先端恐怖症、変わったところではクモ恐怖症（アラクノフォビア）なんてものがある。哲学用語を無理矢理使うなら、**恐怖は志向性をもつ**、ということになる。恐怖には向かう先がある、と言ってもよいし、恐怖はつねに何かについての恐怖だと言ってもよい。

志向性を欠いた恐怖、つまり**対象のない恐怖がありうるか**、というのは難しい問題だ。統合失調症や、アルコール依存症の禁断症状では、「特定の何かが怖いのではないが、とにかく何だかものすごく怖い」という体験をすることが報告されている。しかし、この体験も、世界全体を対象に恐怖している、とかあらゆるものを対象に恐怖している、と記述し直すこともできそうだ。

たとえば、吾妻ひでおが自らの失踪癖からアルコール依存闘病の顛末《てんまつ》までを描いたマンガ『失踪日記』には、初めて禁断症状に陥《おちい》ったときのことが描写されている。まず、車の音や子どもたちの声が恐ろしく聞こえるようになり、すごく恐ろしい人が自分にまとわりついているという幻覚が生じ、しまいには大好きな女子高生までもが恐ろしくなった、そうだ。この体験の記述を信じるなら、やはり、つねに何かが怖いのであり、ただ、その恐怖の対象があらゆるものに拡散し、しかも一定しない、という体験だと言えそうだ。そこで、恐怖はつねに志向性をもつ、と考えておくことにしよう。

恐怖は**情動**ないし**感情（エモーション）**の一種とされている。情動には、他に喜び、悲しみなども含まれる。喜びや悲しみと比べてみると、恐怖のもつ志向性はかなりはっきりしている。喜んでいるとき、悲しんでいるとき、その喜びや悲しみはある特定の明確な出来事（バレンタインにチョコをもらった、愛猫《あいびょう》に死なれた）によってもたらされたものであるとしても、その喜びや悲しみが向かう先はかなり曖昧《あいまい》だ。

バレンタインに初めてチョコをもらったときのことを思い出そう。もちろんもらったから喜んでいるのだが（この意味で、喜びの原因は明確）、喜びがチョコに向かっている、というのはヘンだ。チョコを手にして天にも昇る気持ちになっているとき、世界がバラ色に輝いて、頭上で天使のラッパがパッパラーと鳴り響く（そう思いませんでしたか？　私だけですか、そうですか)。強いて言うなら、私は世界全体を喜ばしいものとして喜んでいたわけだ。

これに対して、恐怖の場合、そこで恐れられている対象が、かなり明確にその背景から際立たされている。眼前の犬を怖がっている場合、犬は怖いが、それ以外のものは怖くない。恐怖は明確な対象として周囲から切り離された犬に向かっている。

われわれは「間違った恐怖」を抱くことができる

さて、志向性をもつ、ということは**間違いがありうる**ということでもある。幽霊の正体見たり枯れ尾花、というやつだ。あるいは、縄《なわ》をヘビと思って怖がるとか。このとき、何が怖がられているのだろうか。縄が怖がられているとも言える。あの阿呆、何でまた縄を怖がってやがるんだ、という場合だ。ヘビを怖がっているとも言える。この人に、何がそんなに怖いんだい、と聞いたなら、「そこにいるヘビだ」と言うだろうから。

私の答えは、どっちでもよい、というものだ。無理に、どちらを「恐怖の対象」と呼ぶかを決める必要はない。大事なのは、ヘビを見てヘビを怖がることと、縄を見てヘビを怖がることの間には、前者を正常、後者を異常ないし間違い(錯覚・幻覚)にしている、ある重要な違いがあり、その違いが生じるのは、恐怖にはそれが向かう先があり、恐怖は志

図1–2　間違った恐怖を抱く構造

向性という構造をもっているからである（図1―2）。

ヘビに向かう（ヘビを志向する）恐怖を、縄を原因として抱いたら、間違った恐怖になる。普通は、ヘビに向かう恐怖はヘビを原因として生じる。このとき、われわれは、恐怖の対象はヘビだと言う。錯覚や幻覚で、志向性の向かう先と原因とがズレたとき、われわれの「対象」という概念はそのズレに対応する用意がないのだ。どっちをどう呼ぶかについて、あらかじめ正解がないのだから、目下の目的に沿って決めればよいだけの話だ。

というわけで、恐怖に「怖い対象の認知」が含まれているということは、恐怖は志向性をもつということであり、それは間違った恐怖、つまり**怖がるべきではないものを怖がること**がありうる、ということだ。すぐれたホラーは、この間違った恐怖をうまく使っている。鶴屋南北《つるやなんぼく》のホラー歌舞伎の傑作『四谷怪談』で、女房のお岩を殺し、お岩の幽霊におびえる田宮伊右衛門は、お岩から乗り換えた再婚相手のお梅を婚礼の夜に幽霊と勘違いして錯乱し、斬《き》りかかって殺してしまう。間違った恐怖がさらなる悲劇を生み恐怖を生むという構造が活《い》かされている。

さらに敷衍《ふえん》するなら、そもそもホラーという娯楽ジャンル自体が、間違った恐怖を抱くことができるというわれわれの能力によって初めて可能になっている。『13日の金曜日』でジェイソンが湖の中から突如現れると、われわれはギャーと驚き、怖がる。『エクソシスト』で少女の頭がぐるーっと一回転すると、怖い。でも、これらは間違った恐怖だ。そこにあるのは、スクリーンに投影された光のパターンであって、本当にジェイソンが出現したわけでも、首が回転したわけでもないからだ。ホラーがこの世にあるということが、恐怖に志向性があることを証拠立てている。

対象への評価はいつ生じるのか

いま、「恐怖には怖い対象の認知が含まれている」と言った。つまり、単に対象が何であるかが認知されているだけではなく、それが「怖いものである」あるいは「恐れるべきものである」という、ある種の価値評価もなされている、ということだ。要するに、ワンワン認知には**対象に対する評価**が含まれている。これがワンワン認知の第二の側面だ。

次に考えてみたいのは、その評価の「**含まれ方**」だ。一つの考え方として、対象の正体突き止めが評価に先行するというものがある。

そこに、何かいますね。よく見てみましょう。あら、犬ですね。犬だということを認知しましたよ。さて、犬をどう評価したものか。「私の怖いものリスト」と照らし合わせてみましょう。おや、犬は怖がるべきものですね。キャー。

たしかに、このように対象が何であるかの認知が「怖いものである」という評価に先立つような恐怖もあるだろう。そして、対象が何であるかの認知から、怖がるべきものであるという評価にいたる筋道を、かなり複雑な推論が媒介している場合すらある。

たとえば、『オーメン』では、主人公の外交官グレゴリー・ペックの周辺で次々と奇怪な出来事が起こる。ペックは自分の息子（実はもらい子）のダミアンくんが災厄《さいやく》の原因ではないかと疑いを強めるが確信はもてない。髪の毛に隠されたダミアンくんの頭部に、悪魔の印「666」が刻印されているのを発見するにおよんで、ようやく自分の息子が悪魔の子であることに気づく。ここにいたってダミアンくんが恐怖の対象になるのだった。

しかし、いま問題にしようとしているアラコワイキャー体験のような原初的でシンプルな恐怖、いわば恐怖の原型については、こうしたモデルは当てはまらないように思う。むしろ、対象が何であるかの認知と評価はいっしょになってやってくる。犬であることの認知に恐れるべきという評価がプラスされるのではなく、まさに「怖い犬」として認知されている。だから、恐怖の対象は、怖い対象でもあるのだが、その怖さは、それが何であるかの認知の結果として引き起こされた情動が、対象に投影されたものではないだろう。われわれが何かを怖がっているとき、そこで認知されている対象は、最初から怖いものなのである。

　このことを雄弁に物語っているのは次のような事実だ。われわれは、対象が何であるかの認知が十分でない、あるいは完了しないにもかかわらず、その正体不明の何かをとりあえず「怖い何か」と評価して恐れることがありうる。

　鈴木光司の小説『らせん』で、私にとって最も怖かった場面。主人公が失踪した知人の手がかりを求めて彼女の部屋を家捜ししている。四つん這《ば》いになって夢中で探していると、主人公の足元を何かが通っていく。それは「何か」なのだが、主人公は怖くて振り返ることができない。ただ、とにかく恐ろしい何かがそこにいることだけは確かだ。

　この場面は怖かったなあ。布団《ふとん》の中で読んでいたのだけど、自分の足元にも、そのなんだかわからない恐ろしいものがいたらどうしよう、と思い、明かりをつけたまま寝た覚えがある。実に小心者だ。原初的な恐怖においては、恐ろしさの評価は、必ずしも、それが何であるのかの認知に続く処理プロセスとしてやってくるわけではない。この話は第2章で詳しく展開する。

頭ではわかっていても怖いものはコワイ

怖いという評価が、恐怖にどのように含まれているのかを問題にしているのだった。その「含まれ方」のもう一つの論点に目を転じよう。その評価は**どういう心的状態として含まれているのか**、という論点だ。価値の評価と言うと、われわれはつい価値判断ですね、と思ってしまう。そして、その評価の内容をつい「犬は恐ろしい」とか「恐ろしい何かがそこにいる」のように命題の形で述べてしまう。そうすると、ここで言う「評価」は、命題の形をした(価値)判断内容をもった心的状態、つまり**価値についての信念**(belief)の形で抱かれていると考えたくなる。

そういうこともたしかにある。キノコの図鑑を読んだら、ドクツルタケは「殺しの天使」の異名をもってるとか、猛毒キノコ御三家だとか、食べると、肝臓、腎臓《じんぞう》をスポンジ状に破壊して約一週間苦しみぬいて死ぬよ、とか書いてある。それを読んで、ドクツルタケって怖いなあ、という信念を抱くようになる。

しかし、ここで十分に注意する必要がある。われわれは、他人や動物に対して、知識や欲求を帰属させる。そのときに、その内容を命題の形式で述べる。たとえば、実験装置で訓練されたラットについて、このラットは「このボタンを押すとエサが出る」ということを知っています、と言う。これは、われわれが自然言語を使って研究を進めている限り、避けがたいことだ。他にやりようがあったら教えてほしいくらい。しかし、このことは、ラットが「このボタンを押すとエサが出る」という命題形式をした何か（哲学ではソレは**信念**と呼ばれる）として、その知識を心に抱いているということは意味しない。

同様に、恐怖に含まれる価値づけが、「○○は恐ろしい」という命題的内容をもつ信念という形で抱かれているとは限らない。むしろ逆で、何かを怖がっているとき、その対象を恐ろしいものと評価しているのだけれど、そのときわれわれは、対象が恐ろしいものであると信じているわけではなさそうだ。つまり、しかじかの対象は恐ろしい、という価値判断を、世界についての他の信念（太陽は東から昇るとか、お金で物が買えるとか）と並び、同じ信念データベースに保存されるような信念として抱いているのではなさそうだ。

というのも、このように恐怖に含まれる価値づけが、もし信念みたいな形をした価値判断なら、信念体系が変われば怖いかどうかの価値づけも変わり、恐怖を感じるかどうかも変わるはずだから。哲学者の信原幸弘さん（東京大学大学院総合文化研究科）に倣《なら》って、飛行機が怖くてしょうがない人を例にとろう（信原　二〇一四）。この人は、飛行機に乗るのが怖い。出張の多い仕事のため仕方なく乗ることもあるが、いつも機内に足を踏み入れようとすると、足がすくむ。滑走路を走り出すと動悸《どうき》が始まり、冷や汗が出る。フワッと空中に浮かんだ瞬間には悲鳴をあげそうになる。

しかし、実は飛行機は統計的にはかなり安全な乗り物なのだ。交通手段の安全性にはいろんな定義があるが、延べ移動距離に対する死者の比率で測るというのは一つの標準的なやり方だ。一〇〇〇人を乗せた新幹線（平均的編成の新幹線の定員はおよそ一二〇〇人なんだそうだ）が東京から名古屋まで三四二キロ移動したら、延べ移動距離は両者をかけ算して三四万二〇〇〇キロになる。さて、自動車の延べ移動距離に対する死亡率は〇・四二人／億キロ、飛行機のそれは〇・〇一人／億キロになる。自動車のほうが飛行機より四〇倍ほど危険だ（別の基準で測ると逆転するらしいが）。ま、とにかくそんなに飛行機が際立って危険なわけではない。

この統計的事実を彼に説得し、納得してもらったとしよう。彼のリスクについての信念体系は大きく改訂されたわけだ。この人は「飛行機はそれほど怖い乗り物ではないんだ。自動車のほうがよっぽど怖い」と言うようになる。ところが、次回、飛行機で出張するとき、相変わらず、足がすくみ、冷や汗をかき、鼓動が激しくなる。彼は言うだろう。「頭でわかっていても、怖いものはコワいよお」。

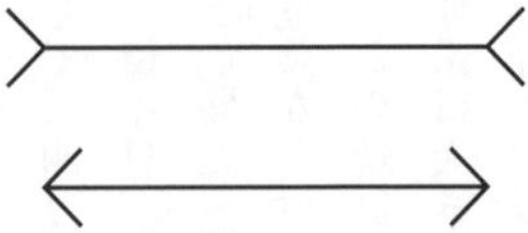

図1–3　ミュラー=リヤー錯視

恐怖は身体的反応から始まる

こうしたことはいかにもありそうだ。信原はそれを、錯視になぞらえて説明している。**図1–3**には二つの図形が描かれている。どちらも長めの横棒に「ヒゲ」のような斜めの短い線が両端に描かれている。それぞれの図形の横線の長さを見比べると、上の図形の横線のほうが下の図形の横線よりも長く見えるはずだ。しかし、物差しで測ってもらっても良いし、平行移動して重ね合わせてもらっても良いが、しかるべき方法できちんと測ると、両者の長さは同じである。これは、ミュラー=リヤー錯視（Müller-Lyer illusion）と呼ばれ、錯視業界では古手の超有名なケースだ。どうしてこの錯視が生じるかについても、わりと説得力のある説明がある（が、ここでは本題から外れるので書かない）。

ポイントは次の点だ。きちんと計測・比較して同じ長さだということを知り、ミュラー=リヤー錯視がいかにして起こるのかについての説明まで知ったとしても、相変わらず、二つの横線は違う長さに見えてしまう。最初のうちは、上の横棒のほうが長いように見え、そのように信じていたのが、錯視だとわかって信念体系のほうには変更が生じたとしても、見え方は変わらない。錯視は残るのである。

これは、空間知覚が「**モジュール**」になっているからだ、と説明される。モジュールというのは次のような考え方だ。心は一つの大きな計算システムと言うよりは、特定の仕事に特化し、それを自動的に素早く処理するためのいくつもの専門店のようなものからなっている。この専門店を「モジュール」と呼ぶ。

モジュールはカプセルに閉じ込められていて、他からの情報をはねつけている。つまり、モジュールはその本来の入力源以外に、他のモジュールや汎用《はんよう》的な信念データベースや推論機構からの情報を受けつけない。こうして、空間知覚モジュールは、本当は二つの横線の長さは同じで、長さが違って見えるのは錯覚なのだという新しい情報（信念）を取り入れて、それに影響されることはできないのである。

というわけで、恐怖には、たしかにその対象が恐るべきものであるという評価が含まれているのだが、それはいわゆる価値判断や価値についての信念という形で含まれているのではなさそうだ。少なくとも、アラコワイキャー体験のような原初的な恐怖においては、これは恐るべきものですよ、という判断・信念が形成されて、それが原因となって、恐怖の感じ、あるいは、足のすくみ、動悸、冷や汗、悲鳴などの身体的反応が生じる、というわけではないだろう。むしろ、**恐怖における評価は恐怖の感じ、恐怖の身体的反応そのものの中にある。**われわれは、あの恐怖の怖い感じを抱くことによって、あるいは恐怖の身体的反応をモニターすることによって、逆に対象が危険だという信念を形成するとさえ言えるだろう。これは第3章で詳しく展開することにしておこう。

そこで、恐怖の第二の側面、つまりアラコワイ感覚、恐怖に伴う怖い「感じ」に話題を移すことにする。

3　恐怖の「感じ」的側面と身体的反応――アラコワイキャーをさらに分析する②

情動はフクザツに混ざり合っている

自分がいま恐怖を感じているのか怒りを感じているのかを間違える人は、普通あまりいない。もちろん、これらが混ざり合うことはある。渋谷駅でカツアゲされたとき、私は恐怖と屈辱《くつじょく》と怒りが混ざったものを感じていた。それはけっこう鮮明に覚えている。**われわれの感情は混ざり合っているのがむしろ普通だ。**

私は、小学校の国語の時間、「このときの主人公の気持ちはどんなだったと思いますか」

というタイプの問題（当時はよく出題されたのだ。今もですか？　そりゃ絶望的ですな）に、ナントカとカントカが混ざり合った気持ち、と答えると、先生のウケが良いことに気づいて、そういう答えを乱発していた。感受性の鋭い子だと思われていたかもしれない。

同時に混ざり合わなくても、連続的に変化するということもありそうだ。おもしろうてやがて悲しき鵜舟《うぶね》かな、という芭蕉の句があるけど、はい、いまこの瞬間に悲しみに変わりました、という切れ目があるわけではない。面白さの中に悲しみの影が差してきて、気づいたら悲しみ一〇〇パーセントになっていたのだろう、とわれわれは思う。

恐怖をはじめとする情動はなぜこんな具合に混ざり合ったり、徐々に移行することができるのか。これは実は面白い問いだ。よくよく考えてみると、情動の興味深い特徴が浮かびあがってくる。

「情動」のさまざまな例

その話に移る前に、ちょっと脱線して言葉の整理をしておく。これまでに、「情動」「感情」「感じ」「感覚」「知覚」のように、似たような違うような言葉を使ってきたし、これからも使う。このあたりで、それぞれの意味合いをおおよそ説明しておいたほうがよさそうだ。

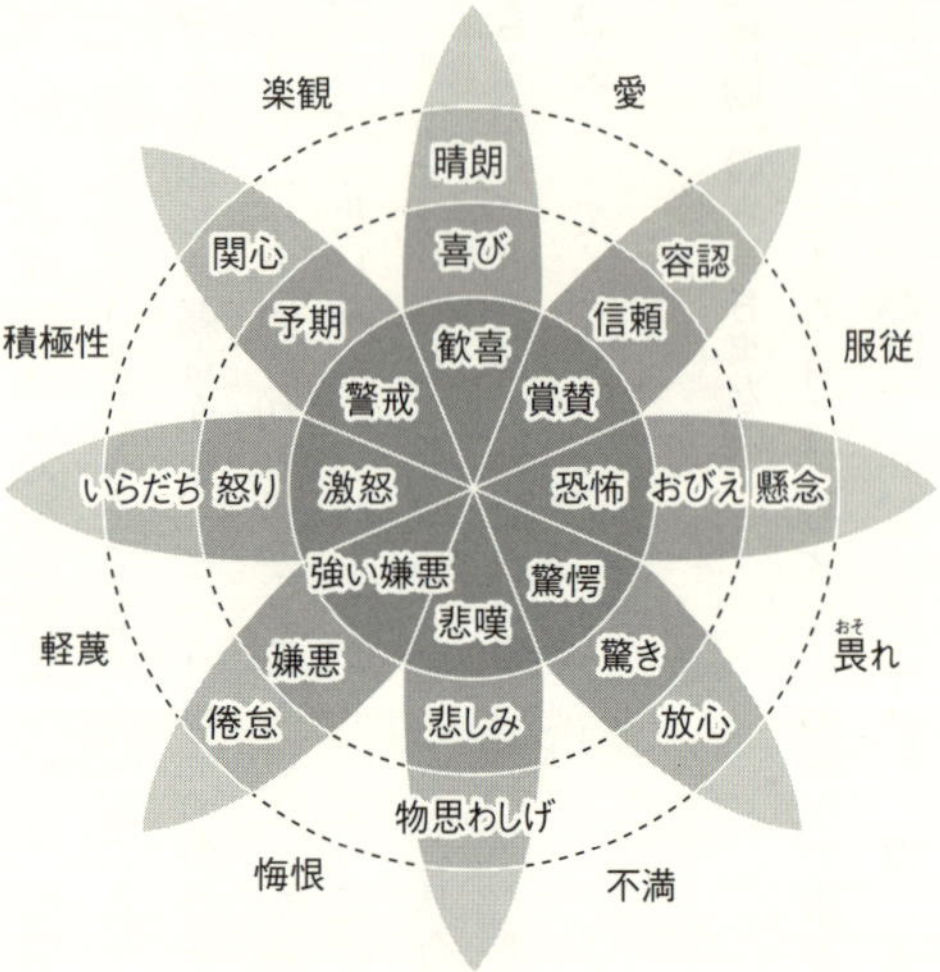

図1–4　プルチックによる情動の円環状モデル（Plutchik 1980）

まず、本書の主題である恐怖は、情動（emotion）の一種だ。情動とは何か。それにいま答えるわけにはいかない。恐怖とは何かを考えることは、情動とは何かを考えることの一部であり、それこそが本書全体を通じてやろうとしていることだから。

情動の例を挙げれば、それが何を意味するのかはおおむねわかっていただけるだろう。古くは、デカルトが『情念論』で、単純で基礎的な情動として、驚き、愛、憎しみ、欲望、喜び、悲しみの六種類を挙げている。恐怖が入っていないのは面白い。デカルトは、これら六つの基礎的情動の複合として、他のすべての情動は説明できるとしている。
現代になっても、心理学者は情動の分類に熱中している。ロバート・プルチック（Robert Plutchik）は、恐怖（fear）の他に、信頼（trust）、驚き（surprise）、悲しみ（sadness）、嫌悪（disgust）、怒り（anger）、予期（anticipation）、喜び（joy）などを、基本的な情動として、これらを円環状に並べたモデル（Plutchik's wheel of emotions）を提案している（Plutchik 1980）。しかし、これを見るとなんだか情動と呼びたくないものも入っているぞ（**図1―4**）。

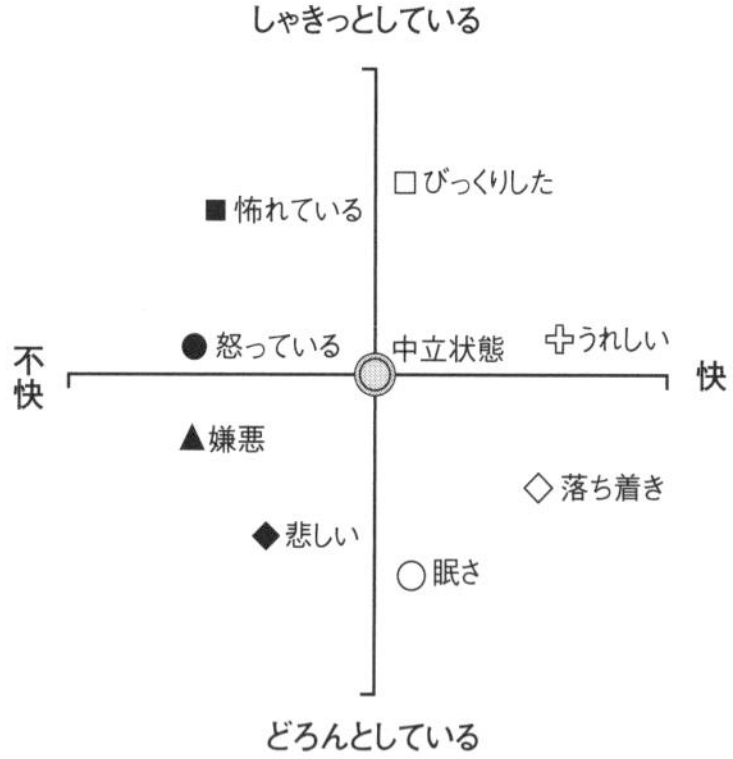

図1–5　ラッセルによる情動の円環状モデル
（Russell 1980）

米国の心理学者、ジェームズ・ラッセル（James A. Russell）も感情を円環状に並べて分類した。ただし、こっちは、x軸を快・不快の軸、y軸を「しゃきっとしている（aroused/intense）」「どろんとしている（not aroused/mild）」の軸として、原点を中心とした円周上に並べている（**図1―5**）。原点からの距離が感情の強さを表すんだそうだ。そこに配置され分類されているのは形容詞と名詞だ。**図1―5**に示したような語が情動を表すものとして並べられている（Russell 1980）。

こっちも、情動と呼びたくないものが入っているなあ。「気分（mood）」じゃないの、というものがだいぶ入っている。「眠さ」って情動だろうか。ことほど左様に、心理学者の間でも情動ってどういう範囲のものかについては揺れがある。なので、哲学者のポール・グリフィス（Paul E. Griffiths）のように、情動って一つのカテゴリーじゃないから一緒くたに論じてもダメだよという人も現れる（Griffiths 1997）。

「情動」と似た言葉を整理する

とは言うものの、恐怖、驚き、怒り、悲しみ、喜びが情動の典型例だというのはよいだろう。そこで、情動とは何か、それはたとえばこういったもののことだ、という定義にならない定義をしておいてどんどん進もう。次にやるべきは、「情動」と似たような言葉を整理しておくことだ。本書では「感情」という語は「情動」と同じ意味で使うことにする。理性と対比するときなんか、感情と理性と言ったほうがしっくりくる。でも、情動も感情も英語の emotion の訳語として使う。

「感覚」は sense に、「知覚」は perception に対応する。それぞれの語の使い方は、おおよそ心理学者たちの用法に従っておこう。心理学ではそれぞれ次のように定義されている。

感覚とは、外界の物理的刺激や生体内部の情報を、感覚受容器を通して受容する働きのことである。視覚、聴覚、嗅覚《きゅうかく》、味覚、皮膚感覚（触覚、圧覚、温覚、冷覚、痛覚）、運動感覚、平衡《へいこう》感覚、内臓感覚などが感覚の例だ。これに対し知覚とは、感覚経験に基づいて外界や自己の状態を知る働きのことを意味する。だから、知覚は内容をもっている。「目の前にリンゴがありますよ」とか「ふくらはぎが蚊に食われて痒《かゆ》いですよ」といった内容だ。

残るのは、この節の主題である「**感じ**」だ。これはfeelingのつもりで使っている。これは、情動も感覚ももっている何かであり、それぞれの構成要素となっている。恐怖しているとき、ヘビですぞということを認知して、逃げ出すだけでなく、**恐怖に特有の感じ**が感じられている。それをわれわれは「恐怖感」と呼んでみたり、「ゾクゾクする」「ぞっとする」「ギャーッて感じ」とか呼んだりするわけだ。

感覚も、単に外界の情報を取り入れているだけでなく、それが特有の感じを伴う。痛覚は痛い感じを伴う。その感じは、身体のどこがどのように損傷しているかによって違う。冬の寒い日に足の小指を思い切り家具にぶつけたときの痛い感じ（ズン）と、腕に注射針が刺さるときの痛い感じ（チクッ）、かき氷をいきなり食べたときのこめかみの中間あたりに感じる痛さ（ズキン・ズキン）、これらすべてそれぞれ違う（ような気がスル）。

以上で、言葉の整理は終わり。ちっとも定義していないじゃん、と言うなかれ。定義ができるようになるのは、探求の終点においてだ。本書では、Xが情動であるための必要十分条件を与えることにも、信頼や眠けは果たして情動か、といったことにも関心はない。なぜなら、関心があるのは情動という概念ではなく、情動、とりわけその典型例である恐怖そのものだからだ。

探求対象にねらいを定めるためには、情動ってだいたいこんなもの、恐怖ってあなたが「恐怖」って呼んでいるもの、という具合に探求対象をざっと指示して、いきなり情動や恐怖そのものを深く調べていけばよい。その結果、かりに情動って一つのものではないらしいとわかったなら、情動の概念を分割したり、改訂すればよい。そのときに初めて、情動という概念の分析は重要になる。恐怖についても同様だ。

恐怖と驚きは分かちがたく混ざり合う

このように区別したうえで考えてみると、情動が混ざり合うという言い回しで私が問題にしたがっていたのは、**複数の情動の「感じ」の混ざり合い**だったことがわかる。この混ざり方は、感覚の混ざり方とは異なる独特さをもっている。感覚の場合も、複数の感じが混ざることがある。たとえば味覚だ。甘じょっぱい、甘酸っぱい、酸っぱ辛《から》い（という日本語はないが、中国料理には酸辣湯《サンラータン》というのがあるし……もっとも唐辛子の辛さは味覚ではなくて痛覚だけど）などなど。しかし、これは同時に甘さと酸っぱさをそれぞれある比率で感じているという事態に思える。甘さの感じそのものと酸っぱさの感じそのものが混ざっているのではない。だからこそ、味見をして、二つの感じを感じ分けて、もうちょっと酸っぱ味を強くしよう、とかできるわけだ。

共感覚（synesthesia）というのがあるそうじゃないか。これはどうなの、と言われるかもしれない。音に色を感じたり（色聴）、逆に色に音が聴こえる（音視）といった具合に、あるモードの感覚刺激に、そのモードに対応した通常の感覚だけでなく、異なるモードの感覚が生じる現象だ。有名どころでは、作曲家のオリヴィエ・メシアンやアレクサンドル・スクリャービンは色聴の持ち主だったと言われている。これはある意味で、感覚のモードをごっちゃにしているわけだが、もちろん二種類の感じは混ざっていない。同時に生じているだけだ。

これに対して、情動の感じの混ざり方はちょっと違う。怖くない驚きがある。マジシャンが大きなトラを空中でパッと消したりしたら、びっくりする。けど怖くはない。

他方で、驚きのない怖さがある。しみじみ怖いというやつだ。たとえば、ホラーの範疇《はんちゅう》には入らないし、少し古いフランス映画だけど、アニエス・ヴァルダという女性監督の『幸福』という映画がある。フランスのある地方都市で幸せな結婚生活を送る夫婦。夫が若い娘と浮気し、妻はそれに気づくが、二人の生活は変わらない……ように見えたが、一家でピクニックに出かけたとき、妻が突然、入水《じゅすい》自殺をしてしまう。夫は驚き悲しむが、やがていつの間にか若い愛人が家の中に入り込み子どもの世話をし、それまでどおりの「幸福な」生活が続いていく……。なんてことのない筋だけど、自殺しちゃう妻の心理をはじめ、「幸福」の背後に隠れているものを考えると、これは本当にしみじみコワイ。

でも、たいていの場合、驚きと恐怖は混ざり合っている。ハリウッド版『リング』で、テレビから貞子《さだこ》、じゃなかったサマラが抜け出す場面は、緩急《かんきゅう》の使い分けが見事だ。モニターに古井戸が写っている。それを男が見つめていると、中から手が現れる。ごくり。徐々に徐々に、サマラが姿を現す。井戸から下り立つと、ゆっくりこちらに向かって歩いてくる。そして、ゆっくりとモニターからびしょ濡れのサマラが現実世界に這い出してくる。男はモニターから目が離せない。が、ゆっくりと後ずさりする。サマラの全身がモニターの外に出ると、ゆっくり立ち上がる。顔は長い髪に隠れて見えない。その瞬間、サマラは突然ビュッと男の目の前に瞬間移動する。男はもんどり打って後ろに倒れる。サマラは再びゆっくりと顔を上げる、憎悪に満ちた恐ろしい眼がアップになる。

瞬間移動のシーンで、私は思わず「ヒッ」と声を上げてしまった（何度もくどいけど、臆病者なので）。異形《いぎょう》のサマラが徐々にこちらに近づいてくるという刺激は、観客の恐怖を募らせる。そして、瞬間移動は観客を驚かせる。しかし、だからといって、観客は、あ、いま怖い。あ、今度は驚いた。あ、また怖くなった、という具合に見たりはしない。

一人称視点では、あるいは現象的には、自分が感じている怖さの感じと驚きの感じは、ほとんど区別が不可能だ。自分が感じている感じのどこまでが怖さで、どこからが驚きなのか、感じだけではしかいかと判別できない。そういう仕方で、**恐怖と驚きは分かち難く混ざり合っている**。区別できるように思えるのは、事後的に文脈を持ち込むからだ。たとえば、どのような刺激によって生じているのか、どのような行動を促すのか、といったような。

「恐怖の感じ」の現象学的記述

感覚の感じと情動の感じの「混ざり合い方」はこのように異なっている。では、それはなぜなのだろう。この問いへの答えは、感覚の感じは**要素的**なのに対し、情動の感じはきわめて**複合的**だから、というものだ。このことで何が意味されているかをわかっていただくために、われわれが恐怖しているとき、そこで感じられている感じはいったい何か、つまりわれわれは何を感じているのかを考えてみよう。考えるというよりは、先入見なしに意識にのぼってくるものを記述してみよう。

こういうのをちゃんとやる方法は、**現象学的還元**というのだそうだ。私は哲学科にいたので、現象学的還元とは何かを教わったが、現象学的還元のやり方を教わったことはない。方法論なんだからできるようにしなけりゃ意味ないだろうに。かといって、「いまからやってごらんにいれましょう」という現象学者を周りに見たこともない。しょうがないから、無手勝流《むてかつりゅう》にやる。

まず、感覚と恐怖、それぞれの感じを比較するために、指先に針を刺してみる。読者のみなさんもやってみましょう。まず、針が当たっている皮膚の表面よりも、ほんのわずか奥のほうで、境界がぼんやりした半径1ミリくらいの球のようなものがあって、そこが重く鈍《にぶ》く痛い感じがする。ところが、もうちょっと針に力を入れて、針の先が皮膚を破って指先に侵入すると、違った感じの痛みになる。痛いところはもっと表面近くなり、皮膚の表面からちょっと外側にかけて、線分のような形をしたもっと高らかな感じの鋭い痛みに変わる。針を抜くと、血が出てきて、今度は指先全体に広がった、鈍い痛みが（おそらく鼓動に合わせて）周期的にやってくる。

というわけで三種類の感じを感じるわけだが、それぞれの痛みは、場所や特有の質をもっていて、さらには大きさやら形までもっている（ように感じる）。一方、犬に行く手を阻《はば》まれ、ガルルルと唸《うな》られて、恐怖を感じている場合を想像してみよう。そのときに恐怖の感じを味わうわけだが、この感じって、かなり痛みの場合と様子が違う。

まず、恐怖の感じはどこにある、ということがほとんど言えない。強いて言えば、全身に万遍《まんべん》なく恐怖の感じがある。顔が火照《ほて》っている感じがする。心臓がドキドキして、口から飛び出しそうな気がする。ドクンドクンという音だけ奇妙に大きく聞こえ、他の音は聞こえない。無音の世界に心臓の音だけがしている感じだ。肝心の犬の唸り声さえ遠くに聞こえる。手のひらがじっとりしている。手足がブルブルと震《ふる》えている。そのくせうまく動かない。鳥肌が立っているような気がして、寒気がする。頭はかあっと熱いのに。思考がまとまらない感じがする。いろんな考えが断片的に浮かんでは消えている。視野が狭くなった気がする。犬が実際より近くに見えて、残りのものはかえって遠ざかって見える。時間の進むのが遅くなったような気がする。口の中がカラカラに乾いている……。

つまり、恐怖の感じは、痛みの感じとは異なり、**拡散的で複合的**だ。そしてもう一つの特徴がある。そこで感じられているのは、心臓の鼓動、瞳孔《どうこう》の収縮、顔の血管の拡張、手足の震え、口の渇きといった身体的な反応だということだ。つまり、**恐怖しているときに全身で起きていることの、当事者視点からのモニタリングの総体が、恐怖の感じなのである**。

こうした、身体的反応のモニタリングをすべて取り除いたあとに、恐怖に独特な「恐怖の感じ」が残るだろうか。これは内観ではいかんとも決着しがたい。指に針を刺しながら、そのとき感じられていることを「心の目」で観察し、冷静に腑分《ふわ》けしながら記述することはできても、犬に吠えられ恐怖を抱きながら、その恐怖を冷静に記述するのは、少なくとも私には無理だ。そして誰にだって無理だろう。知覚が歪《ゆが》み、思考がまとまらないのが恐怖の一部をなしている限りは。

さて、少なくともこれらの雑多な身体的反応のモニタリングの束《たば》が、「恐怖の感じ」とわれわれが呼んでいることがらの中核をなしているのはたしかだろう。そうすると、面白いことになる。恐怖と驚きはいくつかの身体的反応を共有している。皮膚の血管収縮、心拍数の増加、手足の発汗などだ。したがって、**恐怖の感じの束と驚きの感じの束は多くの要素を共有している**。それらを第一人称視点でモニターすると、その感じそのものは非常に似ている。これが、驚きなしの恐怖と、恐怖なしの驚きがありうるのに、両者が混ざり合うと区別がつかなくなる理由だ。

なぜ緊迫した状況で恋に陥るのか？

もう一つ面白いことがある。恐怖と驚きのように異なる（とされている）情動に同じ身体的反応が伴い、同じ種類の感じの要素が含まれるとすると、われわれは自分の感じている情動を取り違えるということがあるかもしれない。実際、それらしきことは報告されている。カナダの心理学者ドナルド・ダットン（Donald G. Dutton）とアーサー・アロン（Arthur P. Aron）が一九七四年に行った、**吊り橋実験**と呼ばれる有名な実験だ（Dutton & Arcn 1974）。

被験者は七九名の男子学生だった。実験は、木製の固定橋と、ゆらゆらする吊り橋を用いて行われた（いずれもバンクーバー近郊）。まず、男子学生に一人でいずれかの橋を渡ってもらう。その男子学生に、橋の中央で女子学生が実験（これはウソの実験）に協力してくれないかと依頼し、連絡先電話番号の書いてあるメモを渡そうとする。そのメモを受け取った人数、あとで電話をかけてきた人数に、橋の種類の違いが影響するかどうかを調べた。この結果、メモを受け取った人数には橋の違いは影響しなかったが、電話をかけてきた人数と橋の種類には関連があった。固定橋の場合、メモを受け取ったうち、電話をかけてきた学生の割合は一六パーセントだったのに対し、吊り橋の場合、その比率は五〇パーセントだった。

この結果に対するダットンとアロンの説明はこうだ。吊り橋の途中で女子学生に出会った男子学生は、不安定な吊り橋を渡る緊張ないし恐怖によって生じていた身体的反応（心拍数の増加）の感じを、相手への恋愛感情の感じ（胸の高鳴りと申しましょうか）と誤って解釈したのだ。

このユニークな実験のことを知ったとき、映画『スピード』のことを思い出した。キアヌ・リーヴスとサンドラ・ブロックが爆弾を積んで暴走するバスから命からがら脱出した直後、二人は抱き合ったまますちょっと「いい感じ」になるのだが、サンドラは釘《くぎ》をさすように、「緊迫した状況で生まれた恋愛は長続きしないんだって（Relationships that start under intense circumstances never last.）」と言う。ご丁寧に、「これにはたくさん研究があるのよ（They've done extensive studying on this.）」とつけ加えている。きっとダットンとアロンの実験も、この「たくさんの研究」の一つなのだろう。

情動の2要因理論

それはともかく、この実験は、社会心理学者のスタンレー・シャクター（Stanley Schachter）とジェローム・シンガー（Jerome E. Singer）がすでに一九六二年に提唱していた「**情動の2要因理論**」を背景にしている（Schachter & Singer 1962）。2要因理論の直接のルーツは、哲学者のバートランド・ラッセルにまでさかのぼる。

ラッセルは、歯医者にアドレナリンを注射された経験について語っている。そのとき、情動を経験したときのような身体的反応は感じたが、情動自体を経験することはなかった。要するに、ドキドキしたり、顔がかあっと熱くなったりしたけど、怖くもないし怒りも感じないということだ（Russell 1927）。ラッセルは、この経験を、情動には生理的・身体的変化とその原因に対する認知ないし理由づけの二つの要因が必要だからではないかと解釈した。

シャクターとシンガーは、これにヒントを得て、同じ身体的反応を経験しても異なる情動として認知されることがあるのは、何をその身体的反応の原因とみなすか、つまり「**原因帰属**」が介在しているからだ、という説を唱えた。彼らはこの説を実証しようとして、次のような実験を行った。

集まった被験者を二つのグループに分ける。どちらにも、視力を高めるビタミンを注射して効果を調べたいと告げる。しかし、これは嘘である。一つのグループにはアドレナリン（当時、アメリカではエピネフリンと呼ばれていた。彼らもそう呼んでいる）を注射する。もう一つのグループには生理食塩水を注射する。さらに、アドレナリンを注射するグループを二つに分け、一方には、ビタミンの副作用と偽って、アドレナリンの効果（63ページを参照してね）を説明する。つまり、このビタミンは、心拍数の上昇、呼吸数の増加などの副作用がありますよ、と説明するわけだ。もう一方には説明はしないでおく。

被験者は注射後、ビタミンが効いてくるまで、待機室で待つように指示される。待機室は二つあって、そこには実験協力者、つまりサクラがそれぞれ一人忍び込んでいる。一つ

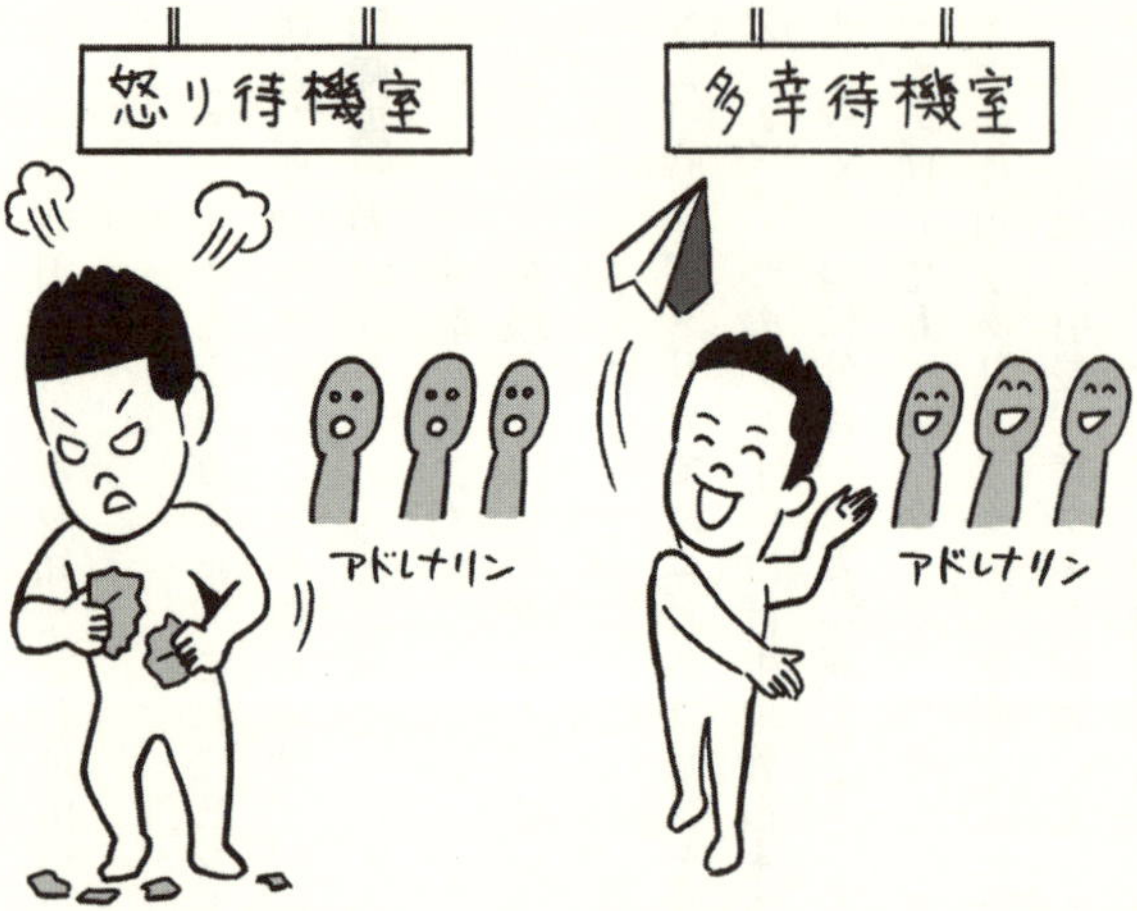

図1–6　怒り待機室と多幸待機室

の待機室では、中に入る被験者にアンケート調査が行われる。そのアンケートの質問項目は、だんだん不愉快で攻撃的な内容になっていくようにできている。しまいには、「あなたの母親は、父親以外の何人の男性と性交渉をもったと思うか」みたいなとんでもない項目もある。この待機室にいるサクラは、アンケートに回答するうちに、だんだん腹を立てていき、ついには用紙をビリビリに破り捨てるという演技をする。こちらを**怒り待機室**と呼ぼう。

もう一つの待機室では、アンケートはない。そこにいるサクラは、陽気な振る舞いをする。上機嫌で、紙飛行機を折って飛ばしたり、テーブルに上ったりして騒いでいる。こちらを**多幸待機室**と呼ぼう。

さて、アドレナリンを注射され生理的に興奮した状態になったが、副作用について説明を受けなかった被験者は、待機室で一緒に過ごしたサクラが演じたのと同じ情動を経験したと報告することが多く見られた。つまり、怒り待機室にいた被験者は自分も怒りを感じたと言い、多幸待機室の被験者は幸せな気分になったと言う（図1―6）。しかし、説明を受けた被験者はとくに強い情動は感じなかった。

「感じ」だけでは情動を特定できない

この結果をシャクターとシンガーは次のように解釈している。副作用について説明を受けていない被験者は、生理的に覚醒《かくせい》した状態にあるわけだけど、なぜ自分がそういう状態になっているのか、原因がわからない。そこで、被験者は、自己の生理的覚醒の原因を身近にいた他者の情動に沿うような仕方でラベルづけする。その結果、サクラと同じ情動を経験したと認知するわけだ。

吊り橋実験は、シャクターらの2要因理論を、実験室ではなく現実のフィールドで検証しようとした試みだと言えるだろう。もし、この理論が正しいなら、やはり恐怖などの情動と、痛みなどの感覚とは、同じように感じを伴っているけれども、ずいぶんと異なることなる。少なくとも本人の視点では、感覚は感じによって同定されている。自分が痛みをもっているのか痒みをもっているのか、甘さを感じているのか酸っぱさを感じているのかは、もっぱらどんな感じがしているのかによって分類され、しかもそれは滅多に間違わない。

しかし、情動においては、そのときどんな感じがしているかだけでは、自分がどの情動をもっているかの同定に十分ではなさそうなのである。ときには、本人の視点からですら、同定を間違えることもある。当の本人が、緊張と恐怖を恋愛と間違えたりするわけだ。自分がいま、どの情動をもっているかの同定には、何が原因で（あるいはどんな文脈で）その情動が生じているかを摑《つか》んでいることも必要になる。

どうですか、恐怖とか情動って、すごく動物的で単純なものだと思っていたけど、なかなか一筋縄ではいかないフクザツなものだという気がしてきたでしょう。

恐怖の身体反応

恐怖しているときわれわれが感じている「感じ」は、恐怖に伴う身体的・生理的反応のもつ「感じ」なのではないか、と思っているのだが、では、その「恐怖に伴う身体的・生理的反応」というのは具体的にはどういうものだろう。それは、**闘争／逃避反応**（fight-orflight response）と名づけられている、一連の変化だ。

これは、次節で詳しく検討するが、目の前に現れた危険から逃げるか、立ち向かうか（闘争）といった行動を、恐怖が動機づけることに関係している。闘争／逃避反応は、そうした行動への準備なのである。その名が示すように、次のような身体的反応を含む。

まず、戦うにせよ逃げるにせよ、かなりのエネルギーを消費しなければならない。そのため、肝臓に蓄《たくわ》えられているグリコーゲンや脂肪組織に蓄えられた脂肪がブドウ糖に分解され、血糖値が上昇して、身体の新陳代謝が盛んになる。心拍数・血圧・呼吸数が高まる。ドキドキしてハアハアするわけだ。傷を負ったときの出血を減らすために末梢《まっしょう》血管は収縮する。そのおかげで顔が紅潮する。逆に、太い血管は拡張して血を蓄える。脾臓《ひぞう》は赤血球を放出し、感染に備えて白血球（好中球《こうちゅうきゅう》）が増加する。眼からの情報を増大させようと瞳孔が拡大する。

筋肉も緊張するので、ブルブルと武者震いが起こる。毛嚢《もうのう》に付着した筋肉（立毛筋《りつもうきん》）が収縮した場合には、いわゆる鳥肌が立つ（そういえば、米国の子ども向けホラーノベルのシリーズに『グースバンプス』というのがあった。グースバンプスって鳥肌のこと）。恐怖している動物の毛が逆立つのもこのためだ。

一方で、闘争・逃避行動に不要な消化といった活動は抑制される。気管を太くして肺への空気の取り込みを増やすため、気管支が拡張し、唾液と粘液の分泌《ぶんぴつ》が抑えられる。こうして口の中がカラカラになる。

神経伝達物質のしくみ

こうした闘争／逃避反応は、自律神経系と、ストレス・ホルモンと呼ばれる、アドレナリン、ノルアドレナリン、コルチゾールなどの内分泌系の働きが協力し合って生じている。自律神経は交感神経と副交感神経の二種類からなり、心臓、肺、食道、胃、小腸、大腸、肝臓、胆囊《たんのう》、生殖器など（これらを効果器という）を支配している。双方が一つの臓器を支配していることが普通で、これは二重支配と呼ばれている。

一つの臓器におよぼす交感神経と副交感神経の作用は拮抗《きっこう》的だ。つまり一方が何かを促進するなら他方はその同じことを抑制するといった具合に働く。たとえば、交感神経は心臓の鼓動を促進するが、副交感神経はそれを抑える。闘争／逃避反応では、交感神経系が張り切り、副交感神経系はおとなしくしている。すでに述べた、血管収縮、心拍数増加、肝臓でのグリコーゲン分解、脂肪組織での脂肪分解、気管支の拡張などは交感神経の作用だ。

交感神経は内分泌器官にも作用する。つまり、副腎髄質《ふくじんずいしつ》からアドレナリンとノルアドレナリンを分泌させる。どちらもホルモンであり、血中に放出されて全身の器官に働く。心拍数や血圧の上昇、骨格筋《こっかくきん》の血管拡張、末梢の血管収縮、気管支の拡張、瞳孔の散大、痛覚の麻痺《まひ》などはこれらの仕業《しわざ》だ。

また、ノルアドレナリンは、交感神経の神経伝達物質でもある。どういうことかと言うと……。交感神経は、胸髄《きょうずい》・腰髄《ようずい》から出発してさまざまな臓器に至るのだけれど、実は途中でニューロン（神経細胞）が交代している。胸髄・腰髄から出たニューロンはまず、神経節《けいせつ》というところまで伸びている。そこで、次のニューロンにバトンタッチして末梢の臓器に至る。

神経節までのニューロンを節前線維《せつぜんせんい》、神経節から先のニューロンを節後《せつご》線維という。で、節前線維と節後線維との間、それから節後線維と効果器の間の情報伝達を司《つかさど》っているのが神経伝達物質だ。節前線維と節後線維との間ではアセチルコリンと呼ばれる物質が、節後線維と効果器の間ではノルアドレナリンが情報を伝達している。効果器に達した節後線維の末端からノルアドレナリンが放出され、効果器の細胞膜上にある受容体が受け取ることで、交感神経は効果器に命令を伝えている。

闘争／逃避反応に関係するホルモンとしては、もう一つ、副腎皮質《ふくじんひしつ》から分泌されるコルチゾールがある。血圧や血糖値を高める一方で、免疫《めんえき》機能や抗炎症作用を抑制する。免疫

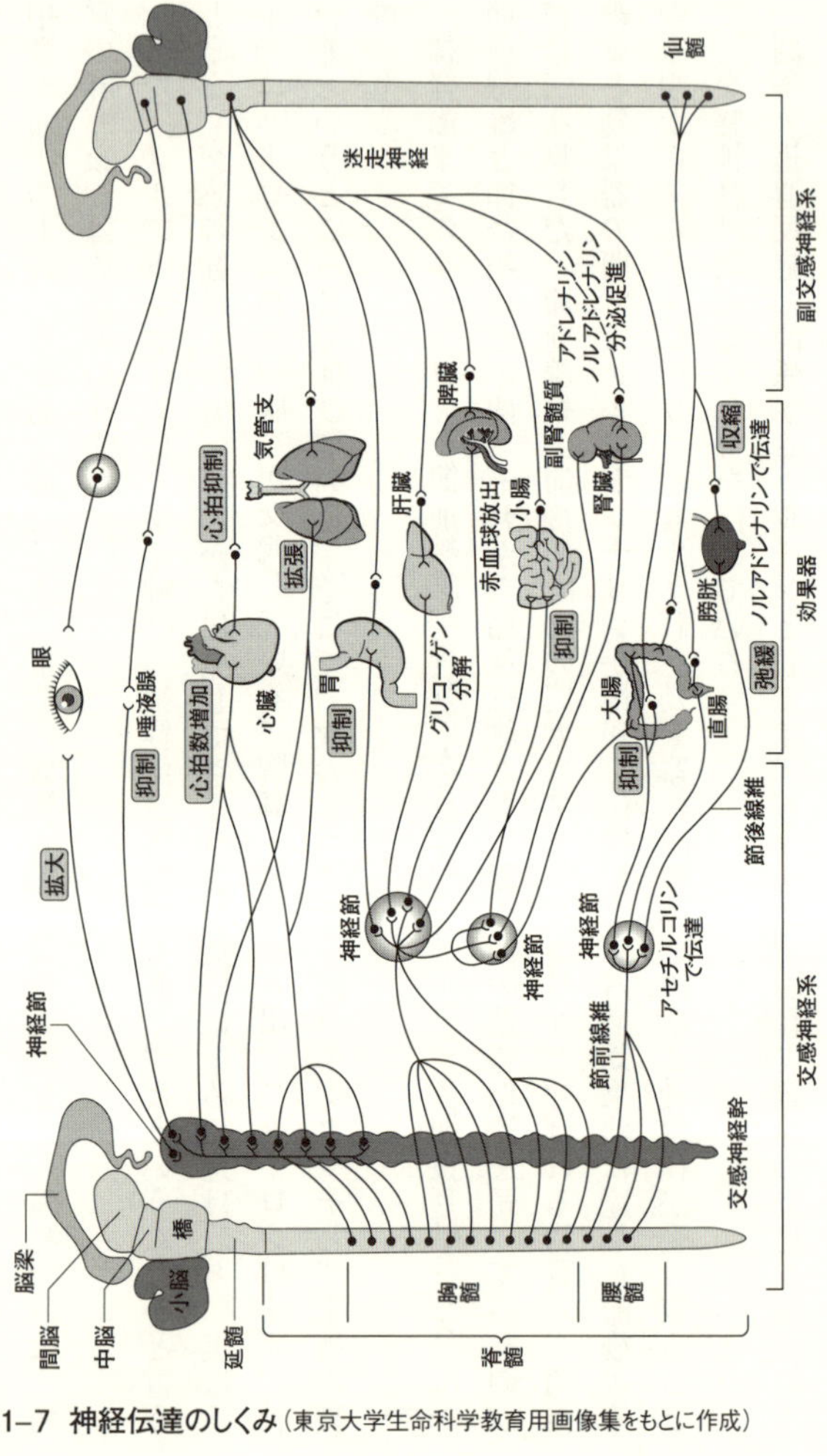

図1–7　神経伝達のしくみ（東京大学生命科学教育用画像集をもとに作成）

や抗炎症作用に消費されるエネルギーを、闘争／逃避に回すわけだ（図1―7）。

4 恐怖の動機づけ的側面と恐怖の表情――アラコワイキャーをさらに分析する③

恐怖が促す行動一覧

さて、ここまでの話で、恐怖には何らかの対象の認知（知覚）、その対象への評価、恐怖の感じ、闘争／逃避反応と呼ばれる身体的・生理的反応が含まれていることがわかった。ここでは、さらに**恐怖のアウトプット的側面**に注意を向けよう。恐怖は、認知された対象が「よろしくないもの」つまり自分に害をなすものだという評価を含んでいる。それだけではなく、恐怖はその評価に見合った行動を促す動機づけも含んでいる。これは、他の情動にも共通する特徴だ。

では、恐怖が促す行動とは何か。南アフリカ生まれの心理学者アイザック・マークス（Isaac M. Marks）やハワイ大学の精神科医・神経科学者のH・シュテファン・ブフッチャ（H. Stefan Bracha）は、恐怖に特有の行動はいくつかのカテゴリーに区別できるとしている（Marks 1987, Bracha 2004）。まずはマークスの分類。

（1）**凍結**（Freeze）：動きを止めて状況を注意深く観察する。これによって、より正確な状況判断ができるようになったり、敵に見つかりにくくなる、敵の激しい攻撃を抑制することなどができる。相手がどこにいるのかよくわからないとき、これは逃げ出すより有効なことがあるだろう。

（2）**逃避**（Flight）：これはよくわかる。逃げ出すことによって脅威から距離を取るということだ。

（3）**攻撃**（Fight）：敵を無力化するか、逃げるように追い込む。台所でゴキブリに出会ったとき、われわれの多くはいきなりこれをやる。でも、森でクマさんに出会ったとき、これをやったらかなり無謀である。

（4）**服従、あるいは宥《なだ》め**（Submission or Appeasement）：同種のメンバーが脅威となっている場合、服従を示すことによって相手からの攻撃を防ぐ。チンパンジーも、群れの中で最も強いオス（alpha male）に対して特殊な服従の挨拶をすることで、攻撃されないようにするという行動が見られる。渋谷駅で私がやったのはこれだ。結局、お金を渡した。

これにブラッチャは、次の二つを加えている。

（5）**おびえ**（Fright）：要するに死んだふり（play dead）。敵が強すぎて逃げることも戦うことも叶《かな》わない場合、ときには有効な戦略になる。捕食者は、獲物の動きに反応することが多い。獲物が一定時間動かないでいると、興味を失う。あるいは、死んだと見ると、捕食者は油断する。そして逃げるチャンスが生じる。

（6）**気絶**（Faint）：これがリストに含まれているのを意外に思うかもしれない。しかし、ブラッチャによれば、非戦闘員（弱者）が流血や武器を見て気を失うのは、自分が無力であり、脅威にならないから無視してちょうだい、というメッセージを非言語的に伝えることにより、生き残りの可能性を高める機能をもっている。もし、この仮説が正しいなら、ヒトの場合、女性や子どものほうが、血を見て失神しやすいはずだ、ということになる。そして、どうもデータはこの予測を裏書きしているようだ（Bracha 2004）。

いくつか言っておくべきことがある。第一に、これらの行動は、一つやったら他はやらない、という具合に互いに排他的なものではない。まずは、停止して、敵をやり過ごそうとする。見つかってしまったら、逃げる。逃げきれなかったら戦う。敵《かな》わないとわかったら死んだふりをする。といった具合に、むしろ**一連の系列をなしている**。第二に、これらの行動は、ヒトにだけ見られるものではない。多くの哺《ほ》乳《にゅう》類《るい》に共通した行動だ。

恐怖と行動の循環的関係

恐怖はこうした一連の行動の引き金を引く働きをしている。それをここでは**恐怖の動機**

づけ的側面と呼んでいる。動機づけが含まれているかどうかが、恐怖のような情動に含まれる評価と、先に比較検討した命題的価値判断としての評価との違いだ。もちろんわれわれは、ものごとの価値を多角的に検討し、熟慮の末に判断する、ということもできる。しかし、こうした判断は動機づけを伴わないことがありうる。いろいろと調べたり考えたりした末に、糖分の取りすぎは、自分にとって好ましくない避けるべきことであるという判断をしたとしても、相変わらず饅頭《まんじゅう》を食べてしまう、ということはいくらでもあるだろう。私の場合、とくに多い。こういう状況は、**意志の弱さ**（アクラシア）と呼ばれており、どうしてこういう状況が起こりうるのかは、哲学の重要問題の一つとなってきた。

しかし、恐怖の場合は異なる。もし私が饅頭を恐れているなら、饅頭を恐れつつ何もしないということはありそうにない（本当に恐れているなら）。目の前にいきなり饅頭が出現したら、私は逃げるか、踏み潰《つぶ》すか（攻撃）、気絶するのである。

このように、恐怖には恐怖に特徴的な行動が結びついている。このことがホラー映画を、鑑賞者にとって理解可能なものにしている。登場人物が怖がっていますよ、ということを観客に伝える手っ取り早い方法は、その登場人物に恐怖に特有な六つの行動のどれか、またはすべてをさせることだ。そうした行動をとるということは怖がっているのだな、という具合に、行動は登場人物の心理状態を推測する証拠に使われると同時に、なるほど怖がっているからこういうことをするわけね、と心理状態が行動を正当化したり説明したりもする。両者の関係は循環的だ。

なぜ『スクリーム』の犯人は「恐怖の表情仮面」をつけているのか

ところで、登場人物が怖がっていることを観客に知らせるもう一つの方法があり、それは恐怖の最後の特徴と関係している。つまり、登場人物が**恐怖の表情**を浮かべることだ。実はこれが最も雄弁なのである。恐怖に対する反応行動を実際に行う前であっても、あるいは他のことをしている最中であっても、恐怖の表情を浮かべていさえすれば、その人は怖がっているということが一発で伝わる。これほど表情が有効なのは、おそらく最初から表情は情動を他者にコミュニケートするための道具として進化してきたからだろう。つまり表情は、自分がどんな情動を抱いているかを、他者に知らせることで、他者から適切な行動を引き出すための手段だ。

恐怖には恐怖に特有の表情というものがある。その他の情動はどうだろうか。喜び、怒り、悲しみ、嫌悪といった「基本的」な情動は、それぞれかなり異なる特徴的な表情を伴っている。これは大根役者でも演じ分けることができる。恐怖の場合、その特徴はさらに顕著だ。眉《まゆ》を上げ、目を見開くと同時に眉間《みけん》を寄せ、口を横にひきつらせる、あるいは歪める。要するに、ムンクの「叫び」の顔を真似する。これで一丁あがり。だから、ホラー映画にはあまり名優は出てこない。低予算だからということもあるが、そもそも必要ないのである。

ムンクの「叫び」は、『スクリーム』のマスクに受け継がれ、『ののちゃん』（いしいひさいち）の「不安くん」にまで繋がっていくわけだが、ところで、『スクリーム』の殺人犯は、なぜ恐怖の表情の仮面をつけているのだろう。

ホラーには仮面をつけた殺人鬼が出てくる。『悪魔のいけにえ』のレザーフェイスは、人の皮でつくった仮面をつけている。ジェイソンは『13日の金曜日』第三作からホッケーのマスクをつけるようになった。『ハロウィン』のシリアルキラー、マイケル・マイヤーズも白いマスクをつけている。これらすべてのマスクに共通しているのは、白いということだ。みんな白いマスクをつけている。それもすべて無表情。にもかかわらず、『スクリーム』だけが表情豊かだ（つまり恐怖の表情）。これはどうしたことか。

おそらく『スクリーム』の犯人とレザーフェイスたちとは根本的なところが違っているんだろう。淡々と、あたかも「作業」のように人殺しに励むレザーフェイスやマイケル・マイヤーズは、どこかが欠落した人間として描かれる。もちろん、欠落しているのは情動を含むだろう。殺人を楽しんでいるのかどうかすら定かではない。だから、顔は白くて無表情。これに対し、『スクリーム』の犯人はごく普通の人間だ。何より、連続殺人を心の底から楽しんでいる。

『スクリーム』の犯人が殺しを楽しんでいるのは、彼がホラーファンであるのと、『スクリーム』がメタ的な映画であることによる。この作品はホラー映画なのだが、ホラー映画についての映画でもある。登場人物がやたらとホラーについて語る。そのことによって、登場人物たちはあたかも自分がホラーの登場人物であることがわかっているかのように振る舞う。犯人は、自分がホラー映画の犯人役だとわかっている。だから、観客にも犠牲者にも「どうだい、僕の映画は楽しいかい」というメッセージを送ってくる。そのためには、ホラーファンである自分自身が、自分の映画を楽しまなければならない。ホラーを楽しむということは、それを十分に恐れるということだ。だから、『スクリーム』では、犯人みずから恐怖の表情のマスクをつけているのだ。

悲しい表情をすると悲しくなる？

『スクリーム』のマスクが恐怖の表情だということが、米国人にも日本人にも理解できる程度には、さまざまな情動はそれに対応した典型的な表情を伴っていると言えそうだ。こうした情動と表情の結びつきを最大限重視したのが、心理学者シルヴァン・トムキンス

(Silvan Tomkins) や、その弟子のポール・エクマン (Paul Ekman) の**表情フィードバック仮説**である (Tomkins 1962, Ekman 1972)。表情は、顔面に分布する三〇種類以上の表情筋のそれぞれが収縮したり弛緩《しかん》したりすることによって生み出される。だから、表情は情動に伴う身体的反応の一種だと言ってもよい。

身体的反応のうち、先に説明したような、ホルモンを媒介した内臓の反応にはやや時間がかかる。これに対して、表情筋のような骨格筋の反応は非常に素早い。「すぐに顔に出る」とはよく言ったものだ。そこで彼らは、情動は表情筋の反応パターンが脳へフィードバックされた結果として生じるのではないか、という仮説を提案した。つまり、口元で微笑むとほんとうに楽しくなり、眉を顰《しか》めるとほんとうに悲しくなるということだ。

だとすると、表情筋に特定の動きをさせることによって、それに対応した情動を生み出すことができるはずだ。というわけで、ドイツの心理学者フリッツ・シュトラック (Fritz Strack) らは次のような実験を行った (Strack et al. 1988)。被験者に微笑みの表情をつくらせる。とはいえ、面白いことを言ったり思い浮かべさせたりするのではダメだ。本当に楽しくなってしまうので、どっちがどっちを生み出したのかわからなくなるからだ。そこで、彼らはペンテクニックというやり方を考案した。ペンを唇に触れないように軽く前歯で噛《か》んでくださいと指示する。自分でやってみるとわかるが、これをやると、微笑みと似たような表情になる。こうしておいて、どういう情動が喚起されたかを報告してもらう。

一方、ランディ・ラーセン（Randy J. Larsen）らは、悲しみの表情をつくり出すテクニックを開発した（Larsen et al. 1992）。左右の眉の上にゴルフのティー（ボールを乗っける釘みたいなやつ）を装着して、二つのティーをくっつけてくださいと指示する。こうすると、いわゆる眉を顰めた顔になり、悲しみの表情に近くなる。

結果として、微笑みの表情を人工的につくり出すと楽しくなり、悲しみの表情をつくり出すと悲しくなるといった傾向はあるらしいことがわかった。しかし、うーん、どうなんだろ。自己啓発セミナーとかビジネス本とかではウケそうな話題だが。これから結論できるのは、せいぜい、表情が情動を強めるフィードバック効果がありそうだ、というものだろう。表情筋を人工的に操作することで、特定の情動を生み出すとまでは言えないだろうし、ましてや情動は表情筋からのフィードバックに他ならないとはもっと言えない。

さらに、実験の題材となった「情動」が、楽しさ、悲しさといった、対象がはっきりしない、むしろ「気分」と呼びたくなるものであることも気になる。そこのヘビが怖いんだとか、ジェイソンが怖いんだという具合に対象が明確に切り出され、それが動機づける行動も比較的明確な恐怖のような情動にも同じことが成り立つのか。「叫び」の真似をしてくださいと指示されて、真似していると、だんだん怖くなってくるのか。なんだか疑問だ。

もちろん、実験で確かめないとなんとも言えないんだけど。

次に取り組むべき問い

というわけで、恐怖の原型であるアラコワイキャー体験を分析したことで、恐怖はいろんな要素からなることがわかった。対象の認知、評価、恐怖の感じ、身体的反応、行動への動機づけ、特有の表情。恐怖はこういったいろんなものを含んでいる。

そうすると、次のことを問いたくなる。これらの一見雑多な要素のうち、どれが恐怖の本体で、どれがそれにおまけについてくるものなのか。これらのうち、どれをわれわれは「恐怖」と呼んでいるのか。恐怖とは身体反応のことか、行動への動機づけのことか、特有の感じのことなのか。もっと哲学的な言い回しで言えば、**どれが恐怖の本質なのか**。それを続く第2章と第3章で考えてみよう。

第2章　アラコワイキャーのどれが重要なのか？――「部分の問題」を考える

第1章の最後で、「どれが恐怖の本質なのか？」という問いを立てた。「本質」というのはだいたい次のようなことだ。Xの本質とは、それを失ったらもうそれはXではなくなってしまうようなXの性質・側面・要素のことである。そうすると、この問いは次の問いと同じことだ。第1章で取りあげた恐怖のさまざまな要素のうち、なくなってもまだ恐怖が残るのはどれか、それがなくなったらもう恐怖とは言えなくなってしまうものはどれか。

ジェシー・プリンツ（Jesse J. Prinz）という哲学者がいる。彼は、情動一般について、この種の問いを「**部分の問題**（problem of parts）」と呼んだ（Prinz 2004）。

この問題はまともな問題なのだろうか。もちろん、疑問文がつくれるからといって、それがまともな問題であるとは限らない。あらかじめ私の答えを言っておくなら、これはあまり良い問題の立て方ではないが、意味のあるまともな問題にすることはできるだろう。

でも、このことを理解するためには、まずはこの問いを問い進めてみるしかない。やってみよう。

1　情動の本質って何だ？——末梢か中枢か、はたまた行動か

情動の哲学とか情動の心理学の歴史を見てみると、第1章で眺めた情動のどの要素をとっても、「それが情動の不可欠の部分だ、それこそが情動の本質だ」と主張する人がいるので驚く。プリンツのサーベイと感情心理学の教科書に従って、ざっと見渡してみよう。まずは古いところから。

情動とは身体的反応の「感じ」だ——ジェームズ＝ランゲ説

ウィリアム・ジェームズ（William James）はアメリカの心理学者にして哲学者だ。心理学の父の一人とされている。彼は、外界からの刺激が大脳皮質で知覚されると、身体（内臓とか骨格筋とか）に変化が生じる。その身体的変化が脳に伝えられ、知覚されたものが情動体験だ、とした（James 1884）。これをジェームズは「悲しいから泣くのではない。泣

くから悲しいのだ」という相田みつをチックな名言で表現した。

これはいささか誤解を招く。ジェームズが言わんとしているのは、泣くことで生じる身体の変化が主観的に捉えられた「感じ」こそが悲しみという情動の正体だということだ。身体の変化がなければ外界の刺激を知覚しても、それはいわば無色透明な事実の記述みたいなもので、情動を含まない。「おや、犬がいますね」であって「あっ、犬だ。キャー」ではないってこと。

ジェームズの立場は次のような思考実験によってもサポートされる。恐怖から「感じ」が徐々になくなっていったらどうなるかを想像してみよう。鼓動のドキドキ感がなくなり、次に首筋のヒヤヒヤ感が、鳥肌のゾクゾク感がなくなっていく。こういうふうに、感じが失われたら、恐怖そのものがなくなってしまうように思われるではないか。

カール・ランゲ（Carl Lange）はデンマークの生理学者だ。彼もジェームズとは独立に、身体的変化の感じが情動だという説をとなえた（Lange 1885）。ただし、ランゲはジェームズのように、呼吸系、循環器系、消化器系、筋骨格系、内分泌系におよぶ全身的な身体変化を考えていたのではなく、もっぱら血管の変化と血液循環の変化に注目した。血管を拡張させたり収縮させたりする血管運動神経の反応パターンと、その知覚によっていろんな情動が生じるというわけだ。

ん？　どこかで聞いたような説だぞ、と思うあなたはスルドい。第1章で紹介したトムキンスやエクマンらの表情フィードバック仮説も、こうした説の一種だ。どれにも共通しているのは、身体的反応、あるいは身体的反応の感じと情動を同一視する点だ。プリンツは、こうした立場を、「**身体感じ説**（somatic feeling theory）」と名づけている。私は、情動を身体的反応の感じと同一視することには賛成できないが、情動において感じられているのは身体的反応だ、つまり情動の感じは身体的反応の感じだという点では、ジェームズ、ランゲ、そしてその後継者とみなすことのできるダマシオ（あとで出ますよ）に賛成している。

情動はアタマの中で発生する——キャノンの中枢起源説

もう一つ、ジェームズの考え方の特徴を挙げておこう。身体的反応の感じは、中枢《ちゅうすう》である脳で生じるかもしれないが、その原因である身体的反応は中枢ではなく末梢、すなわち脳と区別された身体のほうで生じる。つまりジェームズは、脳の中に感情を引き起こす中枢を置くことを批判していたわけだ。末梢での反応が情動の源泉だとしているので、ジェームズらの説は「**末梢起源説**」とも言われる。

これを批判したのが、ウォルター・B・キャノン（Walter B. Cannon）だ。キャノンは、米国の生理学者で、動物は自律神経系や内分泌系の働きによって身体の状態を一定に保っているという「**ホメオスタシス**」というアイディアを提唱した人だ。彼は、ジェームズとは逆に中枢が情動の起源なのだと考えた（Cannon 1927）。末梢起源説を批判するキャノンの論拠は次の通り。

（1）犬の内臓と筋肉を大脳から切断しても（おいおい、ずいぶんと残酷な実験をするもんだ）、犬が示す情動行動に変化はなかった。

（2）薬物により交感神経を遮断《しゃだん》しても、情動反応は起こる。

（3）末梢起源説では情動ごとに身体反応は異ならなければならないはずだが、恐れ、怒り、薬物の投与、発熱、暑さや寒さにさらされることなど、いろんな原因で交感神経系は同じように活性化する。要するに、内分泌系と自律神経系に支配された身体的反応は、ジェームズが考えるほど分化していない。キメが粗《あら》すぎて、情動の多様さと釣り合わないのである。

（4）そもそも内臓には感覚神経はあまり分布していない。内臓における変化をそれほど詳しく意識することはできない。しかも、内臓の変化は比較的ゆっくりしている。それでは感情の発生（これはかなり素早く起こる）に間に合わないだろう。

（5）アドレナリン注射により交感神経を刺激して、怒りや恐怖のときと同じような身体的反応を人工的に引き起こせるが、こうした実験で情動を報告した被験者は三割程度しかいない。

要するに、**情動は身体的反応と独立に起こりうるから、情動を身体的反応の感じと同一視することはできない**、という議論だ。

ちなみに、表情フィードバック仮説はキャノンの批判（2）と（3）に対する、身体感じ説側からの応答の試みだとみなすことができる。内臓反応はキメが粗いし、きわめて遅い。しかし、運動神経系に支配される骨格筋の反応は迅速《じんそく》だ。とりわけ顔面の表情筋は反応が速いうえに感情の種類に応じて多様に分化している。身体的反応として表情筋の反応を考えれば、キャノンの反論のいくぶんかに応えることはできそうだ。

では、キャノン自身は情動の発生をどのように説明したのだろう。外界からの刺激は、大脳皮質に達して知覚される前に、間脳《かんのう》の一部である視床《ししょう》（thalamus）を経由する。視床は刺激が情動的性質を帯びているかを弁別《べんべつ》し、帯びていれば情報を大脳の感覚皮質に送り、そこで情動経験が引き起こされる。それと同時に、視床は、その前下方にあって、自律神経の調節を行う中枢である視床下部《かぶ》（hypothalamus）に命令を発し、自律神経を介して末梢に身体的反応を引き起こす（視床の位置は、117ページの**図3-1**を参照してね）。このように、脳（視床）を情動発生のコアに据えているため、キャノンの考え方は「**中枢起源説**」と呼ばれている。しかし、現在では、視床が感情の中心であるというのは間違いだったことがわかっている。

扱うべきは刺激と行動の関係だけ——ワトソンの行動主義心理学

ジェームズの身体感じ説は、身体の生理的反応が情動の起源だとは言うが（これが末梢起源説ね）、身体的反応と情動とを同一視しているわけではない。情動と同一視されるのは、身体的反応の感じ、という主観的体験である。だから、身体説ではなく、感じ説とか、身体感じ説と名づけられているわけだ。そうなる理由は、ジェームズにとって心理学とはどのような営みだったかということに関係していると思う。

ジェームズの心理学は**内観心理学**と呼ばれている。彼自身は、心理学という学を次のように特徴づけている。「心理学は心的生活（mental life）とその現象および条件双方の科学である。ここで現象と呼ぶのは、感覚、欲求、認知、推論、意思決定などのことである」（James 1890）。心理学は、心的生活つまり「心に浮かぶよしなしごと」を、それを体験している本人が内観によってモニターすることで探求を進める学、というわけだ。だとすると、身体的反応そのものは、ご本人の内観によって捉えることはできず、内観の対象になるのは、それが心的生活にもたらす「感じ」ということになる。

しかし、世紀が改まって二〇世紀になると、「内観なんて本人しかわからない主観的なものにすぎないよね。誰もが観察できる客観的データに基づかなければ科学とは言えないんじゃないの。だから、心理学が科学になるためには、心的生活のように客観的なアクセスが不可能なものを想定するのはやめ、内観のように非客観的な方法に頼ることもやめにして、客観的に観察と測定が可能なものだけに心理学の対象を限定しましょう」ということになる。

ところで、「客観的に観察可能なもの」って何さ。心の中は見えない。見えるのはそこに入力される刺激と、そこから出力される行動だけじゃないの。こうして、「心の内部で起きていることはブラックボックスにしておいて、心の入出力の関係、つまり刺激と行動の関係だけを扱いましょう。そうしないと心理学は科学になれないもんね」という人々が現れる。**行動主義者**と呼ばれる人たちだ。行動主義心理学のパイオニアの一人、J・B・ワトソン(John B. Watson)は、心理学を次のように定義している。

「心理学は、自然科学の純粋に客観的で実験的な一部門である。その理論的目標は、行動の予測と制御《せいぎょ》にある」(Watson 1913)。

心を行動へ還元しようぜ！――ライルの哲学的行動主義

こうした行動主義心理学に呼応して、哲学の中にも行動主義者、哲学的行動主義者と呼ばれる人々が現れる。たとえば、オックスフォード大学の哲学者、ギルバート・ライル（Gilbert Ryle）は次のように二段構えの議論を展開した（Ryle 1949）。

まず、実体としての心は存在しない。それは、カテゴリー・ミステイクの産物にすぎない。では、心が存在しないなら、心について語る語彙《ごい》は何を意味しているのだろう。「シドニーは殺人鬼を恐れている」という文が、「シドニーに心というものがあって、その心が恐怖という状態にある」とか、「その心に恐怖なるサムシングが存在している」ことを意味しているのではないとするなら、いったいこの文は何を意味しているのだろう。

これに対するライルの答えが、**哲学的行動主義**である。心の中身について語っているように見える語や文の意味は、行動によって定義される。「シドニーは殺人鬼を恐れている」は、**シドニーが殺人鬼に対して、凍結、逃避、攻撃、服従、おびえ、気絶といった行動をとる**、ということを意味している。つまり、心的語彙の意味を、表に現れた観察可能な行動を引き合いに出して定義しようというわけだ。

しかし、すぐにツッコミが入るだろう。心の中では殺人鬼をひどく恐れているが、行動に表さないということがわれわれにはできるんじゃないの。そこで、ライルは、次のように修正する。心的語彙の意味は、**行動への傾向性**（しかるべき条件が満たされたら、しかじかの行動をするだろう、という性質）によって定義できる。「シドニーは強がっているが、内心は殺人鬼を怖がっている」というのは、殺人鬼にかりに出くわしたら、彼女は逃げたり、おびえたり、気絶したりするだろう、ということを意味している。

哲学的行動主義は、行動主義心理学よりちょっとだけラディカルだ。心理学の行動主義は、心の中身について不可知論の立場を取っている。心はあるかどうかわからない。だから、とりあえず科学の対象にしない。科学としての心理学は刺激と行動を相手にしていればよい、という考え方だ。これに対して、哲学の行動主義は、もっと踏み込んだ主張をしている。心はない。だから、心についての語りを行動への傾向性についての語りによって定義してしまえ。つまり、**心を行動に還元しようぜ**、という還元主義的立場なのである。

いずれにせよ、行動主義者にとっては、心の中にあるアイテムを取り出してきて、恐怖や情動と同一視するという選択はとれない。情動とは、**しかじかの条件が整えば、かくかくのことをする傾向性に他ならない**ということになる。行動主義心理学者のバラス・スキナー（Burrhus F. Skinner）も、いわゆる情動の名前は、行動を分類するためのものだと述べている（Skinner 1953）。

2　情動を何と同一視するか？——認知革命以降の考え方

「心の中身はやっぱり重要だ」

さて、前節で紹介してきた「理論」のうち、感じ説と行動主義は、情動を何と同一視するべきかを提案しているように見える。言い換えれば、情動を構成するいくつもの要素のうち、どれが情動にとって欠くことのできないものであるか、もっと哲学的に響く言い方をすれば、**どれが情動の「本質」であるか**を議論しているように見える。重要なのは、何と同一視するのかが、心理学とはどういう営みであって、何を対象として、どういう方法で調べるのかという、方法論的な選択に左右されているという点だ。

こういう同一視タイプの理論は他にもある。心理学者の間で行動主義が不人気になってからも、そうした理論は花盛りだ。一九七〇年代になると、**認知革命**という心理学上の大きな変化が起こった。行動主義者がブラックボックスの中に封印した、心の中身のメカニズムをやっぱり調べてもいいんじゃないの、という動きだ。

心は刺激を入力とし、それを行動に変換して出力している。入力を出力に変換しているんだから、ある種の計算をやっているわけだ。じゃあ、どんなメカニズムによって、あるいはどんなアルゴリズム（手順）によってその計算を行っているのだろう。そいつを調べようじゃないか。ただし、いくら心の中身を扱うといったって、内観心理学の時代に逆戻りじゃ困る。心がもっていそうなメカニズム、心が従っていそうなアルゴリズムについてモデルを立てて、そこから予想される入力と出力の関係が本当に成り立つか、実験やコンピュータシミュレーションで実証しよう、というやり方をとる。

認知革命のおかげで、記憶、注意、推論、カテゴリー化、信念、欲求、意思決定のような心の中のエピソードが大々的に心理学に返り咲くことになる。そうすると、どうなったか。

情動とは心的能力の働き方のことだ――処理モード理論

行動主義者が夢見たように、外的な行動と情動を同一視するのは無理そうだ。実際にも、情動は、記憶や注意、推論など他の心的・内的なシステムに影響をおよぼす。たとえば、エピソード記憶がそうだ。エピソード記憶って、いわゆる「思い出」のことで、あのときあそこでこんなことがあったなあ、という時と場所を伴った具体的な出来事の記憶を意味する。で、われわれが出来事を思い出すとき、思い出そうとする出来事に伴っていたのと同じ情動をもっているときに、思い出しやすいという傾向がある（Bower 1981）。つまり、悲しい出来事は、悲しいときに思い出しやすいということだ。また、ポジティブな情動を抱いていると、開放的で創造的で楽観的な推論をしがちであることもわかっている（Bless et al. 1996）。

といった具合に、感情が記憶や推論などの能力に体系だった変化をもたらすことの証拠は枚挙にいとまがない。

そうすると、ここから一歩進めて、情動とは注意、記憶、推論などの心的能力における体系的変化に他ならない、つまり、これらの心的能力の変化・調整のあり方が情動なのであーる、という人が現れる（Oatley & Johnson-Laird 1987）。情動はいろいろな心的能力がどんなふうに処理を進めるかのモードのことである、という考え方だ。これを「**処理モード理論**（Processing mode theory）」と呼ぶ。

哲学者は「思考」がお好き──純粋認知理論

一方、思考（信念、欲求などをひっくるめて、こう呼ばれることがある）は情動に大きく影響する。『スクリーム』のシドニーは、殺人犯の動機がわからないときはひどく恐れているが、その動機がありふれた復讐であることを知った途端に、怖さを感じなくなる。逆に、ケイシーは、最後まで殺人犯の正体も動機もわからないため、恐怖に打ち勝つことができない。こうした、正体を知ることで恐怖が低減するという仕掛けはホラーの常道だ。『13日の金曜日』で唯一生き残るのも、犯人と動機を知った者である。それが誰かはここに書けないけど。

もちろん逆のケースもある。たとえば、『オーメン』のダミアンくんが悪魔の子であることは、観客のわれわれにはとうにお見通しだが、父親のペックはなかなか気づかない。頭部に「666」の刻印を見つけた。ダミアンの産みの母親の墓を暴くと、そこにはメスの山犬の骨があった。こうして、ようやく息子の正体を知ったときの、ペックの恐怖に歪んだ顔。これは、正体を知ったらよけい怖くなる例だ。

同じことは、他の情動にも当てはまりそうだ。スティーブン・キング原作、ブライアン・デ・パルマ監督の『キャリー』。さえないルックスで嘲笑《ちょうしょう》の的《まと》だったキャリーは、ハンサムなクラスメートに卒業式後のダンスパーティ（プロム）に誘われる。ところが、プロムが手の込んだいじめだと知った途端に、喜びの絶頂は激しい怒りに変わる。知識により情動が変化するというわけだ。この変化の大きさが、彼女に潜在していた超能力を開花させ、惨劇が始まる、という筋立てになっている。

それはともかく、思考が情動に大きな影響を与えるという点をさらに一般化すると、**情動の本質は認知（思考）**だと考える一連の理論（**純粋認知理論** pure cognitive theory）が生まれる。とくに哲学者は、思考偏重のためか、この手の理論が大好きだ。

プリンツは面白いデータを紹介している。さまざまな属性のグループの人々に、感情の構成要素のうちどれが重要かを順位づけしてもらったところ、どんなグループも「感じ」を一番にする。そうしなかったのは、大学の哲学科の学生だけだったそうだ。もちろん、彼らが一位に選んだのは「思考」だ（Panksepp 2000）。

純粋認知理論は、情動を認知と同一視する理論である。これのルーツは古く、前三世紀頃のストア派にまでさかのぼることができる。ストア派のクリュシッポスは、情動は信念だと考えた。現代でも、哲学者で『情動とは何か』という著作のあるロバート・ソロモン（Robert C. Solomon）なんかは、情動とは評価判断であると主張する。たとえば、怒りは、不当な扱いを受けたという判断に他ならない。ただし、「強い」判断だけど（Solomon 1976）。

第1章でアラコワイキャーについて考えたとき、情動は特定の行動を促す、すなわち情動には動機づけ的側面があると述べた。判断や信念だけでは、情動の動機づけ的側面が汲《く》み取れないと考える人は、信念（判断）と欲求のペアが情動だと言うことになる。これによると、恐怖は危険が迫っているという信念と、それを避けたいという欲求が合わさったものだということになるだろう。

本質主義的探求は時期尚早?

というわけで、部分の問題を「情動を何と同一視するべきか」という問題と捉えたうえで、あれだ、いやこれだ、ということを論じるタイプの理論がやたらと乱立することになった。しかし、情動は何に他ならないか、情動にとって欠くことのできない要素はどれか、情動の「本質」はどれか、という具合に問題を表現して、それに答えようとするのは何だかあまりよろしくない探求の進め方に思われる。少なくとも、自分が本当に問おうとしていることをきわめてミスリーディングな形で述べているように思える。

花崗岩《かこうがん》には、石英《せきえい》と長石《ちょうせき》と、あとちょっとだけ黒雲母《くろうんも》などが含まれている。ここで、花崗岩になくてはならない要素は何でしょう、石英と長石と黒雲母のうち、どれが花崗岩を花崗岩たらしめているものでしょう、と問うのは馬鹿げている。花崗岩は現にこれらでできているのであって、これらの要素がどのように組み合わさっているかが花崗岩を花崗岩にしている。実際、花崗岩の成分鉱物はほとんど流紋岩《りゅうもんがん》と同じだ。花崗岩と流紋岩の違いは、両者のできあがり方なのである。

同じことが、情動にも当てはまらないだろうか。情動は現に多くの要素ないし側面をもっている。このうち特定の構成要素を情動と同一視しようとするのは、もしかしたら、間違った探求方法かもしれない。そこまで言えなくても、いきなりそういった本質主義的な方向に探求を進めるのは、**まだ早すぎるのかもしれない**。部分の問題には、ちょっと違った攻め方が必要かもしれない。それを試みてみよう。

3 ハイブリッド理論とアトサキ理論――情動をどうモデル化するべきか

情動ハイブリッド説――デカルトから2要因理論まで

ジェームズらの「感じ説」は、たしかに情動を意識経験（感じ）と同一視しているのだが、一方でその「感じ」は身体的反応の感じであるとしている。だから「身体感じ説」と呼ばれたわけだ。情動を感じと身体的反応の二つの要素のハイブリッド（混成物）とみなしているとも言える。その意味で、これまで紹介してきた理論の中で、感じ説はちょっと変わっている。

こうしたハイブリッド型の説も、情動論の歴史の中ではけっこう古くからある。アリストテレスは、情動は感じ（苦しみや快楽）と、行為への欲求の両方を含むと言っていたし、デカルト、ヒューム、スピノザもそれぞれ独自のハイブリッド説を唱えていた。プリンツによると）。

デカルトはジェームズ＝ランゲ説の先駆者と言われている。感覚が良いものあるいは悪いものを区別して知覚し、身体に適切な反応行動を準備させるときに情動が生じる。感覚から行動への橋渡しは動物精気という、脳と身体の間で情報をやりとりする微粒子によって担われる。動物精気は、松果体《しょうかたい》を介して脳と魂の間の情報交換も担っている（なんせ、デカルトは二元論者なので、脳とは別に魂＝精神があるわけだ）。魂が動物精気の運動を感知すると情動（の感じ）が生じる。動物精気をアドレナリンとみなすと、けっこう現代的な説明だ。やっぱデカルトって偉いね。

一方で、デカルトは、情動は行為への意志や思考を含むとも考えていた。恐怖は、怖いとみなされたものから遠ざかろうとする意志を含むという具合だ。こうしてデカルトの説には、感じ、身体的反応、評価、行動への動機づけといった、アラコワイキャーの要素がすべて現れる。

すでに紹介したシャクターとシンガーの2要因理論も、ハイブリッド型理論の一種だ。身体的反応とそれへの認知的解釈（ラベルづけ）の二本立てで情動を説明しようとしているからだ。彼らはある意味で、先行するジェームズらの末梢起源説と、キャノンらの中枢起源説を折衷《せっちゅう》したとも言える。末梢に由来する身体的変化（生理的覚醒《かくせい》）と、中枢で行われる原因帰属（認知的要因）の双方が情動の成立には不可欠なのだ、というわけだから。

2要因理論は、まず身体的反応があり、ついでそれに認知的解釈がなされるという具合に考えている。つまり、暗黙のうちに、身体的反応が先で認知的解釈が後、という前提を置いている。だとすると、同じハイブリッド説でも、この前後関係については2要因理論と反対向きに考える、という説があってもよいはずだ。

「判断」が情動に先立つ——認知的評価理論

実際、そのような理論もある。というより、すごくたくさんある。対象についての思考（認知）がまず形成され、その認知が、感じ、身体的反応、行動への動機づけなど別の状態を生み出すというタイプの理論だ。こういうのをまとめて、「**認知原因理論**（cognitive cause theory）」と言おう。

第1章で、こういうタイプの考え方には、ちょっとばかり疑いを投げかけておいた。私は情動を認知と同一視する純粋認知理論や、情動は認知から始まるとする認知原因理論には批判的だ。その批判は次の第4節で詳しく扱うことにして、まずは認知原因理論を紹介しよう。

認知原因理論のうち最も影響力をもったのは、マグダ・アーノルド（Magda B. Arnold）

が提案した「**認知的評価理論**（cognitive appraisal theory）」だ（Arnold 1960）。ジェームズの身体感じ説には、一つ欠けたところがある。外界からの刺激に応じて、異なった身体的反応が起こり、それの感じがそれぞれの情動だ、とジェームズは言うのだが、そもそも、刺激がどのようにしてそれに応じて異なる身体的反応を起こせるのか、そこは明らかではない。

一方、ジェームズを批判したキャノンの説にも欠けたところがある。外界からの刺激が、まず視床で情動的性質の有無をチェックされる、というわけだが（もちろん視床がやっているとしての話）、視床は刺激が情動的であることがどうしてわかるのだろうか。明らかに、刺激の入力と、それに続いて最初に起こることがらの間を**とりもつ何か**がなければならない。

それが**認知的評価**だというのがアーノルドの説である。認知的評価とは、刺激が自分にとって好ましいものであるか悪いものであるかの「**判断**」を意味する。認知的評価により、好ましい刺激には接近、そうでない刺激には回避といった行動をとるように動機づけられる。その動機づけが意識にのぼってきたものが感情経験だ。

アーノルドは、こうした評価は、いろんな情動に共通の評価尺度に沿ってなされると考え、その尺度を「**次元**」と呼んだ。アーノルドは三つの次元を想定した。「有益か有害か」

の次元、「対象が存在するか不在か」の次元、「手に入れること（または回避すること）が困難か容易か」の次元。これら三つの次元に即して異なった評価がなされると、異なる情動が生じる。たとえば、刺激が有益で、そこに現存し、容易に手に入れられると評価されると、喜びが生じる、といった具合だ。評価にいくつかの次元を導入することで、情動の分類問題にも答えてしまおうというわけで、なかなかよくできた理論だ。「**次元的評価理論**（dimensional appraisal theory）」とも呼ばれている。

次元がどんどん増えていく！

さて、次元的評価理論みたいな理論は、その後どうなりそうか、わかるだろうか。わかるよね。次元が増えるんである。アーノルドの理論には、まず、次元が三つで十分なのかという批判がなされることになった。たとえば怒りも嫌悪も、「有害＋存在＋回避しにくい」という評価によって引き起こされることになるが、これらは異なった情動ではないだろうか。そこで、ストレス研究で著名な臨床心理学者リチャード・ラザルス（Richard S. Lazarus）は、次元を六つに増やした認知的評価理論を提案した（Lazarus 1991）。

ラザルスによれば、情動の評価理論は次の二つの考え方からなる。第一に、情動は評価判断への反応である。第二に、その評価判断は自分と環境の関係についての判断である。

そして、評価は六つの次元に沿ってなされる。その次元を、ラザルスはまず三つずつの二グループに分けて導入する。

第一のグループは一次評価（primary appraisals）と呼ばれ、刺激が、有害にせよ有用にせよ、自分にとって意味のある抜き差しならないものであるかどうかに関わる。それはさらに三つの次元からなる。

（1）**目標との関連性**（goal relevance）：刺激をもたらした対象、状況、出来事と関わり合うことが自分の目下の目標に関わりをもつか。もつなら何らかの感情が引き起こされる。

（2）**目標との適合性**（goal congruence）：それらの対象、状況、出来事との関わり合いが、目標達成を容易にするか阻害するか。前者ならポジティブな感情、後者ならネガティブ感情が引き起こされる。

（3）**自己の関与のタイプ**（type of ego-involvement）：その関わり合いに自分の何がかかっているか（at stake）。ここで「かかっている」というのは、「このプロジェクトの成功には私のプライドがかかっている」と言ったときの「かかっている」だ。自分のアイデンティティ、道徳的価値観、人生の目標、自分にとって大切な人たちの幸福などなど。

第二のグループ、二次評価（secondary appraisals）は、刺激をもたらした対象、状況、出来事に自分は対処できるかどうかに関わる判断の次元からなる。

（4）**責任**（accountability）もしくは**非難か称賛か**（blame or credit）：それらの対象、状況、出来事との関わり合いにおいて、何あるいは誰にどんな責任があるのか。それはほめるべきことなのか非難すべきことなのか。

（5）**処理能力**（coping potential）：関わり合いの結果を自分がうまく処理できる程度。

（6）**将来の見込み**（future expectancy）：事態の進行が自分の目標と適合したものになるか、その逆になるかの見込み。

これら六つの次元に即して刺激が評価され、評価の組み合わせが異なると、異なる情動が生じる。たとえば、怒りは、それぞれの次元で次の評価がなされたときに起こる。（1）目標と関連する。（2）目標達成を阻害する。（3）自尊心、自分のアイデンティティがかかっている。（4）他者が非難されるべきである。（5）私は反撃することができる。（6）反撃によって目標達成の見通しは好転するだろう。このうち、（5）が異なって、自分にはどうすることもできないという判断になれば、悲しみが生じることになる。

ラザルスは、このような六つの評価次元に沿った評価こそ、われわれが「本当に」行っている評価なのだと言う。しかしわれわれは、自分が六次元で評価しているなんてことには通常気づいていない。そこで、怒りを生み出す六次元の評価は、「私と私のものに対する屈辱的攻撃」という具合に要約される。

このように、情動に先立って本当に行われている六次元の評価を要約しパッケージ化したようなものを、ラザルスは情動の**「中核的関係主題**（core relational themes）」と呼ぶ。中核的関係主題はそれぞれの種類の情動の根底にある、**自分と状況との関係的な利害をまとめたもの**と言える。たとえば、不安の中核的関係主題は、不確実な、存在への脅威に直面していること、恐怖の中核的関係主題は、差し迫った具体的で圧倒的な物理的危険に直面していること、嫉妬のそれは、他人がもっているものを欲していること、とされている。「中核的関係主題」って難しそうだけど、大切な言葉なので覚えておいてね。

ラザルスの実験

さて、何次元にせよ、認知的評価理論が正しければ、評価が情動経験に先立つわけだから、その後に引き起こされる情動の種類にも評価が影響をおよぼすはずだ。ラザルスは、次のような実験でこれを確かめようとした。

被験者にオーストラリア先住民族（アボリジニのアルンタ族）の割礼《かつれい》儀式の記録映画を観てもらう。男性器の尿道《にょうどう》を下側に切り開くスゴイ割礼なので、いかにも痛そう。被験者は二つのグループに分けられ、一方は、残虐さを強調するナレーションつきで観てもらう。もう一方では、これは成人になるための晴れの儀式だとナレーションする。そうすると、前者のグループでは後者に比べて、自律神経系の活性化と不快感情が強く観察された。刺激（この場合は映画に描かれた儀式）の評価が異なれば、惹起《じゃっき》される情動が異なる、というわけだ。

この実験結果自体はおそらく正しいだろう。そもそも、情動は何を見たか（知覚刺激）だけではなく、判断・思考によっても左右されるということは、日常経験も裏書きしているしね。夜中に足音が聞こえてきたが、泥棒だと思えば怖いし、サンタクロースだと思えば嬉しい。

うーん。でも、どうなんだろ。この実験は、こうした当たり前のことを超えて、「評価が情動経験に先立つ必要不可欠の条件だ」というラザルスの主張を確かめることに成功しているだろうか。思考や評価判断が情動に影響を与えるということは言えているけど、不可欠な前提条件だとまでは言えないのではないだろうか。

「部分の問題」の正しい解き方

とはいえ、ハイブリッド説や認知的評価理論では、部分の問題への取り組み方がちょっと変わってきていることに気づいただろうか。かつては、情動のいろんな構成要素の中から一つの要素を取り出してきて、「これが情動だ」と同一視することで、情動の本質を捉えようとしていた。本質主義的かつ還元主義的なやり方だった、と言ってもよい。

　これに対して、ハイブリッド説では情動の構成要素のすべてを情動に欠かせないものと見ている。また、認知的評価理論は身体的反応や感じ、動機づけと評価との因果的な前後関係を考えようとしている。つまり、情動の構成要素のそれぞれがどんなふうに因果的に関係し合って、「情動」と漠然《ばくぜん》と呼ばれている現象が成立しているのかを問題にしようとしている。つまり、**情動の因果的モデル**をつくろうとしているわけだ。

　情動の因果的モデルをまずつくって、その中で中心的な役割を果たしている要素があるなら、それを「情動の本質」と呼んでもよい（呼びたいなら）。こういうやり方に進化してきたわけだ。私もこっちのやり方のほうがよいと思う。そのほうが、情動という現象について深く理解することができるからだ。

　そうすると、大事なのは、認知的評価理論は情動の因果モデルとして適切なのか、ということだろう。とりわけ評価が情動に先立つ（情動は評価から始まる）という、このモデルの中心的仮説はどのくらい正しいかということだ。あらかじめ言っておくなら、私は、認知的評価理論は正しいモデルではないと思う。情動についてもっと良いモデルを考えるのは次章にまわして、本章の締めくくりとして認知的評価理論を批判しておこう。

4 「認知が先か感情が先か」論争——認知的評価理論はダメそうだ

ザイアンスが論争の口火を切る

ポーランド生まれの米国の社会心理学者ロバート・ザイアンス（Robert B. Zajonc）は、いくつかの実験結果に基づいて認知的評価理論を批判する論文を発表した（Zajonc 1980）。その論文のサブタイトルがこれまた挑戦的で「好みに推論は不要」というものだった。これがきっかけとなって、一九八〇年代前半にラザルスとザイアンスの間で、感情を経験するのに認知は必要であるかについて論争が行われることになった。これが「認知が先か感情が先か」という、あまり良くない名前で呼ばれるようになった有名な論争だ。

ザイアンスがラザルスらの認知的評価理論を批判するために挙げた証拠は次の五つだ。

（1）**高度な認知を行わない幼児だって情動を示す**。こいつは情動をもっているだろうと考える際の有力な手がかりになっているのは、情動的な行動とか表情だ。動物や幼児は、ラザルスらが「評価」と呼んでいる複雑で高度な認知を行う能力がまだ進化・発達していないと思われるのに、情動行動や表情をすでに示している。

（2）**情動とそれに伴う評価とは食い違うことがある**。とりわけ、相手に対する評価の変化と、同じ相手に対して抱く情動の変化が食い違うことがありうる。ザイアンスが挙げている例を紹介しよう。サリーは夫に腹を立てている。彼女の同僚を招いた大事なパーティに夫が遅刻してきたからだ。あとになってサリーは、夫が遅れたのは、途中で交通事故による渋滞に巻き込まれたからだということを知る。でも、彼女の怒りはおさまらない。サリーは、怒りの矛先《ほこさき》を他に向けようと、夫の粗探《あらさが》しをする。うわ、いかにもありそうだ。

（3）**情動反応が評価なしで生じることがある**。次のような実験がある。動物にある種のエサを与える。そのエサを食べたあとに吐き気を催《もよお》させる薬剤を注射すると、動物は条件づけにより、そのエサを嫌って避けるようになる。この忌避《きひ》反応は、動物が意識を失っている間に薬を投与しても生じる。ザイアンスは、こうした無意識の学習は、認知なしの情動（この場合は嫌悪）の証拠だ、と主張する。

また、人間を相手にしても似たような実験ができる。**単純接触効果**（mere exposure effect）を使えばよい。欧米人にとって、意味のわからない漢字を見ることは、快でも不快でもない中性的な刺激と考えられる。でも、単に何度も繰り返し見ただけで、その刺激はだんだん好ましくなってくる。これが単純接触効果だ。ザイアンスは、この効果が、刺激を意識的に認識できないほど短時間しか与えなくても生じることに注目する。刺激として何が与えられたかさえわからないのだから認知的評価は起きないはずだ。それなのに、好みという情動が生み出される。

面白いのは、認知的評価説に転じる以前のラザルスも、ほぼ同じような実験をして同様の結果を得ている点だ。文字パターンを意識的に認識できないほど短時間、スクリーンに提示し、同時に電気ショックを与えて被験者を条件づけておく。そうすると、本来中性的であるはずの文字パターンが、恐怖を呼び起こし、交感神経系を活性化させる。
（4）**情動は先行する心的状態なしに生じうる。**（3）の証拠は、単純接触効果や条件づけのように、事前の学習過程が入っている。そのため、直接的証拠とは言いにくい。しかし、もっとダイレクトな証拠がある。情動は、薬物、ホルモン、脳への電気刺激などの物理的方法で生じさせることができる。あるいは、第1章で「表情フィードバック仮説」を紹介した際に触れた、さまざまな実験結果が示唆《しさ》するように、単に表情を変えることによっても特定の情動を引き起こすことができる。
ザイアンス自身も、表情フィードバックによる情動の生起について実験をしている。すごく面白いのでぜひ紹介したい。被験者を二つのグループに分けて、物語を朗読させ内容を評価してもらう。二つのグループが読む物語の筋はまったく同じだが、登場人物の名前だけが違う。ユルゲンとピーターだ。「ユルゲン」と発音するには、口をとがらせる。口をとがらせる表情はネガティブな情動に特有の表情だ。果たせるかな、ユルゲン物語を朗読したグループは物語を不快だと答える割合が有意に高かった（Zajonc et al. 1989）。
（5）**情動と認知では、脳の異なる部位を使っている**。これについての説明は後ほど。
以上の証拠は、要するに情動と認知がいろいろな仕方で食い違っているケースだ。これらに基づいて、ザイアンスは「**感情の先行性**（primacy of affect）」を主張した。刺激に対する情動反応は短時間で自動的に生じるもので、そこに認知的評価は必ずしも必要ではない。むしろ、情動は認知的評価に先立つ。

ラザルスが迎え撃つ、のだが……

こうなると、ラザルスも黙ってはいられないので反論することになる（Lazarus 1984）。
（1）に対して、ラザルスは二つの答えを用意している。まず第一に、認知能力が未発達の幼児や動物の表情は情動反応ではないのではないか。しかし、こりゃいくらなんでも反論としてダメでしょう。もう一つの反論のほうがまともだ。つまり、幼児や動物が認知能力を欠いているという想定のほうがおかしいのであって、彼らも情動的反応をしているときには認知的評価をしているのだ。これはいい線行っているかもしれない。ただし、そのときは「認知的」ってなんだ、という問いに答えを出さなけりゃならない。
（2）のサリーと夫の事例に対しては、ラザルスは次のように答えている。これはむしろ、信念の変更って難しいよねということを示す事例だ。遅刻したのは交通事故のせいだったという情報を得ても、「夫はだらしない、そのだらしなさのせいで遅刻した」という信念は簡単には放棄されない。つまり、サリーの夫への評価は変わっていないんだ、というわけ。これも一理あるね。じっさい、われわれは自分の信念を変えるのはなかなか難しいことを身にしみてわかっている。サリーの事例を、評価が変わったのに情動は変わらない事例と見るか、評価が変わらないので情動が変わらない事例と見るか。そう簡単には決められない。

（3）に対しては、ザイアンスは認知と意識を混同しているんじゃないか、と反論できる。認知が無意識に起こることはありうる。それを認めれば、薬物による条件づけで生じた忌避反応や接触効果による好みだって、無意識的ではあるが認知プロセスを含んでいると言ってもよい。まあ、この反論もそれなりに筋は通っている。しかし、意識的な思考と切り離された「認知」って何だ、という疑問は残るわけだが。

（4）に対してラザルスは答えていない。これが認知なしの情動の最も直接的な証拠だということを考えると、この態度は解《げ》せないなあ。（5）に対してはどうか。ラザルスは、脳神経科学の知見を心理学でどう用いるかという一般論を述べて反論している。情動のある側面を担っている脳の部位を突き止めたとしよう。しかし、そのことと、その部位での神経活動が認知的か非認知的かという話は別問題だ。脳のある部位がやっていることが認知なのか、ということを決めるには、まずは認知とは何かを定義しなければならない。この定義の問題は、脳神経科学だけでは解決できない。心理学と、それ以前のわれわれの日常的用法も尊重すべきだ、と。

　これはまことにごもっともなのだが、ザイアンスの批判に正面から答えたものにはなっていない。ザイアンスの批判を私なりに述べ直すと次のようになる。ラザルスの理論が「認知的評価理論」と呼ばれているのは、そこで言う「評価」がかなり高度な概念の操作を含んでいるからだ。一次評価には、刺激と自分の目下の目標がいかに関連・適合しているかという評価が含まれる。このためには、自分の目標をきちんと概念化して捉えていなければならない。また、自己の関与のタイプを評価するためには、「自己アイデンティティ」「道徳的価値」「人生の目標」「プライド」「幸福」といった概念をもっていて、それを操作したり比較したりすることが必要だ。

　二次評価も同様で、「責任」「非難」「称賛」概念が必要だし、さまざまな概念を組み合わせて思考し、事態の進行を予測することもできなくてはならない。

　われわれ人間には、高度な能力があるので、そうしたことを思考し判断できるのは確かだ。そして、それを「認知」と呼ぶのもよいだろう。逆にこうしたことを認知と呼ばないなら、「認知」という語の使い道はないからだ。しかし、脳神経科学的証拠が示しているのは、こうした高度な認知能力を担う脳の部位と、情動を担う部位とが異なる、ということだ。異なるなら、情動の発生にある種の「評価」が含まれているとしても、それはラザルスが想定しているような、われわれの汎用的な概念思考能力を用いたものではないだろう。

ラザルスは、脳の別の部位でなされる「評価」だって、定義次第で「認知的」だと言えるかもしれないじゃん、と答えている。しかし、問題となっているのは、その評価が「認知的」のレッテルに値するかどうかではなく、情動に含まれる評価が、認知的評価理論が想定しているような、一般的で高度な概念思考能力を用いたものではないのではないか、ということだ。

名行司プリンツが裁く！

「部分の問題」の名づけ親であるプリンツは、ザイアンス対ラザルス（怪獣映画みたい）論争を見事に裁いてくれている。三つ目までの論点は引き分け。（4）と（5）については、ラザルスの負け。総合的に言って、認知的評価理論はダメ。でも、**全部ダメなわけではなく学ぶべきところもある**、という判定だ。

神経解剖学的構造に訴えた議論（5）について、プリンツは現在の知見を用いて、次のように補強している。ザイアンスが依拠していた脳神経科学的証拠は、情動の処理は右半球に局在しているらしいというもので、これは当時は信じられていたが、いまでは否定されている。いまだったらザイアンスは、扁桃体《へんとうたい》についてのデータを用いて、もっと強い批判ができたろう。

扁桃体(Amygdala)は、左右の側頭葉の内側に位置するアーモンド型の神経細胞の集まりだ(117ページの図3―1参照)。これが、情動とりわけ恐怖において重要な役割を果たしているらしい(LeDoux 1996)。網膜《もうまく》から出た視神経はいったん視床にいたる。視床は中継地点の役割をしていて、自分じゃ対象を認識しないが、信号をいろいろなところに送る。視床から信号が新皮質の視覚野に送られると、そこでいわゆる視覚的な認知が成立する。一方で、視床は視覚的信号を扁桃体にも送る。

扁桃体は内部構造をもっていて、いくつかの「核」と呼ばれる部分からできている。扁桃体の中心核と言われる部分に視床からの信号が届くと、中心核は身体反応を調整しているさまざまな構造に信号を送って、いろんな身体的反応を引き起こさせる。たとえば、中脳の中心灰白質《かいはくしつ》と呼ばれるところに信号を送ると、闘争/逃避反応が引き起こされる。延《えん》髄《ずい》と橋《きょう》に送ると心拍数と呼吸が変化する。その他、信号を送る場所に応じて、凍結、表情の産出、ホルモン量の調整などが引き起こされる。つまり、扁桃体は恐怖に伴う身体的反応のほとんど全部を**オーケストレーションしている**わけだ。

大事なことは、こうしたことを扁桃体は新皮質との連絡を使わずにやっている、という点だ。網膜から視覚信号がやってくると、中継地点の視床から、視覚的認知（おや、これはヘビですね）が成立する新皮質への経路とは別の経路で扁桃体に信号が送られる。こうして、新皮質からの入力なしに、恐怖に伴う一連の身体的反応が引き起こされる。新皮質と独立にできる、ということは、**恐怖は認知なしに起こりうる**ということを意味する。

このように、ヘビなどの対象に対する恐怖反応は、系統発生的に原始的な皮質下の領域が関わる。ラザルスの評価理論が想定しているような、高度な概念的操作を含む仕事が、こうした皮質下のレベル、たとえば扁桃体で行われているとは信じがたい。扁桃体が損傷されると恐怖を感じられなくなる。しかし、自己とか、責任・非難とか、未来の成り行きとかについて、概念的に思考する能力は失われない。両者は独立なのだ。

認知的評価理論はダメだ、しかしそこから学ぶことはある

こうして、プリンツは、ザイアンスの議論は補強すれば認知的評価理論をやっつけるのに十分だと結論する。複雑な概念的思考による評価が情動の原因だという仮説は、物理的手段による情動の発生を説明できないし、神経科学的な証拠に反する。情動の身体的反応

情動をめぐるさまざまな考え方

●本質主義的・還元主義的なもの

・**身体感じ説（末梢起源説）**……ウィリアム・ジェームズ、カール・ランゲ
情動とは主観的に捉えられた身体的反応の「感じ」のことだ！

・**中枢起源説**……ウォルター・B・キャノン
情動の源泉は、脳内の視床にあり！

・**行動主義心理学**……J・B・ワトソン
心（情動）なんて存在するかどうかわからない。科学的探求の対象は「刺激」「行動」だけでOK！

・**哲学的行動主義**……ギルバート・ライル
心（情動）なんて存在するかどうかわからない。ならば情動を行動に還元しよう！

・**処理モード理論**……キース・オウトリー、フィリップ・ジョンソン＝レアード
情動は、記憶や推論などの調整の仕方と同一視できる！

・**純粋認知理論**……ロバート・ソロモンら多くの哲学者
情動の本質は認知（思考）だ、あるいは信念と欲求のペアだ！

●ハイブリッドなもの

・**2要因理論**……スタンレー・シャクター、ジェローム・シンガー
情動は二本立て！　まずは身体的反応、次いで認知的解釈

・**認知的評価理論（次元的評価理論）**……マグダ・アーノルド、リチャード・ラザルス
情動は二本立て！　まずは認知的評価（判断）、次いで情動経験

・**情動先行説**……ロバート・ザイアンス
情動形成に認知的評価は不要！　まずは情動、次いで（するなら）評価

●戸田山のおすすめ

・**身体化された評価理論**……ジェシー・プリンツ
身体的反応をレジスタすることで中核的関係主題を表象する心的状態が情動だ！（詳しくは第3章を読んでね）

は、情動の構成要素と呼ぶに値する、他のいかなる状態もなしに生じさせることができる。

とはいえ、認知的評価理論のすべてがダメなのではない。ダメなのは「認知的」の部分である。**情動は評価であるというのは相変わらず正しい**。評価とは、主体とそれをとりまく状況の関係を主体の利害という観点から表象することに他ならない。つまり、評価は中核的関係主題についてのものである。そして情動は評価を含むがゆえに、中核的関係主題の表象をも含むことになる。しかし、ラザルスが考えたように、情動は高次な概念を使ってそれを表象しているのではない。むしろ情動においては、身体が評価している。評価は身体化されている。

このような考えに基づいて、プリンツは「**身体化された評価理論**（embodied appraisal theory）」と自ら名づけた情動のモデルを提案する。種明かしすると、私はこのプリンツの理論がいまのところ最もよくできた情動の理論だと思っている。次章では、この身体化された評価理論を素描することにしよう。

ここで私は「表象」「表象する」という言葉を使った。これが何を意味するのかも次章で解説するから待っておれ。

第3章　これが恐怖のモデルだ！——身体化された評価理論

いよいよ第3章では、私がお勧めする情動のかなり包括的なモデルを紹介して、「いいね！」と言うことを試みよう。つまり、ジェシー・プリンツの「身体化された評価理論」だ。というわけで、第3章は本書の前半部のヤマ場なんだけど、だから、ちょっと準備が必要だ。

まず、プリンツの理論のルーツの一つになっているダマシオのソマティックマーカー仮説と、それが情動の合理性というテーマに対してもつ意義を理解してもらおう。次に、前章の最後で何気なく使った「表象」という概念について、きちんと説明をしておく。そのうえで、「身体化された評価理論」を紹介しよう。

1 ダマシオと情動の合理性

かつては「機械の中の幽霊」説が優勢だった

情動は長い間、理性と対立するものとして捉えられてきた。理性は合理的なのに、情動は非合理で、理性の働きを妨《さまた》げて、愚かな行為をさせるものだと考えられてきた。恐怖に駆られて、かえって自分をより危険な目に遭わせたり、ひどい場合には死を招き寄せたり。オセロは嫉妬に駆られて愛する妻を殺してしまうし。情動に身をまかせるとろくなことはないぞ、と言われることが多い。頭を冷やして、よく考えてから行動しろ、というわけだ。

すでに見たように、情動は身体的反応を含んでいる。したがって、情動と理性の二分法は、身体と精神（魂）の二分法と重ね合わされる傾向にある。魂（幽霊）が身体（機械）に乗り込んで、それをコントロールするというイメージにはなかなか強力なところがある。前章で登場した行動主義者のギルバート・ライルは、こうした人間観を「**機械の中の幽霊**」と呼んだ。

精神による身体のコントロールは、理性による情動のコントロールと結びつく。たとえばデカルトは、情動はたしかに心的現象だけど、それは身体に由来するもので、心からしてみれば他のところから来たものであり、受動的《パッシブ》なものだと考えた（だから、情念のことをパッションと言うわけだ）。心の受動的側面である情動は、心の能動的働きである理性によってコントロールされねばならない。精神医学者や心理学者にも、同じような見方は広がっていた。フロイトやスキナーは、情動は理性的行動を阻害するもので、基本的には有害なものだと考えていた。

ジェームズとダマシオの相違点

近年になって、こうした見方は修正されつつある。情動がないとわれわれは合理的に行動することができない、それどころか、情動こそが合理的行動を可能にしている主役なのだという考え方が、哲学の中にも、心理学・脳神経科学の中にも現れてきている。

その一つの典型例が、神経科学者アントニオ・ダマシオ（Antonio R. Damasio）の「**ソマティックマーカー仮説**」だ（Damasio 1994）。ダマシオは、キャノンによる批判で下火になっていたジェームズ以来の身体感じ説をある仕方で復活させた人と位置づけられている。たしかに、ダマシオは「私は身体状態の一連の変化を情動の本質と見ている」と述べている。

とはいえ、ダマシオの考えは、ジェームズとは次の三つの点で異なっている。第一に、情動が反映している身体的反応に、末梢の変化だけでなく、脳内の物質レベルの変化、すなわちホルモンレベルなどの変化も含めている点。

第二に、情動反応は、普通なら身体的反応と結びついている脳の部位が活性化しさえすれば、身体の変化がなくても生じることがあるとした点。これは、幻覚になぞらえて理解すればよい。実物が存在しなくて、実際には網膜が刺激されなくても、視覚野が刺激されることによってピンクの象やお岩の幽霊が見えたりする。これと同じことが情動にも言えるわけだ。これをダマシオは「あたかもループ（as-if loop）」と呼んでいる。実際の刺激はなくても、情動を経験するのを想像しただけで、脳の部位は活性化することがある。怖いことを思い浮かべただけで怖くなる。

次の第三の違いが一番重要だ。「情動の感じ」において感じられているのは、身体的反応だ、とするのはジェームズと同じなのだが、ダマシオは**情動と感じを同一視するわけではない**。脳は、情動的な身体的反応を意識なしに、つまり「感じ」なしに引き起こすことがあってもよい、と考えている。情動は意識的なこともあるが、というよりわれわれにおいてはそういうことが多いが、そうでなくてもよい。というわけで、プリンツは、ダマシオの説は身体説（somatic theory）ではあるが、必ずしも身体感じ説（somatic feeling theory）ではない、としている。

だから、ダマシオの説にはキャノンがしたような身体説批判は当てはまらない。ダマシオの説では、**身体的反応と脳の部位の活性化との間には少しスキマがある。**情動と結びついた身体的反応がなくても、その情動に特有な脳状態が起こることもあるし、その逆、つまり情動に結びついた脳状態がなくても、情動と似た身体的反応が生じることだってありうる。

VMPFC損傷は何をもたらしたか

さて、ダマシオ説の面白いところはここからだ。ダマシオはエリオットという患者の症例を報告している。エリオットは脳にできた腫瘍《しゅよう》を取り除く手術を受けた際に、前頭前野《ぜんとうぜんや》腹内側部《ふくないそくぶ》（ＶＭＰＦＣ）に損傷を受けた。そうしたら、良き社会人であり良き家庭人でもあったエリオットは、人が変わったようになってしまった。知能も記憶力ももとのままだったのだが、損傷後は情動が低下してしまったのである。自分のことなのに他人事のように淡々としている。というわけで、ＶＭＰＦＣは情動に関わる部位らしい。実際、扁桃体に信号を送ったり、視床下部や脳幹に信号を送ることで、情動的な身体反応を引き起こすことが知られている（図3−1）。

そして、エリオットにはできなくなったことがもう一つある。ものごとを決められないのである。ごく簡単なことでも、細かなことにやたらとこだわってしまい、良し悪しを

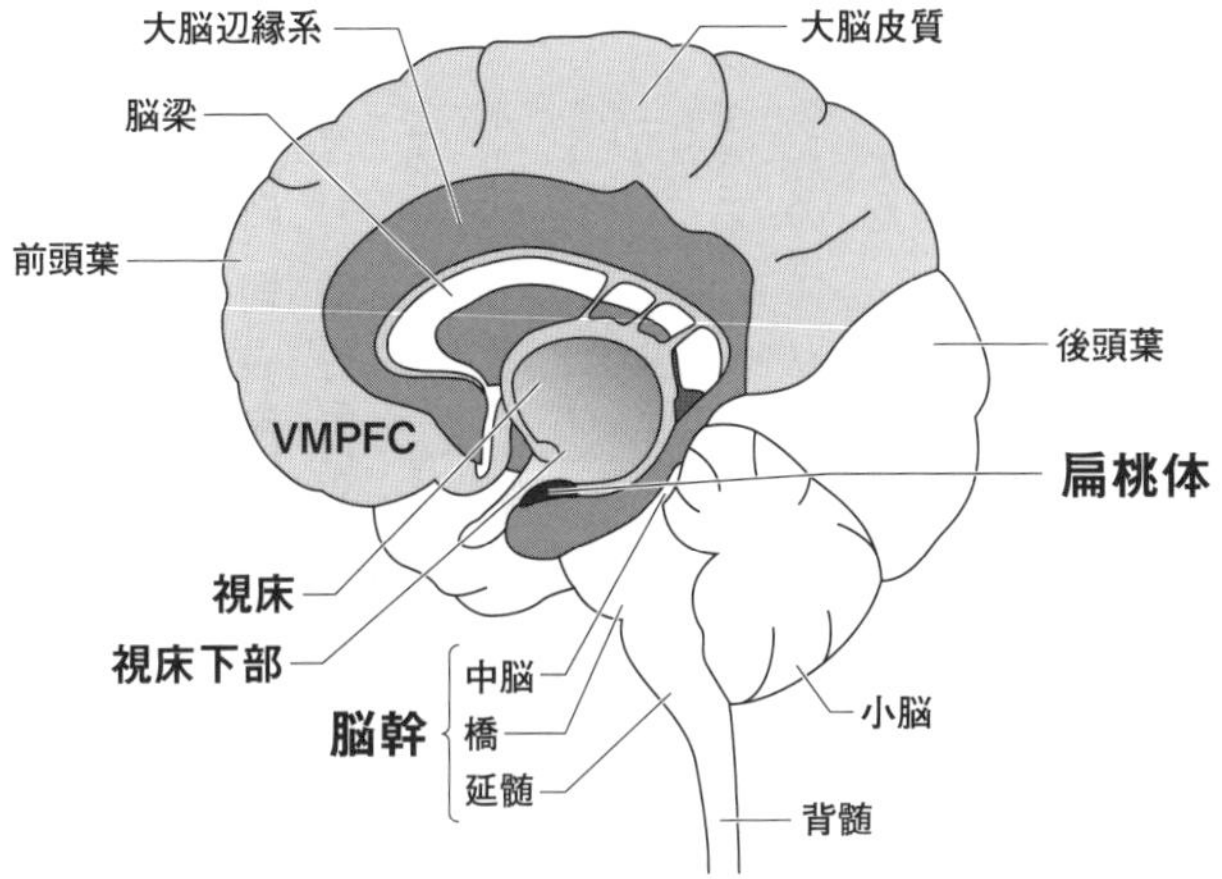

図3–1　VMPFCの位置

延々と検討し続けるだけで、すぐに決めることができない。計画を立てても実行できない。ダマシオの経験では、エリオットは次の面会日を決めるとき、二つの候補から選べない。かと思うと、目先のことにとらわれて衝動的な行動をしてしまう。こうして道徳的な行動ができなくなった。でも、善悪の区別がつかなくなったわけではない。認知的には、どうすべきか、何が一番良い選択肢なのかはわかっているのである。

このように、VMPFCの損傷は、情動の希薄化をもたらすと同時に、計画を実現する能力、規範に従う能力、最も有利な行動を選んで即座に実行する能力を損なう。**情動の低下と決められなくなる**

ことという一見無関係に思えることがらの間にどんなつながりがあるのだろう。それを説明するためにダマシオが提案したのが、ソマティックマーカー仮説だ。

身体的反応、即、対象についての評価

普通は、毒グモを見たり（知覚）、幽霊を思い浮かべたり（想起）、自分が崖《がけ》から転落することを予想したりすると、情動的な身体的反応が生じる。ゾッとしたり、鳥肌が立ったり、ドキドキしたり、手に汗をかいたりする。こうした情動に結びついた身体的反応を、ダマシオは「**ソマティック反応**」と名づけた。「ソマティック（somatic）」とは、ギリシア語の「ソーマ（σῶμα）」を経てサンスクリット語の「ソーマ（soma）」にまでさかのぼることのできる語で、「身体」を意味する。

重要なのは、ソマティック反応それ自体が、そもそも対象の評価になっているというアイディアだ。毒グモを見てゾッとするという身体的反応は、毒グモが危険であり避けるべきだということを示している。それ自体が危険さの評価なのである。このように、**情動的な身体的反応は、その反応を引き起こした対象の価値づけを反映したマーカーとして働く。**その意味で、身体的反応は「ソマティックマーカー」と呼ばれる。

これが、ダマシオの考え方とジェームズの身体感じ説との第四の違いだ。ダマシオの場

合、身体的反応つまりソマティック反応は同時に対象についての評価でもある。それは、いろいろなことを考慮に入れたうえで、熟慮の末になされる認知的な価値判断（価値信念）ではないが、別の形での、世界についての評価だ。こういう評価的側面が含まれているかどうかが異なっている。

ＶＭＰＦＣはソマティック反応、事物のソマティックマーカーを形成するのに関与しているらしい。そして、ソマティックマーカーは価値評価に他ならないから、意思決定の際に、それが評価している価値づけに合致する選択肢を選ばせるバイアスとして働く。ＶＭＰＦＣが損傷されると、ソマティックマーカーの形成が阻害される。これによって、迅速な意思決定が行われなくなる、というわけだ。**自分にとって有利な意思決定を素早く行うのには、ソマティックマーカーが必要だ。**これを**ソマティックマーカー仮説**という。

わかっていながら不利な選択をしてしまう

ダマシオは、この仮説を検証するために、「**アイオワ・ギャンブル課題**」と呼ばれる実験を行った。まず、カードの山（スタック）を四つ用意する。それを、Ａ、Ｂ、Ｃ、Ｄとしよう。カードにはそれぞれ金額が書いてある。被験者は、元手として最初に二〇〇〇ドルが与えられ、四つのスタックから自由にカードを引く。引いたカードに「プラス二〇〇ドル」と書かれていれば二〇〇ドルもらえる。「マイナス一〇〇ドル」と書かれていれば、一〇〇ドルを支払わなければならない。うまく金額の高いカードを引き続けて、元手を増やすことが目標だ。何枚カードを引いたらゲーム終了かは伝えられていない。

さて、四つのスタックは、それぞれ次のような特徴がある。AとBは、最終的には損するようなカード構成になっている。しかも、得られる金額も失う金額もでかい。一〇枚引くと平均して一〇〇〇ドルの利益、一二五〇ドルの損失となるようになっている。一方スタックCとDは、金額は小さいが、最終的に得をするようにできている。一〇枚引くと、五〇〇ドルの利益、二五〇ドルの損失になっている。同じような傾向のスタックを二つずつ用意してあるのは、それぞれのスタックの傾向がすぐにわかってしまわないようにするためだ。

このゲームを、VMPFCを損傷した人と損傷していない人にやってもらう。損傷のない人(「健常者」と呼ぼう)は、何枚か引くと、どのスタックが有利かを直感的に見抜いて、そこから多く引くようになる。スタックの有利、不利をはっきり自覚すると、有利なスタックだけからカードを引くようになる。まあ、当然だろう。

これに対して、損傷患者は、第一に直感で有利なスタックから多く引くようになるということも見られないし、はっきり理解したあとでも、けっこう頻繁に不利なスタックからもカードを引き続ける。知的にどのスタックが有利かという評価はできるのに、それに基づいて意思決定することができず、有利なスタックだけから引く、ということができないのである。

この実験結果をダマシオは次のように解釈した。損傷患者は知的な損得勘定は失っていないのに、なぜ不利なスタックからも引いてしまうのだろうか。そこにソマティックマーカーが関わっている。「健常者」の場合、不利なスタックからカードを引こうとすると、VMPFCが、そのスタックは危険だよと否定的に評価するソマティックマーカーを引き起こす。それによって、不利なスタックを回避し、有利なスタックだけから引くようになる。実際、ダマシオの学生のベシャラは、不利なスタックからカードを引こうとすると、それを拒否するような身体的反応が計測されることを示している(Bechara et al. 1997)。これに対して、VMPFCを損傷した人は、ソマティックマーカーがつくられない。だから、不利なスタックを回避するバイアスが弱く、知的には不利だとわかっていながら、そのスタックから引いてしまう。

理性と情動は相補う

何だかできすぎた説明だが、もしこの仮説が正しいなら、理性と情動との関係、情動と合理性との関係を考え直すヒントになる。損傷患者の振る舞いはいかにも不合理な感じがする。理性は合理的だが情動は不合理で理性を阻害するものだと信じている人だったら、不合理な振る舞いは理性が足りなくて情動に任せたせいだと言うだろう。しかし、この場合はまったく逆だ。**損傷患者が不合理なのは、理性ではなくて情動が低下しているせいなのだ。**情動が理性の合理性をじゃまするものならば、情動を失えばもっと合理的な行動ができそうなはずだ。でも、そうはならない。

もうちょっとちゃんと言うなら、損傷患者の行動の不合理性は、理性による知的評価と情動的評価がバラバラになってしまっているところにある。知的な評価がそれと同じ方向の情動的評価を伴っていないために、それを実行に移せない。恐怖症（フォビア）もまた、知的評価と情動的評価の乖離《かいり》として理解できる。理性的によくよく考えるとそこまで怖がる理由はないし、それはよくわかっているのだが、とにかくどうしようもなく恐怖の身体的反応を避けることができない。

というわけで、理性イコール合理的、情動イコール不合理、といった単純な話ではなさそうだ。たしかに情動に駆られると合理的な行動ができなくなる、というケースはある。しかし、VMPFCを損傷した患者のケースは、情動がなくても合理的行動は不可能になるということを示している。**理性も情動もどちらも異なる仕方でわれわれの合理的行動に**

貢献しているらしい。

情動は、状況を素早く評価して迅速な対応をもたらす。一方で、理性は熟慮の末の行動を可能にしてくれる。そのかわり、状況を正しく表象するのにも、評価するのにも、時間がかかる。このようにして、理性と情動は互いに補い合っている。理性はときとして、不適切な情動を修正してくれる。よく考えたら怖がる必要はなかった、という具合に。また、情動が動機づける行動が複雑な手順を含む場合、理性はその行動をやりとげるためのガイドを提供する。

キング原作の『シャイニング』では、ジャック・ニコルソン演じる小説家志望の中年男が、奥さんと幼い息子を伴って一冬、コロラド山上のホテルの管理人を務める。雪深い地域のため、ホテルは冬の間、閉鎖されるのだ。実はこのホテルは、先住民族の墓の上に建てられている。ホテルに棲《す》みつく悪霊《あくりょう》が、小説執筆が進まず焦《あせ》るニコルソンの心に忍び寄り、彼はだんだん正気を失っていく。悪霊にとり憑《つ》かれたニコルソンは、斧を片手にホテル中、妻子を追いかけ回す。私も本書の執筆が進まず焦っているが、一人暮らしなので妻子を追いかけずに済んでいる。

親父に追われ、ホテルの外に逃げ出した息子は、庭園にある巨大迷路へと向かい、迷路内ではわざと逆向きに歩くことで、雪上に逆《さか》さまの足跡を残す。足跡を頼りに息子を追うニコルソンは徐々に迷路の中心に誘い込まれ、脱出できないまま哀れ凍死してしまう。迷路が、彼が迷い込んだ心の迷宮の見事なメタファーになっている。

こうして妻子は助かりめでたしめでたし、なのだが、ラストシーンに一つオチがある。それは映画を観てもらうとして、ここで恐怖におびえる息子は実に理性的な解決手段を見つけるわけだ。

合理的行動は理性の専売特許ではない

さらには、理性による熟慮が、適切な情動を生み出し、行動を動機づけることもある。熟慮を経てはじめて生じる恐怖、というのがサイコ・サスペンス・ホラーものの醍醐《だいごみ》味だ。貴志祐介の小説『黒い家』では、被害者と加害者を取り違えている主人公(生命保険会社の調査員)が、調査を進め、推論を重ねるうちに、加害者だと思っていた人物が実は被害者であり、被害者と思い込み、何とか守ってあげようとしていた相手が加害者であったことに気づく。そのとき、これまでに出会ったすべてのエピソードの意味づけが反転して、ポジの世界がネガの世界に逆転する。このときの怖さったらなかった。

われわれは、変化し続ける世界のありさまにリアルタイムで上手に対処しながら生き続けなければならない。世界がわれわれにつきつける問題には、たしかに理性だけで淡々と対処できるものも少なくない。トイレットペーパーがなくなったから取り替える。これだって、けっこう複雑な手順を踏まないとやりとげることができない。つまり理性を使う。しかし、情動は必要なさそうだ。お尻が拭《ふ》けなくなるというどす黒い不安に苛《さいな》まれつつ、あるいはたっぷりとペーパーが備えつけられた状態を思い浮かべて歓喜に打ち震えながら取り替えたりはしないぞ、少なくとも私は。

情動がなくても適切に計画を立て実行することのできることはたしかにある。しかし、生きるか死ぬかの場面、他者との人間関係を構築したり変更したりという社会的動物としてのヒトにとって生死と同じくらい重大な場面においては、合理的な選択と行動をもたらしてくれるのはむしろ情動のほうだ。

ソマティックマーカーの警告を無視すると……

ホラーでは、どういう登場人物が死にやすいか。統計を取ったことはないが、『スクリーム』に登場するレンタルビデオ屋でバイト中のホラーオタク、ランディくんはいくつかの経験則をまとめてくれている。いわく、セックス、ドラッグ、アルコールはご法度《はっと》。これらに気を取られた若者は片端《かたはし》から死んでいく。「すぐ戻る（I'll be back.）」と言ったやつは二度と戻らない。なるほどね。しかし、ランディくんが指摘し忘れたもう一つの法則がある。恐怖のもつ合理性を信じないやつ、情動より理性に駆り立てられるやつは、自分または世の中にとんでもない災厄をもたらす、という法則だ。怖がるべきものをきちんと怖がって早めにキャーと逃げてしまうと、ひどい目に遭わないで済む。というか、そんな人を描いても面白くないでしょ。だから、早々とストーリーからはご退場願うことになる。ということは、無事だということだ。

ひどい目に遭うのは、沈着冷静に恐怖を克服し、理性の導きに従って計画的に目的を遂行する「探求型」の主人公である。フランケンシュタイン博士が典型例だ。あるいは、またもやキング原作の『ミスト』の主人公。この映画は本当に後味が悪い（ので大好き）。

突然、街が原因不明の霧に覆《おお》われてしまう。しかも霧の中に何か恐ろしいものがいるらしい。その「何か」の触手にさらわれていった者の悲鳴が霧の中から響いてくる。外に出て行った者は無残な屍体《したい》となって回収された。こうして、スーパーマーケットに立て籠《こも》らざるをえなくなった人々の限界状況が描かれる。主人公は、たまたま息子を連れて買い物に来ていた画家だ。

ここで二種類の人物類型が描かれる。かりにそれを理性派と情動派と呼んでおこう。映画の前半では、理性派は主人公のお隣さんで、いつも喧嘩ばかりしている、ニューヨークから来た黒人弁護士だ。外にモンスターがいる、という証言を彼は一笑に付し、外に出て行ってあっさり殺されてしまう。情動派は、幼い子どもを家に残して買い物に来ていたある母親だ。子どもが無事かどうか不安でたまらない。ついにはその不安に突き動かされるように、スーパーの外に出て行ってしまう。外には何がいるのかわからないというのに。子ゆえの闇というか、理性的に考えれば愚かな選択だ。この、うんざりするようなジェンダーステレオタイプにはいまは目をつぶっておくとして、観客は、まあ、彼女も助からないよな、と思う。理性って大事よね。

映画の後半になると、誰もがモンスターの存在を疑わなくなっている。そうすると、聖書に記されたこの世の終わりがいよいよ来たのだ、と主張する狂信的な宗教原理主義者が情動派を代表するようになる。主人公は、狂信者が周囲を煽動《せんどう》し、凶暴になっていくことに危機感をおぼえ、冷静に事態を見極め、みなが助かる方法を思案し、同志を募《つの》り行動する立場に立つ。図らずも理性派の立場に立たされるわけだ。

ところが、『ミスト』で最もひどい目に遭うのは、この主人公である。狂信者もスーパー内で起きた衝突の中で射殺される。これはいい。だって彼女的にはこれは殉教だから。最後の審判も近いことだし。主人公はもっと悲惨。苦しんで死ぬのかって？　そうではないが、自分が死ぬよりもっとひどい目に遭う。そして、絶望した主人公の前を、軍のトラックが通っていく。そのトラックには、映画の前半で不安に駆られてスーパーから飛び出していった女性が子どもといっしょに乗っている。ちらっと目が合う。彼女は助かったのだ。

私の大好きな怪優サム・ニールが主演した、ジョン・カーペンター監督の『マウス・オブ・マッドネス』。主人公は出版社の依頼で、ニュー・ハンプシャーの片田舎に逼塞《ひっそく》している謎の作家の原稿を取りに行く。そこでは、不思議なこと、というかかなり不気味で怖いことが次々と起こる。主人公も恐れを感じてはいるのだが、仕事熱心なのか何なのか、なかなかその奇妙な街から逃げ出そうとはしない。気づいたときには、もう逃げ出すことは不可能になっていて、主人公は、世界を破滅に追い込む片棒をかつがされることになる。

この映画の教訓は、無理やりに原稿を取り立てようとするとろくなことにはならないぞ、えっNHK出版さんよ、ということだ。……というのは冗談で、われわれは、ソマティックマーカーの知らせにいろいろな仕方で逆らうことができてしまい、そのことが長い目で見て不合理な行動をわれわれにとらせることもある、ということだ。

理性と情動の不一致という意味での非合理性は、もちろんわれわれが理性をもつようになってはじめて存在するものだ。その意味で、理性は合理性の起源であると同時に、他の生きものには見られそうもない人間独自の非合理性の起源でもある。そして、その非合理性を描いてみせることが、ホラーの機能の一つなのだ。

情動の適切さの基準

以上をまとめるなら、次のように言えるだろう。適切な情動を適切なときに適切な程度にもつことは、実は合理的な行動のための条件である。**非合理性は、情動そのものというより、不適切な情動、あるいは情動と理性の働きの不調和に由来する**。ところで、情動が適切って、どういうことだろう。第1章で述べた情動のさまざまな構成要素のそれぞれに即して、情動の適切さとは何かを考えてみることができる。

まずは、情動の認知的側面。情動が適切であるためには、情動が世界を正しく表象している必要がある。登山道に落ちている朽《く》ち縄をヘビだと思って怖がって、引き返したり遠回りしたら不合理だ。

次に、情動は対象を正しく評価していなければならない。情動は行動を動機づけるが、どのような行動が動機づけられるかは、対象の評価による。たとえば、相手の強さや危険さを評価しそこなうと的外れな行動をしてしまう。渋谷駅では、私は服従という手に出たわけだが、それはとてもコイツにはかなわないと評価したからだ。その評価を間違えて、攻撃に出たりしたら、もっととんでもないことになっていただろう。

次に情動の身体的・感じ的側面。これも適切である必要がある。先にも述べたが、私は、情動の感じとは、身体的反応の感じだというジェームズやダマシオの立場に賛同している。

情動に伴う身体的反応の主役は、自律神経系とホルモンだ。ホルモンによる調節はアナログ的、つまり強弱の度合いがある。そうすると、身体的反応（やその感じ）が、対処すべき外界の状況と、それにふさわしい行動に見合った強弱をもっているかという問題が生じる。強弱が適切でないとき、情動は不合理になる。

たとえば、恐怖の際に引き起こされる身体的反応、典型的には心拍数の上昇は、危機に瀕したときに逃げたり戦ったりするためには好都合で、生存可能性を高めてくれる。しかし、ものには程度というものがある。心拍数が適度に高い状態は都合が良いが、過度に高くなると、複雑な運動をする能力が失われたりと、むしろ困った副作用が生じる。

つまり、情動の適切さには、程度の釣り合いが含まれる。逆に言えば、不合理な情動は、状況ととるべき行動に照らして強すぎたり弱すぎたりする情動であることが多い。ホラーで死ぬのは、あるいはひどい死に方をしたり悲劇をもたらしたりするのは、単に恐怖する人というより、適切な強さの恐怖を適切なときにもつことができない人である。その意味で、**ホラーは、恐怖を扱った物語というより、恐怖の適切さと不適切さをめぐる物語なのだ。**

恐怖の不在、恐怖の鈍磨を描くホラー

ホラーで強すぎる恐怖が描かれることがあるだろうかと考えてみると、なかなか実例を思い浮かべることができない。不適切な対象に不適切に強い恐怖を抱く人物は、はたから見るとむしろ滑稽《こっけい》になってしまうからかもしれない。『饅頭こわい』しかり『幽霊の辻』しかり。ホラーが、恐怖を描くと同時に、観客に恐怖を味わわせることをねらう以上、登場人物が観客以上に怖がっていては、しらけるばかりだ。そこで、ホラーでは、怖がるべきなのにあまり怖がらない登場人物がより多く描かれることになる。こうしてホラーは、恐怖の不在、恐怖の鈍磨《どんま》の物語になる。

典型例は、ジョージ・A・ロメロのゾンビ映画『ドーン・オブ・ザ・デッド』(邦題はずばり『ゾンビ』)だ。映画が始まると、もうこの世はゾンビで溢れている。主人公たちは、ショッピング・モールに逃げ込んだ人々だ(先の『ミスト』もそうだが、アメリカ人はモールやスーパーに立て籠るシチュエーションが大好きだ。たしかに食料もあるし立て籠るには最適の場所だからね。私もそうする)。まわりはゾンビに取り囲まれている。とても逃げ出せない。でも、モールなので日用品や食料はいくらでもある。ただでいくらでも手に入る。究極の消費生活をエンジョイできるというわけだ。

で、この主人公たちが、もうあんまり怖がらないのである。彼らだって、ゾンビに初め

て出会ったときは、強すぎる恐怖を抱いたかもしれないし、適切な強さの恐怖を抱いたかもしれない。しかし、いまとなっては、恐怖に飽きた。もう、どうでもいいや、という気分が支配している。とはいえ、映画なのでそれでもいろいろあって、彼らの中の一人が瀕死の状態になる。死ねばゾンビになってしまう。でも、彼らは怖がらない。その出口なしの状況をしみじみ怖がるのは観客である。

味な顔をした英国の俳優サイモン・ペッグが主演した『ショーン・オブ・ザ・デッド』はその題名が示すように、『ドーン』のパロディである。アメリカ人がモールに立て籠るなら、俺たち英国人はパブだ、というコメディなのだが、ここにも怖がらない主人公（ショーンくん）たちが出てくる。ただし、諦《あきら》めの境地に達したからではなく、起きていることを正しく把握していないから、である。

街ではゾンビが発生して、すでにパニックが起きているが、主人公たちは、ゲームに夢中だったり、喧嘩をしたり、彼女に振られて自棄酒《やけざけ》を飲んだりで、まったく気がつかない。ラジオもテレビもこの大事件を伝えているのだが、耳に入らない。グデングデンに酔い潰《つぶ》れた翌朝、街じゅうにゾンビが溢れているが、まだ気がつかない。飲み物を買いにコンビニに出かけていく途中で、何度もゾンビとすれ違うが気づかない。コンビニでは冷蔵庫の扉に血がべっとりついている。床が血まみれなので滑《すべ》ってころびそうになるが、二日酔いのせいか気づかない。店主は消えている。金をカウンターに置いて店から出てきて、またゾンビとすれ違う。家に帰ると、裏庭に若い女性のゾンビがふらふらしている。怪訝《けげん》に思って声をかけても返事はない。ゾンビが顔を上げると、生気のない表情（当たり前だ。リビングデッドなんだから）。そして、うがーと叫び声を上げるのを聞いて、彼らは言う、「あ、この娘も酔っ払ってる」。

主人公たちには、どこがとは言えないが、街の雰囲気がいままでと違ってしまっていて、なんだかマズいことが進行中だということを、ソマティックマーカーを介して身体的に評価することができなくなっている。そのために、生きものが本来備えている危険を察知して素早く対処することができない。どっちがリビングデッドなんだか、という話だ。

小咄《こばなし》みたいになってしまったが、私はこの場面が好きだ。良いホラーには「主人公は怖がるべきなのに怖がらない」ということを観客が怖がるという入り組んだ構造が不可欠である。そのことを監督はよくわかっている。

2 ところで表象って何だ？

そろそろ表象を定義しておかねば……

以上で、準備の前半は終わり。次にやっておきたいのは「表象（representation）」とは何かをはっきりさせておくことだ。これまでもちらほらと「表象」という語を使ってきた。今後もどしどし使っていく。とりわけ、プリンツの「身体化された評価理論」を解説するには、表象という概念が欠かせない。だから、ここいらで表象を定義しておこうというわけだ。

さて、表象とは、何か他のものを表すことを本来の機能とするもののことである。別様に言えば、他のものを表す「ためにある」もののことだ。もちろん、これでは定義になっていない。表象を「表す」という言葉を使って言い換えてもダメだよね。でも、この言い換えは出発点としては十分だ。これから噛み砕いていこう。

たとえば、言葉は表象だ。中華料理屋のメニューに「青椒肉絲《チンジャオロース》」という文字列が書いてある。これは、ピーマンと牛肉の細切りを炒《いた》めた料理を表している。言葉に限らず、絵や写真も表象だ。重要なのは、表象とそれが表すものは別ものだ、ということである。青椒

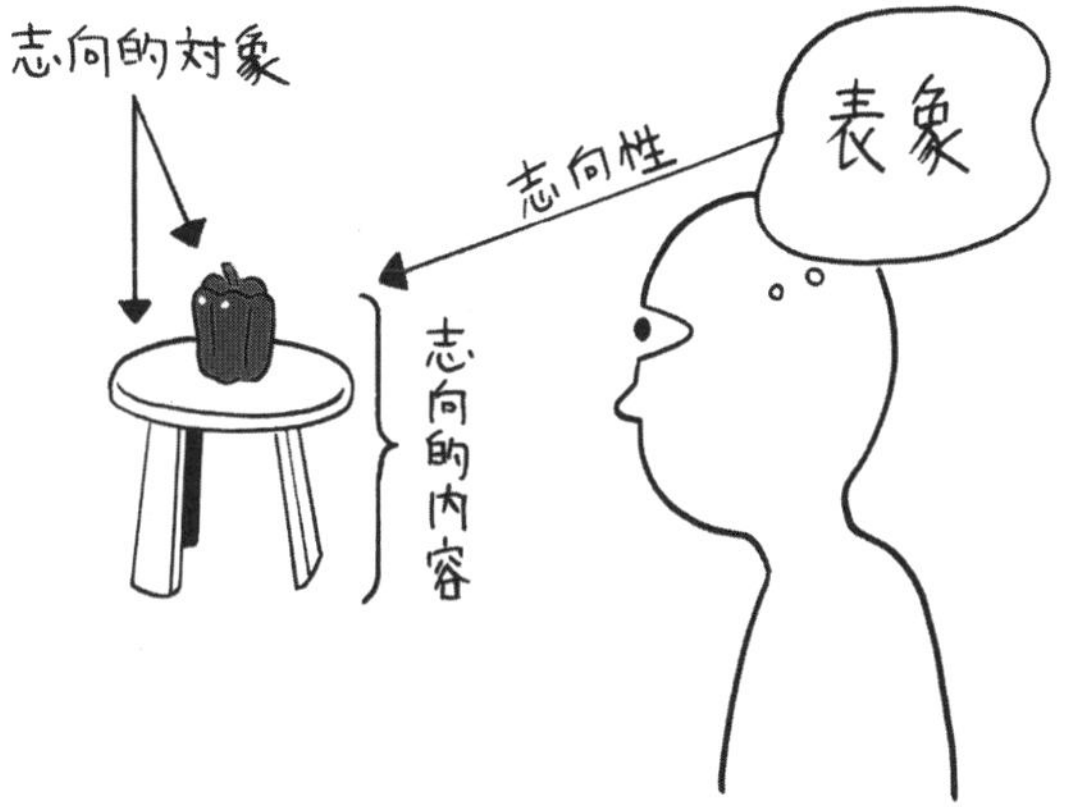

図3–2　志向性、志向的内容、志向的対象の関係

肉絲は美味しいが、青椒肉絲という文字は食べられないし、青椒肉絲の写真は食べられるとしてもきっと美味しくない。青椒肉絲を描いた油絵はきっと毒だから食べないほうがよい。つまり、**表象は、それが表す実物の代わりなのだ。**Representationという語には「代理」という意味もあるでしょ。

　表象に関係するもう一つの重要概念を導入しておこう。「志向性」だ。これは第1章で少し説明しておいたけど、もういちど。表象がもつ、自分でない何かを表すという性質を**志向性**と呼び、そこで表されていることがらを**志向的内容**、志向的内容に出てくる対象を**志向的対象**という。青椒肉絲がテーブルの上に載《の》っている写真の志向的内容は「青椒肉絲がテーブルの上に載っている」ということであり、志向的対象は青椒肉絲やテーブルである（図3―2）。

ここで例に挙げた、文字、絵、写真などは、すべて**人工的な表象**だ。これらは、**何かを表すことを本来の機能としている**。何かを表すために、人間によって生み出されたアイテムだ。だから、「何かを表すこと」をそれの本来の機能にしているものは、人間の慣習や製作者の意図である。

ところが、この世にはもう一種類の、自然の表象と呼びたくなるようなものがある。**心の中の思考、イメージ、概念などなども表象だ**。青椒肉絲を思い浮かべたり、帰ったら青椒肉絲をつくって食べようと意図したり、冷蔵庫に昨日の残りの青椒肉絲が入っているはずだと思ったりしているとき、**われわれの頭の中には**、青椒肉絲を志向的対象とする何かや、「冷蔵庫に昨日の残りの青椒肉絲が入っている」という志向的内容をもつ何かが生じているはずだ。こういう「何か」を**心的表象**という。イメージ、概念、信念、欲求、思考、意図、これらはみんな心的表象である。心的表象とは何らかの仕方で脳内で実現されているだろうサムシングだ。それが脳の外にある青椒肉絲を表している。そして、情動も心的表象の一種だ、と私は考える。

しかし、**自然の表象は、心の中にあるものだけとは限らない**。ミツバチのダンスは、巣からどの方角にどのくらい行ったところに蜜《みつ》があるかを表している。そして、それを表して仲間に伝えることを本来の機能としている。つまり、その機能を果たすためにある。だから、これも表象だ。**表象は人間に特有のものではない**。われわれが原始的な生きものだったときから、われわれはずっと表象を使って生きてきた。

「表す」とは何か？　そして「本来の機能」とは？

次にはっきりさせなくてはならないのは、さっきの暫定的《ざんてい》定義に現れた「表す」というのはどういうことか、そしてなぜ「本来の機能」という言葉がそこに含まれているのか、ということだ。このへんの話はちゃんとしようとすると、ものすごく長くなる。拙者の『哲学入門』（ちくま新書）でネチネチ書いたので、詳しく知りたい人はそっちを読んでほしい。ここではエッセンスだけを簡単にまとめておく。

生きものの状態のうちある種のものは、自然の表象と呼んでもよい、と述べたわけだけど、だからといって、生きもののどんな状態も表象だということにはならない。たとえば、土が乾いてくると、そこに生《は》えている植物が葉っぱを垂《た》らしてシナシナになる。シナシナしているという植物の状態は、土が乾いていることを「表している」と言ってよい、と私は思う。なぜなら、植物がシナシナになっていることを見て、私は土が乾いていることを知ることができるからだ。おっ、そろそろ水をやらねば、というわけだ。植物を見ただけで土の状態がわかるのは、その植物の状態が土の状態についての情報を伝えているからだ。その限りにおいて、シナシナ状態は土の乾燥を表していると言ってもよいだろう。

では、この「表す」の正体は何か。つまり、シナシナが乾燥の情報を伝えているというのは、どういうことが成り立っているからか。それは両者の間に**法則的な連関**があるということだ。土が乾けばほぼ例外なく植物がシナシナし、植物がシナシナしているからにはたいてい土が乾いているという法則性が成り立っている。こうした法則性はいろんな場合に成り立つが、最もメジャーなのは**両者をつなぐ因果関係**があるときだ。いま考察しているケースでは、土が乾くことを原因、植物がシナシナすることを結果とする「**因果関係の鎖（因果メカニズム）**」が存在している。この因果の鎖のおかげでシナシナは土の乾燥を表している。というより、そういう**因果連鎖があるということが、表すということに他ならない**。

生物的現象に限らず、およそ世の中の出来事は、こういう仕方で他の出来事の情報を担っている。世の中の出来事は互いに独立にランダムに生じたりはしない。Aが起こるとたいがいBが起こるという法則性で互いに結ばれている。そのとき、BはAが起きたことを表している（Aが起きたという情報を伝えている）。だから、われわれはBを見て、Aが起きたことを知ることができるわけだ。たとえば、山から黒煙が上がっていることは、山火事が起きていることを表している。

だからといって、黒煙は山火事の表象だとは言いたくない。植物のシナシナ状態は、土《ど》壌《じょう》の乾燥を表象しているとは言いたくない。なぜか。黒煙は、現に山火事が起きているという情報を担っているが、**そのためにあるわけではないからだ**。植物のシナシナ状態は、単に生理的反応であって、土壌の乾燥を表象するために植物がもつようになったわけではない。これに対して、ミツバチのダンスは蜜のありかの情報を伝えるためにある、と言いたくなるだろう。そして、私の頭の中にある青椒肉絲の概念は、青椒肉絲を表すためにある、と言いたくなる。これが、表象の定義に「**本来の機能**」すなわち、その機能を果たすためにXはある、と言えるようなXの機能、という条件を加えた理由だ。

まとめるとこうなる。XがYの表象であるとは、次の二つの条件が成り立っているということである。まず、

（1）XとYの間には法則的なつながりがあり、Xは「Yが生じた」という情報を担っている。

そして、

（2）Xは「Yが生じた」という情報を担うためにある、つまり、Xは「Yが生じた」と

いう情報を担うことを本来の機能とする。

両方の条件を満たして初めて、XはYを表象する（represent）と言うことにしよう。（1）しか満たさないときを表す言葉があるとよい。これまで雑に「表す」と言ってきたが、紛《まぎ》らわしいので、プリンツに倣って、「**レジスタする**（register）」と言うことにする。「記録する」という意味だ。黒煙は山火事をレジスタするが、表象はしていない。

「本来の機能」は何で決まるのか？

残った問題は、Xが「Yが生じた」という情報を担うためにあるかどうかは**何で決まるのか**、ということだ。意図が介在しているときは話は簡単だ。たとえば、ある男性の部屋に長い髪の毛が落ちている。それは、長い髪の持ち主（たぶん女性）があなたの部屋に来ていたという情報を伝えている。その髪の毛は部屋に女性がいたという出来事をレジスタしている。しかし、私はその髪を表象とは呼ばない。髪の毛は、その情報を伝えるためにそこに落ちているわけではないからだ。

ところが、長い髪をよく見たら、端《はし》っこが蝶結びになっていたとしよう。髪の毛は、自分が部屋に来ていたことを恋のライバルに気づかせようとして、意図的にそこに置かれたものだったわけだ。このときは、髪の毛は「しるし」、つまり表象っぽくなる。なぜなら、自分が来ていたことを表すためにそこにあるからだ。私が一番乗りよ、おほほほ……というわけ。ちょっとホラーめいてきたでしょ。どうですか、怖くないですか。ダメですか。

自然の表象の場合、こんなふうに意図に訴えることはできない。どうしよう。この問題を考えるためには、問題をちょっと違った仕方で定式化するのが良い。レジスタするという関係は、いくらでも重なり合うことができる。X→Y→Z→Wという因果連鎖があるとしよう。四つの間には、Xが起これぱYが起こる、等々の法則的な連関がある。このとき、Wが生じたことは、Xが生じたこと、Yが生じたこと、Zが生じたことの情報をレジスタする。Wはいっぺんにいろんな情報を担えるのだ。

これを心的表象のケースに当てはめてみよう。生得的なヘビの表象をもっている動物がいるとする。ヘビが出現すると、ヘビ表象が頭の中に生じる。このとき、ヘビの出現→ヘビ網膜像→視神経の特定のパターンの興奮→視床の特定のパターンの興奮→視覚野の特定のパターンの興奮→ヘビ表象の成立といった因果連鎖がありそうだ。だとすると、ヘビ表象Sの成立という脳内の出来事は、ヘビの出現だけでなく、ヘビ網膜像、視神経の特定の興奮パターンなどなどもレジスタすることになる。というわけで、表象Sは、これらのいろんな情報を重なり合った形で担っていることになる。だとしたら、その表象Sを、ヘビ網膜像の表象でも、視神経の興奮パターンの表象でもなく、他ならぬヘビの表象にしているのはいったい何だろう。

もちろん答えは、Sは、ヘビ網膜像や視神経の興奮パターンではなく、ヘビを表すのが本来の機能だから、というものだろう。そうなんだけど、ここで知りたいのは、**このことがどうやってわかるのか、このことの内実は何なのか**ということだ。

それは、表象Sの原因を見ていてもわからない。使い道を見るべきだ。Sは、行動を生み出すのに使われる。この場合は、ヘビから逃げるとか、ヘビを攻撃してやっつけるといった行動だ。これらはすべて対ヘビ行動である。決して、対網膜行動でも、対視神経行動でもない。Sはヘビにより形成され、ヘビを相手にした行動を生み出すために使われる。この事実が、Sがレジスタしているいろんな情報の中から、ヘビが出たという情報だけをえこひいきして、ヘビを表すのがSの本来の機能だと言わせているわけだ。

「間違った恐怖」もうまく説明できる

というわけで、表象とは何かの定義は終わり。一つだけ補足しておこう。「本来の機能」に訴えて表象を定義する利点はもう一つある。**これによって、はじめて表象間違いが可能になるからだ。**

すでに第1章で、表象（志向性）の特徴として間違いがありうるということを挙げておいた。単なる情報を担うという関係は、間違いがありえない。さて、生得的に表象Sをもっている動物を捕まえてきて、人工的な環境で飼い始めたとしよう。その動物がもともと暮らしていた自然環境には、縄はなかった。ところが、人間社会に連れてこられてからは、ヘビと同じくらい縄にも出会うようになり、こいつは、縄を見ると決まってヘビと見間違えて逃げるようになった。

　そうすると、表象Sはヘビでも縄でも同じように法則的に引き起こされることになる。このとき、Sは「ヘビまたは縄がある」という情報を担うようになる。実際、この動物を観察している科学者は、動物の脳内にSが生じたら、ははあ、ヘビか縄を見たな、ということを知る。ヘビか縄を見て、ヘビまたは縄があるという情報を担う状態Sが生じたのだから、ここには間違いというものはありえない。情報とかレジスタといったレベル、つまり法則的つながりの有無だけを問題にしている限り、間違いというものの生じる余地はない。

　だけど、縄を見て表象Sを形成したら、われわれはこの動物は見間違えている、と言いたいだろう。そのためには、本来の機能の概念がどうしても必要だ。この動物は、本来ヘビを表すことを機能とする表象を、ヘビではなく縄を原因として形成したから、間違いなのである。

3　これが「身体化された評価理論」だ

プリンツ理論は「いいとこどり」

さて、それではいよいよプリンツの「身体化された評価理論」をご紹介しよう。この理論は、情動についてこれまでに提案されてきたいろいろな理論の「いいとこどり」になっている。

まず、評価理論から学んだことを確認しよう。評価理論は、情動には評価が不可欠だと考える。そして、その評価とは、自分と状況との関係を自分にとって良いか悪いかという観点から判断することとされた。ただし、プリンツはその判断が高度な概念操作を使ってなされる認知的なものだということを否定するので、おそらく概念とは違う種類の表象を使ってなされるのだろう。それが何であるかはまだわからないが、ともかく**「自分にとっていいか悪いかという観点からの自分と状況との関係」の表象**、つまり中核的関係主題の表象が、情動には含まれるはずだ。

一方で、プリンツは、ジェームズ、ランゲ、ダマシオと続く情動の身体説からも大きな影響を受けている。ただし、ジェームズみたく情動を身体的反応の感じと同一視することは拒否する。そして、脳状態としての情動そのものと身体的反応とは、ダマシオの言うように別物だと考える。しかし、情動は身体的反応の検知を重要な要素として含んでいるという点では身体説を受け入れている。

身体化された評価理論は、「評価は身体的反応を通じてなされる」というアイディアによって、情動は中核的関係主題を表象しているという評価理論の着想と、情動は身体的反応をモニターしているという身体説の着想を、どうにかして統合しようとした理論だと言える。これが「いいとこどり」と呼んだ所以《ゆえん》だ。

情動と身体的反応の関係は?

身体説によれば、情動の結果として身体的反応がついてくるのではなく、身体的反応が情動を生み出す(もしくは両者は同一視できる)のだった。だとすると、身体的反応は情動と法則的に結びついた原因だと言ってよいだろう。特定の身体的反応はたいていの場合、それに対応した特定の情動を生み出す。だとすると、前節の表象の定義を当てはめてみると、情動は身体的反応も表象しているのかな、と思えてくる。そこで、情動と身体的反応との関係は、前者が後者を表象するという関係でいいのか?と考えてみよう。

一見すると、良さそうに思える。怒りは血圧上昇を表象しているのだと。しかし、もうちょっとよく考えてみよう。そうすると、情動は身体的反応をレジスタするが表象しているのではない、ということがわかる。まず、情動が身体的反応をレジスタしているのは確かだろう。でも、前節で確認したように、それだけでは表象には足りない。情動と身体的反応の間に法則的な因果が成り立っているだけでは、まだ表象とは言えず、情動は身体的反応の情報を担う「ためにある」と言えなければならないからだ。

では、情動は身体の状態を検出するのが本来の機能なのだろうか。その目的のためにあるのだろうか。もしそうだったら、身体的反応をモニターすること自体が生存に有利な機能を果たしていないといけない。しかし、自分の血管が収縮していますよということを知ることがどう有利なのかよくわからない。われわれの脳内に天然血圧計が埋め込まれていたからといって、それが何の役に立つのだろうか。

そこで、情動の使い道を思い出してみよう。状況に応じた適切な行動を動機づけることは以外にあるだろうか。情動が身体的反応を表象するためにあるのだとすると、これは理解しがたい。そもそも、心臓がドキドキしたらなぜ逃げなきゃあかんのか。逃げなければならないのは、そこにヘビがいるからだろう。というわけで、情動はたしかに身体的反応をモニターし、その情報をレジスタするけど、それが本来の機能ではない。**情動が何のためにあるかといえば、意思決定を促して、適切な行為を生み出すためにある。**これこそが、ダマシオが教えてくれたことだ。

情動が表象するのは中核的関係主題

現時点での課題を確認しておこう。情動は身体的反応をレジスタしていると同時に、意思決定と行動産出を促している。この二つをどう調和させるかだ。

そのために、情動が表象しているのが身体的反応ではないとするなら、それはいったい何なのかをさらに考えてみよう。プリンツは、それは心の外部にある何かだと言う。これは自然だ。なぜなら、情動は外からの刺激によって生じて、外の何かに対する行動を促すからだ。とりあえず、**情動が表象しているのは内的な身体状態ではなく、何らかの外部状況だ**ということにしておこう。

では、どんな外部状況なのだろう。とりあえず、情動Xが外部の何かYを表象していると言えるためには、XとYの間に法則的な因果関係がなければならない。このことを確認したうえで、何がYの候補になるかを考えてみよう。Yは外部にある対象だろうか。たとえばヘビとか、クマだろうか。そうではない。ある特定の情動Xを引き起こす外的対象は、文化により、人によりさまざまだからだ。私を怖がらせるものがあなたを怖がらせるとは限らない。同じ選挙結果を聞いてあなたは喜び、私は怒りを感じる。とても法則性はありそうもない。

さりとて、「われわれは、何であれ自分にとって怖いものによって恐怖を引き起こされる」という言い方ではダメだ。たしかに、われわれは何が怖いかについては一致しないが、自分にとって怖いものを怖がる。正しいね。法則的だね。しかし、これでは正しすぎる。この言い方は循環していて空虚だ。

でも、この言い回しには重要な洞察が含まれている。「**自分にとって**」が含まれているという点だ。これは、情動が表象するものは、**外的状況とわれわれ自身との関係**だということを示唆《しさ》しているからだ。

循環から逃れるには、「何であれ自分にとって怖いもの」に共通することがらを実質的な仕方で述べなければならない。特定の情動を引き起こすいろんな対象には共通点がある。たとえば、悲しみを引き起こすさまざまなものごとを考えてみよう。離婚、解雇、財布を落とした、成績が下がった、大切なティーカップが割れた、遠足なのに天気が悪い、愛する者の死……。これらは本当にさまざまだ。でも、一点で似ている。自分にとって何か価値あるものが失われるということだ。もちろん、何を価値あるものとしているかによって、何を悲しむかが違う。レザーフェイスは、誰が死のうと悲しまないだろうが、きっと大切にしているチェンソーがなくなったら悲しむだろう。

悲しみは、「**自分にとって大切なものの喪失**」を表象しているのではないだろうか。しかし、これだけではまだ表象していると言うのには足りない。悲しみは喪失と法則的に連関しているというだけでは、表象であるための第一条件を満たしただけだ。第二条件も満たさなければならない。つまり、悲しみは喪失によって法則的に引き起こされる「ためにある」という条件だ。このためには、悲しみやその他の情動が**何のためにあるのか**を考えないといけない。

悲しみは、その喪失に向かう行動（対喪失行動）を促すだろう。同様に、恐怖は「自分にとっての脅威・危険」と法則的に連関して生じる。そして、恐怖はその脅威や危険をなんとかするための行動を動機づける。恐怖は、心拍数モニターではなく、脅威や危険によって法則的に引き起こされることを本来の機能としてもっている。それは、恐怖は危険を警告して対危険行動を促すために進化してきたシステムだからだ。恐怖は進化の産物であるにせよ学習の結果であるにせよ、危険からわれわれをまもることで生存の有利さをもたらしてくれたので獲得された。だから、恐怖は、危険をレジスタするためにある、と言える。こうして第二条件も満たされることになり、恐怖は「**自分にとっての脅威・危険**」を表象している、ということになる。

というわけで、情動は身体的反応を表象するのではない。また、情動を引き起こした外的な対象そのものを表象するのでもない。外的な対象と自分とのある種のやや抽象的な関係を表象している。

以上の考察は、ラザルスのアイディアとある面でよく似ている。プリンツによれば、情動が表象しているのは、自分にとって何が価値あるものかという観点から捉えられた、外的な対象と自分との関係、ということになる。これって、ラザルスが中核的関係主題と呼んでいたものにそっくりじゃないの。

というわけで、プリンツは、**情動は中核的関係主題を表象している**、と結論する。ただし、六つの次元とか、ラザルスに固有のディテールは抜きにして、である。

「情動の対象」という表現は両義的

いくつかの注意書きが必要だ。まず第一に、中核的関係主題って、言葉で表現しようとすると「自分にとって大切なものの喪失」とか「自分にとって避けがたい脅威」という言い方になって、「自分」とか「大切である」「喪失」「脅威」といった、けっこう抽象的な語彙が必要になる。しかし、これは必ずしも、中核的関係主題を表象するためには、表象の主《ぬし》がこれらに対応する概念をもっていて、それを操《あやつ》らなければならない、ということを意味しない。あるいは、その表象が、「自分」「大切」「喪失」に対応する部品からなるということも意味していない。

ラザルスは、そのように考えたようだ。だから、評価を高度に認知的なものとみなしてしまった。しかし、たいした構造をもたない単純なアイテムが複雑な構造をもつことがらを表象することはいくらでも可能だ。プリンツはこれを説明するために、「ファズバスター」という名前の商品を例に挙げている。

これは「ブー」という音で、警察の交通違反取り締まりレーダーの存在を知らせてくれるラジオ受信機だ。車に搭載《とうさい》して使う。「ブー」という音は、警察の交通違反取り締まりレーダーがある、ということを表象している。だから、ドライバーは速度を落としたり脇道へ入ったりと、警察対策ができる。このように「ブー」はけっこう複雑なことを表象しているが、構造は単純だ。「ブー」のこの部分は警察を表象していて、この部分はレーダーを表象している、ということはない。

とまあ、こんな具合に、表象されていることがらが複雑であるということは、その表象の構造や表象を生み出すプロセスが複雑であるということを必ずしも意味しない。中核的関係主題はたしかに複合的な対象だが、それを表象している情動がそれと同じだけの複雑さをもっている必要はない。重要なのは、**世界の側でその中核的関係主題が生じていること**と、**心の中でその表象が生じることとの間に法則的な結びつきがある**ということだけだ。

もう一つの注意書きは、「情動の対象」という言い方についてだ。ヘビを見て恐怖しているとき、恐怖の対象はヘビもしくはヘビの出現であると言いたくなるし、私もそう言ってきた。でも、いまとなっては少し気をつけたほうがよい。ここでの考えが正しいなら、恐怖という情動が表象しているのは（つまり恐怖の志向的対象は）、ヘビではなく、脅威の存在だ。ヘビは、情動と結びついている別の心的状態、つまり知覚によって表象されている。ヘビを怖がっているとき、私は二つの表象をもっている。**ヘビの表象と脅威の表象だ。前者は知覚の表象であり、後者が情動の表象である。**

要するに情動って何なの？

情動は身体的反応を検出してレジスタしている、乱暴に言うと情動は身体的反応の知覚である。同時に、情動は中核的関係主題を表象している（ということは、外的状況を評価している）。この二つの話をくっつけるとこうなる。**情動は、身体的反応をレジスタすることで、中核的関係主題を表象するところの心的状態である。**これがプリンツの理論のキモだ（図3―3）。

残った問題は一つだけだ。身体的反応を通じて中核的関係主題を表象できるのはなぜか。情動と身体的反応は法則的に結びついている。情動と中核的関係主題は法則的に結びつい

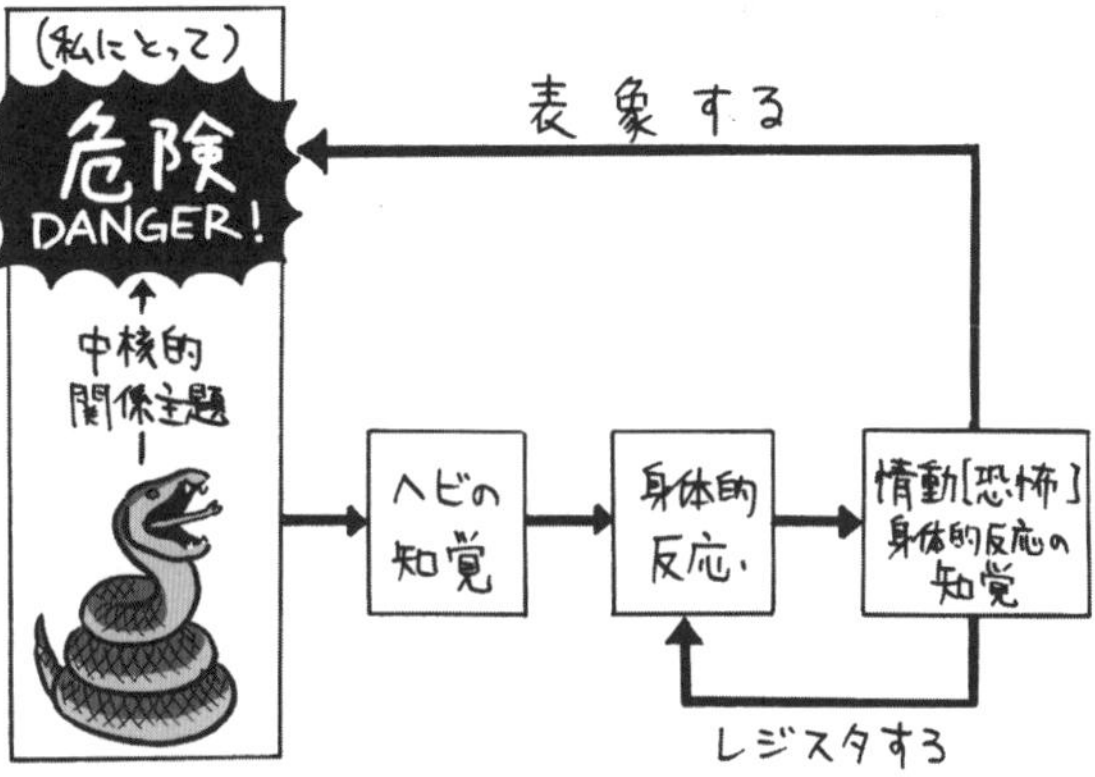

図3–3　これが情動のモデルだ！

ている（それどころか表象する）。ここではわかった。しかし、情動が身体的反応を通じて中核的関係主題を表象すると言えるためには、身体的反応が中核的関係主題をレジスタしなければならない。つまり、身体的反応は中核的関係主題と法則的に結びついて、いわば身体的反応が中核的関係主題と、たとえば自分にとっての脅威や危険とシンクロしていなければならない。

プリンツは、これは可能だと考える。なぜなら、身体的反応は中核的関係主題に照らして適切な行動の準備であるからだ。進化は、異なる状況に、異なる生理的反応をするようにわれわれをつくってきた。ヘビを見たり、大きなものの動く影を見たり、唸り声を聞いたり、捕食者のにおいを嗅《か》いだとき、つまり危険に直面したとき、心臓はドキドキし、血糖値は高まるようにできている。何のために。逃げるためである。

だからこそ、これらの身体的反応の集まりは同時に危険検出器としても働いていると言えるわけだ。危険という中核的関係主題と特定の身体的反応の間に法則的結びつきがあるのは、その身体的反応がその中核的関係主題に対処するための準備であって、進化の過程で、その状況ではその反応が起こるように、われわれができあがっているからだ。

以上の話をまとめると、こんな情動のモデルが手に入る。危険な何かが生じる。それが感覚器によって知覚される。その知覚が一連の身体的反応を引き起こす。その身体的反応自体が知覚され、別の状態（身体知覚）によってレジスタされる。この身体知覚は直接には身体的反応によって引き起こされるが、遠い原因は「危険」である。だから、この「別の状態」は身体的反応をレジスタすることを通じて、危険についての情報を担っている。そしてその状態は、危険回避行動をとらせることによって、危険をレジスタするだけでなく、危険を表象してもいる。

この「別の状態」こそ、恐怖なのである。

「身体化された評価理論」という名前にはワケがある

もはや、なぜこの説が「身体化された評価理論」と名づけられたのかも明らかだろう。まず、評価は中核的関係主題を表象することに他ならない。中核的関係主題は、「自分にとっての良し悪しという観点からの自分と状況との関係」のことである。自分にとっての脅威、自分にとって価値あるものの喪失、ある状況をこのように表象するということは、すなわち、その状況を評価することである。だから、プリンツの理論は評価理論である。

一方で、プリンツは情動を、身体的反応をモニターするものとみなす。中核的関係主題に対応するようにパターン化された身体的反応をレジスタすることで、情動は評価をしている。評価はラザルスらのように、概念的な思考によってなされるのではない。**身体的反応を通じてなされる**。だから、「身体化された」評価理論なのである。

情動を評価とみなすからだ。

はい、こうして身体説と評価理論のいいとこどりが完了した。私はこのプリンツの理論はかなりいい線をいっていると思う。まず第一に、包括的だ。第1章で取り上げた、アラコワイキャー体験の重要な要素はすべてどこかしらに取り込まれている。まあ、かなり対照的な評価理論と身体説のいいとこどりなのだから、ある意味で当然かもしれないが。第二に、さまざまな心理学的、脳科学的な知見と整合的だ。

良い理論があれば使ってみたくなるのは人情だ。また、理論は使ってみていろんなことが説明できれば、さらに信憑性《しんぴょう》が増す。そこで、第Ⅱ部では、身体化された評価理論を使ってみることにしよう。ただし、ヘンなことに使う。ホラーというジャンルにまつわる謎を解くために使ってみようという寸法だ。うまくいくかは、それこそやってみないとわからないけど。

II　ホラーをめぐる3つの「なぜ?」

【第Ⅱ部の基本方針】

ここまで、ホラーを事例に使いながら、心理学的な現象としての恐怖、あるいは一般に情動をどう理解すべきかを考えてきた。その結果たどり着いたのは、「身体化された評価理論」だった。でも、要するに情動の心理学と哲学を解説するのに、ホラーをダシに使ってきたわけで、もしかしたら、こんな使い方はホラーに失礼かもしれない。そこで、ここからはホラーというジャンルそのものについて論じてみよう。

別の言い方をすれば、第Ⅰ部では恐怖の原型、いわば「**ホンマもんの恐怖**」とは何かを考察してきたのに対して、第Ⅱ部では、ホラーそのもの、いわば「**人工の恐怖**」について論じようという寸法だ。ただし、せっかく第Ⅰ部で、身体化された評価理論とか、その他さまざまな道具立てを手に入れたので、第Ⅱ部でも、なるべくそれらを使いながら考えていく。そのことによって、逆に第Ⅰ部で主張したことの妥当性を確認できるんじゃないか、という下心を抱きつつ。

美学、芸術の哲学、映画学の領域で活躍しているノエル・キャロル（Noël Carroll）という才人がいる。キャロルは、ホラーというジャンルについて、二つの解くべき謎を指摘して、それらを「**心のパラドックス**（paradoxes of the heart）」と名づけている（Carroll 1990）。次の二つの謎だ。

（1）**ホラーは虚構である。**とするなら、**なぜ存在しないとわかっているものを怖がることができるのだろう。**たとえば、ゾンビとか狼男とかドラキュラとか貞子とか。

（2）**ホラーは娯楽である。**恐怖感が不快なものであるとするなら、**なぜ人々はホラーを楽しむことができるのだろう。**恐怖は、回避や攻撃を動機づける。なのに、なぜわれわれは、自分を恐ろしい目に遭わせることがわかっているホラーをわざわざ求めるのだろう。

もともと「心のパラドックス」という語は、第二の謎を表すためにつくられた言葉だ。一八世紀イングランドの作家、アンナ・レティティア・エイキン（Anna Laetitia Aikin、結婚後の姓はバーボールドBarbauld、一七四三—一八二五）と彼女の弟ジョン・エイキン（John Aikin、一七四七—一八二二）がこしらえた言葉らしい。

そして、私はこの二つにさらに次の謎をつけ加えたい。

（3）**ホラーは古くからあるジャンルだ。**われわれを怖がらせようとして手を替え品を替え、いろんなプロットを生み出してきた。これからもきっとそうだろう。だとするなら、**なぜわれわれはかくも多彩なものを怖がることができるのだろうか。**

本書の第Ⅱ部では、これらの謎にチャレンジしたい。そこで、まず、三つの謎を考察するための前提作業として、ホラーとはどんなジャンルかを定義してみよう（第4章）。次いで第5章から第7章まで、右記の謎を、（3）（1）（2）の順番で論じていく。

第4章　まずは「ホラー」を定義しちゃおう

第Ⅱ部の冒頭で、解き明かすべき三つの謎を掲げた。ただ、謎解きの作業に取りかかる前にやっておくべきことがある。三つの謎はすべて、ホラーというジャンルは、われわれを怖がらせるものだということを前提している。そもそも、この前提はいいのか。ホラーとはどういうジャンルなのだろうか。まず、このことをはっきりさせなくてはならない。というわけで、これまで私が考えたこともない「ジャンル論」の迷宮に分け入っていくわけだ。怖いなあ。

ホラーは表現ジャンルを問わない

私はとりわけホラー映画が好きだが、ホラーは本来メディアや表現形式を問わない。映画に限らず、小説、演劇、落語、講談、絵画、ミュージカル、さまざまな形式のホラーがありうる。私は最近、講談の面白さに目覚めて、DVDを買ったり、ときどき聴きに出かけたりしているけど、講談の怪談は怖いね。とくに人間国宝の一龍斎貞水《いちりゅうさいていすい》先生のは実に怖い。貞水先生はつるっぱげのにこやかなおじいさんだが、四谷怪談のお岩とか、豊志賀《とよしが》とか、女性の幽霊をやらせると本当に怖い。他にも、ノエル・キャロルはゴヤの「我が子を喰らうサトゥルヌス」を絵画におけるホラーに数えている。

ミュージカルでは、ロンドンのフリート・ストリートに実在した、夫婦で客を殺してはミートパイにして売っていたという床屋を題材にした『スウィーニー・トッド』が有名だ。私は、ジョン・ドイル演出の舞台をロンドンのトラファルガー・スタジオで見た。かなり抽象的な演出で、出演者はそれぞれ楽器を抱えて出てきて、演奏しながら芝居をする。客が喉頸《のどくび》をかき切られる場面で、役者が悲鳴をあげるかわりにホイッスルを吹いたのを覚えている。それはかなりゾッとする神経に障《さわ》る音だった。

では、ホラー音楽なるものがあるだろうか。音楽が連想させるもののせいで怖いのはあるかもしれない。たとえばベルリオーズの『幻想交響楽』第四楽章「断頭台への行進」とか、シェーンベルクの『ワルシャワの生き残り』、ペンデレツキの『広島の犠牲者に捧げる哀歌』とか。あるいはホラー映画の効果に使われているから怖いというのもあるかも。でも、こうした理由ではなく、純粋に音楽だけを聞いただけで恐怖感を催させる音楽があるかと問われると、判断に困る。「断頭台への行進」だって、どの指揮者が演奏しても、なんだかパンカパンカ景気が良くって、それだけとってみると、むしろ楽しいぞ。悪夢を描いた標題音楽なんだから怖くやらないと、と思ったのは、昔のピエール・ブーレーズくらいでしょ。

純粋恐怖音楽に近い体験は、チベット仏教の声明《しょうみょう》のレコードを聴いたときくらいかなあ。あれは、かなり怖くって、夜中に聴き始めたら最後まで聴けなかった。針を通さない状態で、まだウチにある。というわけで、ホラー音楽の有無については、読者のみなさんに判断を委《ゆだ》ねたい。

というわけで、ホラーは表現形式によらないジャンルの名前である。では、ホラーというジャンルはどのように定義できるだろうか。残酷な殺人が出てくればホラーになるかと言えば、そうではない。

クエンティン・タランティーノの『レザボア・ドッグス』では、ギャング(マイケル・マドセン)が、捕虜にした若い警官の耳をカミソリで切り落として拷問《ごうもん》する場面が出てくる。いくら警官が血まみれになって絶叫しても、この映画はホラーではない。榎本俊二の『斬り介とジョニー四百九十九人斬り』は、野武士にさらわれた娘を助けてくれという村人の求めに応じて、二人の浪人がおよそ一〇〇ページにわたって、野武士たちの首を刎《は》ねまくり、勢い余ってその娘の首も刎ねてしまうというとんでもないスプラッタ漫画だが、でもホラーではない。じゃ、何だと言われると困るけど。まあ、ギャグ漫画だろう。ただし、ニヤリとした笑いの。血なまぐさい殺しのシーンがあればホラーということにはならない。

キャロルは、ジャンルとしてのホラーは一九世紀になってから成立したと考えている。つまり、メアリー・シェリーの小説『フランケンシュタイン』の前後、数十年の間に成立したものと見ている。そういう意味では、ホラーは歴史的な社会的構築物だ。それ以前にも、ホメロスの『オデュッセイア』やオウィディウスの『変身物語』には、けっこう恐ろしげな怪物が出てくるし、ダンテの描いた地獄も言うに及ばず、恐ろしいイメージはさまざまに描かれてきた。しかし、これらは恐ろしい話ではあるかもしれないが、ジャンルとしてのホラーではない。

ホラーとSFは重なり合う

また、ジャンルは互いに排他的なものとは限らないことに注意しよう。多くのサイエンス・フィクションはホラーでもある。ホラー映画のガイドと、SF映画のガイドで紹介されている映画はかなりの部分が重なっている。ハードSFのファンはいやがるだろうが。

たとえば、リドリー・スコット監督の『エイリアン』はホラーでもある。これに対し『エイリアン2』はアクション映画になってしまった。『エイリアン3』はダークな諦念《ていねん》に満ちており、『エイリアン4』はほとんどコメディだ。どれも好き。

一九五八年（ちなみに私の生まれた年）の『蠅男《はえおとこ》の恐怖』や、それをデイヴィッド・クローネンバーグ監督がリメイクした『ザ・フライ』には、物質転送装置が出てくる。物質を分子レベルに分解して、情報だけを読み取って瞬時に転送する仕組みだ。この装置を発明した科学者が効果を証明するため、自らを転送しようとする。転送は成功するが、運悪くもその際、装置にハエが入り込んでおり、両者の分子がDNAレベルで混じり合った結果、科学者は徐々にハエ男に変貌していく。ハエ男は暴走する科学技術の産物だ。

サム・ニールの怪演が光る『イベント・ホライゾン』は、事象の地平線だのワープ航法だの、SFファン好みの小道具がたんまり出てくるけど、事象の地平線の向こうは「地獄」だったり、地獄から帰ってきた宇宙船が意志をもって博士にとり憑《つ》いたりと、オカルトちっくなホラー映画でもある。第一、ホラーの起源とされている『フランケンシュタイン』にしてからが、（当時の）科学技術の暴走の帰結を描いているということで、最初のSFとも言われているわけだし。

すべてのジャンルが同じ観点から分類されているとは限らない。児童文学はジャンルだと思うが、この中には、コメディもあれば、『グースバンプス』シリーズみたいなホラーもある。対象読者で分類されているわけだ。しかし、同一の観点から分類されるいくつかのジャンルもあって、その代表例が、ホラーなのである。ホラー、サスペンス、お笑いといったジャンルは、それが結果として引き起こす情動によって分類され、その情動の名前がそのままジャンルの名前になっている。

だからキャロルは、ホラーというジャンルは、それが引き起こす情動に訴えて定義すべきだ、と考える。ただし、ホラーで引き起こされる情動は、犬を見て怖がるとか、パンチパーマの高校生が怖いといった「**自然な恐怖**」(アラコワイキャー体験)ではないので、キャロルは区別のために、「**人工恐怖**(art-horror)」と呼んでいる。とはいえ、人工恐怖もれっきとした情動ではある。人工恐怖とはホラーが生み出すことを意図している情動の名前だ。

ホラーモンスターは「ノーマルな世界の異常な存在」

一昔前までは、ホラー映画は怪物映画と同一視されていた。そして、あとで明らかになるように、キャロルも怪物がホラーの不可欠な要素だと考えている。ドラキュラ、狼男、フランケンシュタインの怪物、スワンプマン、透明人間、ハエ男、半魚人、ミイラ男、キングコング……。しかし、超自然的なものであれSF的な想像力の産物であれ、モンスターが出てくることはホラーであることの必要条件でも十分条件でもない、と私は思う。すでに述べたように、神話やお伽話《とぎばなし》にはモンスターが出てくるが、これらはホラーではない。『スター・ウォーズ』のチューバッカは造形的には狼男だが、それで『スター・ウォーズ』がホラーになるわけではない。逆に、『サイコ』も『羊たちの沈黙』も人間しか出てこないが、立派なホラーである。

ホラーのモンスターと、そうでない作品に現れるモンスターとでは、世界における位置づけが違う。神話やお伽話やファンタジーは、とりあえずわれわれの世界とは異なる世界を描いている。ファンタジーのモンスターはそうした**別世界のノーマルな住人**なのである。われわれの世界には、トラや毒ヘビがいる。これらは危険だし恐怖の対象になるが、だからといってこの世界がホラーなわけではない。トラもヘビも、世界の普通の住人だからだ。

これに対し、ホラーが舞台とするのは、多くの場合この世界である。われわれが馴染んだ普通の世界に、馴染みのない異常な存在が闖入してくる。**ノーマルな世界の異常な存在**、それがホラーのモンスターだ。

『アバター』の衛星パンドラに住む先住民族ナヴィは、ご存じのように、身長は三メートルもあり、鼻は猫のようで、尾っぽもある。何よりも肌が青い。見た目にはモンスターなのだが、彼らはパンドラの普通の住民である。

というわけで、ホラーの著しい特徴として、たいていの場合、**この通常世界を舞台とするということ**が挙げられる。最近になって『CUBE』などの、いわゆる異世界ホラーみたいなものも現れたが、これはファンタジーとホラーの混交として位置づけるべきだと思う。

「ホラー漫画家」伊藤潤二の傑作『うずまき』は、黒渦町という海辺の町が舞台だ。何の変哲もない町なのだが、主人公の桐絵の周辺で徐々に異変が起こり始める。町全体がうずまきに呪われていたのだ（『うずまき』を人に紹介しようとして、こう言うと、かならず「何それ？」と言われる）。

最初の異変はつむじ風だが、怖くなるのは、桐絵の友人の父親が、うずまきにとり憑かれ、渦《うず》を巻いたものを収集し始めるところからだ。その熱中ぶりに気味悪くなった妻にコレクションを捨てられてからは、うずまきは自分の身体で表現するものだと言って、最後にはとぐろを巻いたような格好になって、全身の骨が折れて死ぬ。その後、物語は急展開し始め、黒渦町では人間がカタツムリになってしまったり（桐絵の担任によってヒトマイマイと命名されるが、その担任もヒトマイマイになってしまう）、台風が桐絵に恋愛感情を抱いてつけまわしたり、時空が歪んで町から脱出できなくなったり、人々の体がゼンマイ状になり、互いに絡み合ってほどけなくなったりする。

『うずまき』は、最初はホラーとして始まるが、次第にホラーとは呼べない何かになっていく。町全体がうずまきに支配されることによって、舞台じたいがノーマルな世界ではなくなってしまうからだ。ちょっとした動作や声で、強烈なつむじ風が発生するようになってしまうのだが、それを初めて知って戸惑《とまど》う外部からの訪問者に、桐絵は「いまこの町では人間のちょっとした素早い動作が大きな竜巻を引き起こす状態にあるんです」と、こともなげに説明する。あたかも、それがいまの黒渦町の新しい通常のあり方であるかのように。そうすると、どんなに「異常な」ことが起ころうと、それは、黒渦町では日常的な出来事にすぎないことになる。登場人物たちは、それが当たり前だとばかりに何が起ころうと淡々と受け入れることになる。ときにはユーモアを発揮して。

というわけで、『うずまき』の後半は怪奇譚《だん》であるがホラーではない。

どのようにコワがるべきかを教えましょう

怪物が登場する物語一般とホラーを区別するもう一つのメルクマールとして、**登場人物の怪物に対する態度**を挙げることができる。もちろんホラーでは、登場人物は怪物を恐れる。怪物に出会うと恐怖の表情を浮かべ、悲鳴をあげ、身動きがとれなくなって餌食になるか、逃げ惑うことになる。すでに指摘したように、その恐れ方はやや適切さを欠いている場合も多い。これに対して、ホラーでない物語では、必ずしも登場人物は怪物を恐れない。『スター・ウォーズ』に登場する犯罪王ジャバ・ザ・ハットは、顔はカエル、胴体はっちのこ（見たことないが）かナメクジのようで、まあ怪物に見える。しかし、ハリソン・フォード演じるハン・ソロは、彼を嫌ったり憎んだりはするが、怪物として恐れているわけではない。

ホラーの登場人物が怪物を恐れるのは、**観客にどのように反応すべきかのお手本を示すためだ**、とキャロルは主張する。登場人物の怪物に対する態度は、観客が鑑賞する対象でもあると同時に、観客にどうすべきかを命じる教示（instruction）でもある。登場人物の示す恐怖は、観客に次のことを伝えている。さあ、みなさんも同じように怖がりましょう。なんせ低予算なんで、この怪物はラテックスの着ぐるみであることがバレバレですけど、この映画はホラーですよ。で、これは怪物ですから、怖がるべきなんですよ。ほら、登場人物も怖がっているでしょう?

一九三三年の映画『キング・コング』では、スカル島の伝説の怪物を映画に撮ってひと儲けを企《たくら》む映画監督が、失業した女性のシェルターみたいな施設で、食い詰めた女優をスカウトする。スカル島に向かう船の上で、監督は『美女と野獣』の衣装を着た女優のアンにコングに出会って恐怖する演技を指導する。最初は視線を落として、徐々に視線を上げる。すると、そこに「それ」がいる。驚く、信じられない。目を見開いて。恐ろしいが目を離せない。声を出せば助かるかもしれないのに、君の喉は麻痺《まひ》してしまった。見なければ声が出せるかもしれない。手で目を塞《ふさ》ぎ、命がけで叫ぶ、てな具合。

しかし、このときの演技の下手なこと。だけど女優役のフェイ・レイの名誉のために言っておくと、これはわざと下手に演じているのだ。あとで、本物のコングに出会ったときの、演技でなく怖がる演技（何だそれ）は、真に迫るものがある。

悪趣味ホラーで名を馳《は》せたピーター・ジャクソンがリメイクした二〇〇五年の『キング・コング』では、この船上での演技指導シーンはなくなっていた。この七〇年あまりの間に、大型類人猿のイメージは凶暴な猛獣から心優しい仲間へと変わり、もはや、コングを恐怖の対象とするホラーは成り立たなくなったということもあるだろう。リメイク版に怪物がいるとしたら、ショービジネスにとり憑かれ、劇中で「自分が愛するものを台無しにする尽きせぬ能力」（unfailing ability to destroy the things he loves）の持ち主と評される監督のデナムだろう。さらに、アンが最初からかなり才能豊かなボードビリアンとして描かれていたことにもよる（アンは、得意の踊りでコングを手なずける。喜んでアンにちょっかいを出し続けるコングに、アンは「いいかげんにして。もうこれでおしまい。続きはないの」と叫ぶ。今度はアンがコングに観客としての正しいあり方を教示しているわけだ）。

好きな映画なので、脱線が止まらないが、何が言いたいかというと、三三年版の『キング・コング』では劇中の監督が女優にどのように恐怖すべきかを教示するのとパラレルに、現実の監督（メリアン・C・クーパーとアーネスト・B・シェードザック）は観客にどのように怖がるべきかを教示しているということだ。

鏡像効果

このように、ホラーにおいては、観客の情動は登場人物の情動を反映することが意図されている。キャロルはこれを「**鏡像効果**（mirroring-effect）」と言っている（図4－1）。

これは他のジャンルには必ずしも当てはまらない。アリストテレスは『詩学』で、悲劇の幕切れでは、観客はカタルシスの状態になるとしている。カタルシスは、恐れと憐れみの情動が引き起こされることで得られる精神の浄化《じょうか》、とされている。ところで、観客はカタルシスを味わっているとしても、悲劇の主人公はそれどころではないだろう。コメディにも同じことが当てはまる。

これに対して、ホラーは鏡像効果を重要な特徴としている。とはいえ、理想的にはそうかもしれないが、登場人物と観客の情動状態がまったく同じになることなどありえないし、そこまでは意図もされていないだろう。たとえば、登場人物が恐怖のあまり常軌《じょうき》を逸《いっ》して

図4–1　鏡像効果

しまうと、もはや観客はその人物の恐怖をお手本にして自らの情動を反映させることができなくなる。

　サム・ライミ監督の『死霊のはらわたⅡ』(原題は『Evil Dead 2』)。しかし、日本の映画配給会社は、ホラーといえば「悪魔の／死霊の／悪霊の」「いけにえ／はらわた」と、順列組み合わせで日本語版タイトルをつけるのはやめてほしい。覚えられないじゃないの)での主人公役ブルース・キャンベルの演技は有名だ。

　主人公は、死霊にとり憑かれた森の一軒家に迷い込み、自分もとり憑かれてしまう。ただし右手だけ。右手は首を絞めたり、ナイフで刺して主人公(の本体)を殺そうとし、主人公はそれを避けようとして一人で大立ち回りを演じる。この演技があまりにも過剰なため、ブルース・キャンベルの名は一躍有名になり、その演技はコメディアン時代のジム・キャリーにインスピレーションを与えたりもしたのだが、ちっとも怖くはないのである。過剰に怖がる登場人物は、むしろ映画をホラーというより、スラップスティックに近づけてしまう。登場人物と同様の恐怖ではなく、爆笑という正反対の情動が喚起されるのだ。ちなみに、この場面は映像作家のミシェル・ゴンドリーによって、『エヴァーロング』（フー・ファイターズ）のビデオクリップに引用されている。

『アラクノフォビア』は、クモ恐怖症の科学者が突如発生した毒グモの群れと対決する話だが、これもそもそもホラーなのか何なのか、判断をためらう不思議な作品だ。この科学者は、よりにもよって自分が最も苦手とするものと戦うことになるのだが、観客はどうしてもクモ恐怖症の主人公と同じようにはクモを怖がることはできない。高所恐怖症の人がパイロットになる話は、どんなに主人公が怖がったとしても、ホラーではないだろう。

怪物は嫌悪の対象でなければならない

ホラーが鏡像効果によって射影《しゃえい》しようとしている情動は恐怖だけではない。驚き（戦《せん》慄《りつ》）、嫌悪、諦めといった、恐怖の情動を生み出す状況に伴う他の情動も、登場人物から観客に射影される。登場人物はこれらが「混ざり合った」情動を抱いている。それに応じて、観客の抱く情動も混ざり合うことになる。われわれが混ざり合った情動をもてるという事実がホラーの基礎にある。とりわけ重要なのは、**嫌悪と恐怖の混ざり具合**だ。

ホラーに怪物が登場する場合、それは単に、凶悪で強力であるために登場人物たちの脅威になる、というだけの存在ではない。それは多くの場合、恐怖の対象であると同時に、嫌悪の対象でもある。つまり、怪物はどこかが「気持ち悪く」なければならない。『エイリアン』の怪物は、硬い外骨格《がいこっかく》に包まれていてどんな環境でも生き延びることができる。鋭い爪と牙をもち、顎《あご》が二重構造になっていて、口の奥からもう一つの口が飛び出してくる。尻尾《しっぽ》の先も尖《とが》っていて武器になる。おまけに血液は強酸だ。おそろしく強力な人類の脅威として描かれている。

しかし、それだけだとむしろ「カッコよく」なってしまう。おぞましく、嫌悪すべきものにするために、この怪物はベトベトしていることになっている。怪物はつねに透明な腐食性の粘液《ねんえき》を滴《したた》らせている。恐ろしいというだけではなく、それ以前にとにかく近づきたくない、触りたくないような造形にする必要がある。

ジョン・カーペンター監督『遊星からの物体X』の怪物は、襲った対象を自分に取り込んで同化し、最終的にはそれに化けることができる。完全に変態が終了してしまえば、シベリアンハスキーのようにフサフサしたものにも、南極越冬隊員のようにスベスベあるいはゴワゴワした肌のものにも化けるのだが、同化・吸収・変態の途中ではやっぱりベトベトしている。おまけに、ハスキー犬に姿を変えていた怪物が正体をあらわにして他の犬たちに襲いかかる場面では、ご丁寧なことに怪物は粘液を攻撃対象に吹きつけたりもする。ああ嫌だ。

一九五八年（おっ、また私の生まれた年だ）の『マックイーンの絶対の危機』のリメイクである『ブロブ／宇宙からの不明物体』に登場する怪物は、ブロブ（ぶよぶよしたもの）という原題が示すように、ピンク色のスライム状の何かだ。こいつも、触れた人を自分に同化して成長していく。もちろん、怖いのだが、それ以上にベトベトしていて気味が悪い。ベトベト感と嫌悪の間にどのような関係があるのかは興味深いテーマだ。

腑分けして考えれば、恐怖と嫌悪は別物だ。私は台所のゴキブリを嫌悪するが、恐れることはない。逆に、高いところに登って下を見下ろす体験は、安全だとわかっていても若《じゃっ》干《かん》の恐怖を伴う。しかし私は、それが嫌いではない。旅行に出かけると、展望台に上りたがる。では、対象のもつ気持ち悪さとは何か。これは難しい問題だ。ホラーにとって好都合だったのは、われわれは多様なものを恐れる以上に、多様なものを気持ち悪がることができるということだ。

フランケンシュタインの怪物とレプリカント

とはいえ、気持ち悪いものの典型はもちろん屍体だろう。ゾンビは危険で怖い以上に、気持ち悪い。ゾンビはなかば腐り果てている。皮膚と肉が破れて肋骨《ろっこつ》が見えているものもいるし、眼窩《がんか》に目玉が収まっていなかったりする。

フランケンシュタインの怪物も屍体である。しかし、シェリーの原作では、多くの屍体から最も美しいパーツを選び抜いて継ぎ合わせてつくったために、一見すると美しいことになっている（現在、フランケンシュタインと呼ばれている、あのツギハギのでくのぼうみたいな怪物のイメージは、ボリス・カーロフが演じた際の怪物像の再生産だ）。しかし、その美しさが「おぞましさを際立たせる」のだ。なぜなら、多数の屍体からの合成であるために、自然界の有機体がもっているはずの全体的調和を失ってしまっているからだ。ま、ロマン派的美学に反するからおぞましいのですね。

異質なものの寄せ集めになっている、というのは、伝統的な怪物の典型である。ミノタウロス、ケンタウロス、キメラ、グリフォン、鵺《ぬえ》、人魚……。フランケンシュタインの怪物はこうしたモンスターたちの系譜に連なっている。そしてそれは、半魚人、ハエ男、物体X（の変態中の姿）へとつながっていく。

フランケンシュタインの怪物は、マッド科学者が助手と二人でつくりあげた作品だ。材料を大地から掘り出して、吟味精選し、手作業でつなぎ合わせ、最後に命を吹き込んでつくった、一〇〇パーセント天然、人工添加物ゼロのオーガニック怪物だ。二〇世紀に入ると、こうした古き佳《よ》き時代のクラフトマンシップは、分業による工場生産に取って代わられる。

これはSFのジャンルだが、リドリー・スコット監督『ブレードランナー』の人造人間レプリカントたちは、やはりツギハギでつくられたという意味で怪物性をもっている。地球に舞い戻ったレプリカントが、自分たちの創造主であるタイレル博士に会うためのルートを探して、エンジニアのチューの工房を訪れる場面がある。チューは、レプリカントの製造企業であるタイレル社のために働いている。タイレルにどうしたら会えるかを尋ねられたチューは答える。「知らない。私は目玉をつくるだけ」。レプリカントは、個人が丹精《たんせい》込めてつくりあげる工芸品・芸術作品ではなく、分業で生産される工業製品であり消費財なのだ。

フランケンシュタインの怪物もレプリカントも、自分の創造主と対峙《たいじ》し、自分の存在の意味（自分は何のためにいるのか）を問い詰め、考えなしに自分たちを生み出した創造主の責任を問おうとする。しかし、レプリカントたちの場合、その責任の主体はもはやフランケンシュタイン博士のような個人ではない。タイレルはたしかにレプリカントの製造法を開発した天才科学者なのだが、同時にタイレル・コーポレーションという巨大企業の経営者でもある。レプリカントが、なぜ自分を生み出したのかを追及すべき相手、復讐すべき相手は、もはや個人ではない。彼らを生み出したのは、企業であり、さらに言えば科学技術文明の総体なのである。レプリカントらの告発は最初から挫折を運命づけられている。

たしかに、タイレル社長は神のように描かれている。酸性雨の降りしきる下界を離れた高層ビルのてっぺんに暮らしている。映画の中で、自然の光が降り注いでいるのはそこだけだ。やっとのことで自分に会いに来たレプリカントのロイを迎えて、タイレルは「放蕩《ほうとう》息子（the prodigal son）」と呼びかける。ロイは、自分はいろいろ良くないことをしてきた、とタイレルに告白し、タイレルに接吻《せっぷん》する。もちろん、ルカによる福音書一五章に記述された放蕩息子のたとえ話の再現になっており、ロイは罪人である被造物を、タイレルはそれを許し受け入れる神を演じている。しかし、二人の聖書ごっこはここまでだ。

ロイは、タイレルに接吻しながら、彼の頭を潰して復讐を遂げる。「バイオメカニクスの神が呼んでいるぞ」とつぶやきながら。だとすると、ロイはタイレルが自分の真の創造主＝神ではないことを理解していたことになる。われわれをつくったのは、バイオメカニクスという名の科学と産業の複合体、二〇世紀後半に生まれた新たな悪しき神なのだ。

ホラーの三条件

脱線が続いてしまった。そろそろもとにもどろう。ベトベトしていて腐敗したものを連想させるとか、屍体を連想させるとか、異質なものの寄せ集めであることとか、その他異様なものがもつおぞましさを描き出し、嫌悪の情を喚起するのは、ホラーの重要な構成要素だ。そこで、以上の考察をまとめて、ホラーというジャンルを次のように定義しておこう。もちろん、とりあえずの定義にすぎないが。

【ホラーの定義】

ホラーとは、次の条件を満たすジャンルである。

（1）登場人物が何らかの脅威に直面して、その脅威をもたらす対象に恐怖・嫌悪の情動を抱く状況が主として描写される。

（2）その描かれた脅威の対象は、多くの人々が通常、恐怖・嫌悪の情動を抱くと予想されるものである。典型的には怪物だが、そうでなくてもよい。

（3）鑑賞者も描かれた脅威の対象に対して恐怖・嫌悪の情動を抱くことが、作り手の主目的として意図されている。

この定義について、いくつかコメントをしておこう。まず、第三の条件が**作り手の意図**に言及していることに注意してほしい。なぜなら、この条件を「鑑賞者も描かれた脅威の対象に対して恐怖・嫌悪の情動を抱く」だけにしてしまうと、観客を怖がらせることに失敗したホラー（山ほどある）は、ホラーではないことになってしまうからだ。

作り手は、さまざまな仕掛けを使って、観客が恐怖・嫌悪の情動を抱くように工夫する。登場人物に恐怖の情動反応を起こさせることによって、は、ここが怖がるところですよというシグナルを送るのもその一つの手段だ。ところが、これらの仕掛けがいつも有効とは言えない。怖そうな怪物を登場させて、登場人物が悲鳴をあげたからといって、観客も怖がるとは限らない。作品の出来が悪いこともあるからね。とはいえそれは、あくまでも「失敗したホラー」であって、別のジャンルの何かになるわけではない。

次に、この定義は、**ホラーの機能主義的定義**である。ホラーが観客にもたらす因果的機能によってホラーを定義しているからだ。しかも、本来の機能に訴えた定義だ。ハサミの本来の機能は、紙を綺麗に切ることにある。故障したり、設計ミスでうまく切れなくても、ハサミでなくなるわけではない。使えないハサミ、壊れたハサミ、失敗作のハサミになるだけだ。なぜそれがハサミの機能を現に果たさなくてもハサミと言えるのか。製造者が、紙を綺麗に切るという機能を果たすよう意図したからだ。思いどおりにいかなかったけれども。観客を怖がらせるという機能を果たせなかったホラーも、切れ味の悪いハサミ同様、やっぱりホラーなのである。ただし失敗作の。

すれっからしの観客たち

……という話で済んじゃうなら簡単なんだけど、ホラーがその本来の機能を果たせないケースは、作品の出来栄《できば》えが悪い場合に限られない。なぜなら、ホラーの本来の機能は、観客にある特定の情動的影響をもたらすことにあるからだ。観客がどんな人たちで、どんな構えで作品に接するかによって、その機能が果たせるかどうかが左右されてしまう。

たとえば、文化の差によって、観客にここが怖がりどころだよというシグナルが伝わらないこともあるだろう。プリンツの本にあった例だが、バリ島の人々は、赤ん坊がハイハイする姿に嫌悪感をもつそうだ（Prinz 2004）。人間らしからぬ動物的な動き方だから。バリ島出身の監督がホラーを撮ったとして、ハイハイのシーンを挿入しても、われわれはちっとも怖くも嫌でもないだろう。

もっとややこしいのは、あるジャンルが成立して一般化すると、**すれっからしの観客たち**が現れるということだ。この種の観客は、作り手の意図通りに作品を観ようとしない。

ここが怖がるところだよ、とシグナルを送っても、「おっと、そう来ましたか」と言って喜んじゃったりする。

これまでに何度も言及した『スクリーム』は、ホラー映画であると同時に、ホラー映画についての映画（メタホラー）でもあるのだが、そこにはこうしたすれっからしの観客が出てくる。殺人鬼が現れ生徒が殺されたために、主人公の通う高校は休校になる。喜んだ高校生たちは、ある生徒の家に集合してパーティをすることになる。わかった。そこで惨劇が起こるんでしょ。やっぱり無軌道な若造たちは皆殺しにしてやらないとね。……そうなんだが、いま私が言いたいのはそっちじゃない。

パーティ会場になった家で高校生たちは、ビールを飲みながらホラービデオを観ている。その部屋の外では、血なまぐさい殺人が行われているが、高校生たちは気づかない。この高校生たちの、ビデオの鑑賞態度（！）が、実にすれっからしなのである。観ているのはおそらくカーペンターの『ハロウィン』なのだが、まったく彼らは怖がらない。画面で殺人が行われると、彼らは歓声をあげて「予想通り！（predictable）」と叫んだりする。しまいには「はよ、ジェイミー（・リー・カーティス）のおっぱい見せろ」なんてことを言う。実に態度がなっとらん。

登場人物の情動と観客の情動は鏡像関係にあるべし、というホラーの文法に則《のっと》るなら、この場面は『スクリーム』の観客、つまりわれわれに、「どうせキミたちもこの高校生たちみたいにこの映画を観ているんだろ」というメッセージを送っている。その間にも、部屋の外では殺人が続き、主人公のシドニーは殺人鬼に追い回されている。カメラが室内と室外に切り替わるたびに、映画はホラー映画になったり、ホラー映画を観ることについてのメタ映画になったりする。それによって、われわれはすれっからしの観客としての態度から、まじめな観客の態度への切り替えを促される。せめて部屋の外で起きていることがらについては、ホラーとしてまじめに観ようね、というわけだ。うーん、実に教育的だね。

第5章　なぜわれわれはかくも多彩なものを怖がることができるのか?

ホラーとはどういうジャンルかについて概念整理ができたところで、最初に挙げた三つの問いに答えていこう。まずこの章では、(3)の恐怖の多様性の問いから考える。ホラーはわれわれがいかに多種多様なものに恐怖を感じることができるかを示している。ホラーというジャンル自体がこの多様性があって初めて存在できると言っても良いくらいだ。しかし、そもそもなぜわれわれはこれほど多様なものを怖がることができるのだろう。

私の答えをあらかじめ言っておこう。第3章で確認したように、**恐怖は表象であり、われわれはものすごく多様なものを表象する能力があるからだ**。「身体化された評価理論」の立場に立って、もうちょっと正確に言うと、こうなる。恐怖という心的状態が表象しているのは、「自分にとっての脅威」という中核的関係主題だった。そういう意味では恐怖が表象している内容はいつも同じ、と言ってもよい。しかし、一方で、恐怖はいろんな対象の知覚によって引き起こされる。ヘビだったりクモだったり。いろんな対象の（知覚）表象が、恐怖に特有の身体的反応という形で評価され、その身体的反応の知覚が恐怖という表象を生み出す。そして、その表象が中核的関係主題を表象する。

そうすると、正しくは、**われわれはまず多様なものを表象することができ、そのいずれもが身体的反応による評価を経て「自分にとっての脅威」として表象され直す。だから、いろいろなことを怖がることができる**、と言うべきだ。

というわけで、正確には右のように言わないといけないわけだが、いずれにせよ表象能力が格段に進化発展したために、われわれはこんなに多彩なものを怖がれるようになった、という点は変わらない。

そこで本章では、次のことを試みる。ホラーをヒントにしながら現にわれわれはどんなことがらを怖がることができるかのカタログをつくろう。そしてそれぞれについて、どんな内容の表象をもつことができるようになれば、それを怖がることができるのかを考えてみる。さらに、以上を表象の進化史についてのシナリオに重ね描きしよう。ただし、これら三つの作業を同時並行的に進めることにする。

1 「情動って生まれながらのもの？」論争

論争は「表情」から始まった

……と本章の内容を予告しておいて、いきなりナンですが、ちょっと寄り道したい。この寄り道には意味がある。表象の進化と恐怖の多様化との関係をどう考えていけばよいかの教訓を取り出すことができるからだ。扱うのは、情動に関する「**氏《うじ》か育ちか論争**」と言われる論争だ。これは表情の普遍性・生得性をめぐって始まった。

映画の登場人物が、直面した状況についてどのような情動をもっているのか、怖がっているのか、怒っているのかを観客が知る手がかりのうち、表情はかなり大きな役割を果たしている。第1章でも、アラコワイキャーを構成する要素として「恐怖の表情」について論じたが、喜び、悲しみ、怒り、恐れ、驚きなどのいわゆる「基本的情動」には、それぞれかなり特徴的な表情が対応している。われわれは表情によって相手の情動を知り、相手への対応を選ぶ。子どもが悲しそうな顔をしていれば、親は「どうしたの？」と声をかけて慰《なぐさ》めようとするだろう。また、逆に特定の表情をすることによって、相手に自分の情動を伝えることもできる。子どもが悪さをしたときに、怒った顔をするだけで、その行為を自分は許さないということを伝えることができる。

表情は、情動に伴う身体的反応の一種だけれど、**情動に関するコミュニケーションの手段**にもなっている。だからこそ、ホラー映画で登場人物が恐怖の表情を見せることは、「ホラー映画として観てね」というメッセージを伝達するうえで重要なのである。

チャールズ・ダーウィン（Charles Robert Darwin）は、一八七二年に書いた『人及び動物の表情について』で、表情は文化を超えて普遍的なので、生まれながらのものだと主張し、そこから表情が表している情動の生得性も導かれるとした。ダーウィンが目をつけたのは、本国から離れて暮らしていたイギリス人たちからの報告だ。ヨーロッパと接触のない現地の人々の表情について報告してもらったところ、彼らは、自分が見た現地人の表情はヨーロッパ人のそれとほとんど変わらないと答えた。つまり、表情は文化を超えた普遍的・生得的なものだというわけだ。

フォア族に見られる「表情の普遍性」

第1章でも紹介した心理学者のエクマンとウォレス・フリーセン（Wallace Friesen）は、表情の普遍性をより実証的に研究しようとした（Ekman & Friesen 1971）。彼らは、西洋文明とほとんど接触がなかった、パプアニューギニア高地に住むフォア族を対象にフィールドワークを行った。フォア族は、死者を弔《とむら》うために故人の脳を食べる慣習があり、そのためクールーと呼ばれるプリオン病が蔓延《まんえん》したことでも知られている。

エクマンらは事前に、喜び、怒り、悲しみ、驚き、嫌悪、恐怖の六つの情動に対応する顔写真を用意した。次に、フォア族の通訳に、それぞれの情動を引き起こしそうな物語を朗読してもらう。腐ったにおいがする話、子どもが死んでしまう話、友だちに会った話などだ。そして、フォア族の被験者に、話を聞いて感じた情動を表す表情の写真を選んでもらう。結果は、ヨーロッパ文化圏に属する人々の判断とフォア族の判断はよく一致しているというものだった。フォア族は恐怖と驚きの表情を混同する傾向が見られたが、それ以外の成績は良好だ。

エクマンらはこの結果から、少なくともいくつかの表情の対応は文化圏によらない普遍的なものだと考え、このことから、それに対応する情動も普遍的だと結論した。

もちろん、普遍性は生得性と同じことではない。月が満ちたり欠けたりするというのは、普遍的に知られているが、生まれながらに知っているわけではない。ただ、表情の場合、普遍性は生得性を裏づけているように思える。表情のつくり方を他人の表情を見て学習するということはあってもおかしくないが、そうすると、その「他人」も誰かの表情を見て学んだことになる。最終的に、初めてその表情を発明した人がいることになるが、西洋文明から孤立していたフォア族の先祖が、偶然にも西洋人と同じ恐怖の表情を発明したというのはありそうにない。また、生まれつき盲目の赤ん坊でも、嬉しいときには嬉しい表情を、不快なときには不快な表情をすることがわかっている（Galati et al. 1997）。誰かの表情を見て真似したわけではない。少なくとも、いくつかの情動と表情は生得的だろう。

情動の表出か、それともコミュニケーションの手段か

エクマンらの研究にはいくつもの批判が寄せられた。まず第一に、次のような批判がある。エクマンたちは、内面にある情動が外に現れたものが表情だという考え方を前提している。しかし、この前提は疑わしい。いくつかの表情は情動が単に外に現れたものというより、**コミュニケーションの手段だ**と考えたほうがよい（Fridlund 1994）。

いくつかの証拠がある。オリンピックでメダルを獲得した選手は、勝利が決まった瞬間に喜びの表情を表すことは少ない。選手が喜びの表情を浮かべるのは、表彰台に上って観衆に向き合ったときなのである。つまり、微笑みは内面の情動の表出ではなく、むしろ他人への信号なのだ。これが正しいなら、いくつかの表情の普遍性は、異なる文化の人々でも**同じような状況では似通ったコミュニケーションの意図をもつ**ということを示しているだけかもしれない。

こうした批判に対して、エクマンは反論を試みている。表彰台で選手が喜びの表情をあらわにするのは、人々の賞賛に触れることで、内面的な喜びがより大きくなるからと説明できる。運動選手の例は、表情が情動の表現であることの反例にはならない。そもそも、表情が情動の表出であるということと、コミュニケーション手段であることは、まったく両立可能である。

ラッセルのツッコミ

第二の批判は、表情が文化を超えて普遍的だという主張そのものの信憑《しんぴょう》性を疑う。そのために、エクマンたちの実験の方法は不適切なものだったと指摘される。

この点をめぐって、第1章で紹介した心理学者のラッセルとエクマンの間に興味深い論争が繰り広げられた。ラッセルはまず、エクマンの実験が、用意した写真から必ず一枚を選ばなければならない強制的選択になっていることにツッコミを入れた。このような仕方で質問すると、人々は消去法で答える。明らかに違うものを除いた残りを選択するわけだ。だから、かりに怒りの写真が選ばれたとしても、フォア族の人々が、それが怒りの典型的な表情だと思っているかどうかはあやしい（Russell 1994）。

そこで、自由に選択する課題にしたらどうか、ということになる。かつてエクマンと同じクラスで学んだキャロル・イザード（Carroll E. Izard）は、そういう実験を行っている。さまざまな表情の写真を見せて、被写体がどういう情動をもっていると思うかを、自分の言葉で自由に述べてもらう。イザードは、この実験でも文化を超えた普遍性が確認されたとしている（Izard 1994）。

しかし、ラッセルはこれにも批判の余地があるとする。被験者は、自分勝手にいろんな言葉を使うので、研究者がそれを整理して、同義とみなしたものをひとまとめにする必要があるが、このまとめ方がかなりいい加減なのである。たとえばイザードは、「孤独」「苦しみ」「哀れみ」「心配」「悲しみ」をすべて、「苦しみ（distress）」にまとめてしまっている。これでは、特定の情動と表情の結びつきが普遍的だという結論はとても得られない。

以上の批判を裏づけるために、ラッセルは米国人を対象として次のような実験をした。表情の写真を見て、その表情が表す情動の名前を選択してもらう。ただし、怒りの表情なのに「怒り」という語は選択肢に含まれていない、といった具合に、表情写真が典型的に表している情動の名前をわざと選択肢から外しておく。こうすると、怒り写真は「軽蔑」、悲しみ写真は「恐怖」を表す表情だ、ということになってしまった。**特定の表情と特定の情動の結びつきは、けっこう文脈に依存する曖昧なものなのである。**

というわけで、表情は普遍的・生得的か、それとも文化に依存して学習されるものかという論争は、決着がつかない。表情の背後にある情動については、なおさら決着が難しい。決着がつかない原因は、この問題が非常によろしくない仕方で立てられているということだ。それを次に明らかにしよう。そして、そこから学ぶべき教訓を引き出そう。

擬似問題としての「氏か育ちか」

エクマンとは逆に、情動は生得的なものではなく、社会的に構成され学習されるものだと主張したい人は、ある特定の文化にしか存在しない情動を証拠として挙げる。たとえば、「甘え」という情動は日本に特有であるという例がよく引き合いに出される。また、ドイツ語にはSchadenfreudeという言葉がある。「他人が苦しんでいるのを見たことによって引き起こされる喜び」といった意味だそうだ。これに対応する語は英語にも日本語にもなさそうだ。

しかし、このような例をもとに、情動は文化に相対的ですよと言われると、嘘でしょうと思う。文化に相対的なのは、情動ではなく言語表現だ。われわれが抱くいろんな情動をどのようにカテゴライズして言語表現を与えるかが文化によって異なるのだ。私は日本生まれの日本育ちだが、Schadenfreudeを抱くことはある。ある情動を表す言語表現がないということは、その文化圏の人々がその情動を抱かないということは意味しない。

文化が洗練してくると、情動を分類するカテゴリーが精緻化してくる。これも、人々の情動自体が細やかになったのか、自分がどういう情動を抱いているのかを反省的に捉える仕方が細やかになったのか、どっちなんだと言われると、よくわからない。逆に、情動をカテゴライズする概念が貧困になることもありうる。怒り、嫉妬、屈辱、不安、軽蔑、不満、義憤などをみんな「むかつく」にまとめちゃう人が出てきたりする。世間ではこういう人を、情動が貧困化した人と呼んでしまうけど、情動を分類する語彙が貧困になっているのは確かだが、情動そのものが単調になっているかどうかはわからない。

もう一つ、文化に相対的なものがある。**特定の情動をどういう原因で抱くかだ**。これは文化に相対的どころか、個人によっても違う。どういうことに怒るか、どういうことを嫌悪するか、どういうことを恐れるかは、文化、時代、個人によって異なる。個人をとってみても、年齢によって違ったりする。好き嫌いのことを考えてみればわかるだろう。恐怖の場合、おそらく普遍的で生得的な恐怖の対象はありそうだ。ヘビ、暗闇、大型動物の唸り声などは誰もが自然に怖がるだろう。

しかし、学習や文化に媒介されて初めて怖がることのできるものもあるだろう。放射線についてまったく知らずに原発事故を怖がることはできない。こうした恐怖の原因ないし対象は、文化差や知識レベルに左右される。

といっても、情動に関しておそらく生得的な要素はある。**情動の産出メカニズム**だ。これが文化によって構成されると考えるのは馬鹿げている。情動は、生得的な産出メカニズムが、一部は遺伝子レベルで決定された原因によって、一部は文化からの学習による原因によって作動することで生じる。そしてその結果を、われわれは文化から学んだカテゴリーを用いて分類して表現する。こんな具合に、**情動は、自然と文化の両方にまたがって存在している**。

「情動は生得的か否か」という問い方は、情動のどの側面についてそれを問おうとしているのかを曖昧にし、議論を混乱させる。情動を表現する語彙の文化相対性を情動そのものの相対性と勘違いしたり、情動の原因の個人差を、情動メカニズムの個人差と勘違いしたりすることになる。この点で、氏か育ちか問題は、問いの形をしているが、その実まともな問題ではない、擬似問題だと考えておいたほうがよさそうだ。

でも、そこからは貴重な教訓を得ることができる。**情動を生み出すシステムとそこに入力され情動を生み出す原因となるものの区別だ**。前者は、生得的で普遍的だが、後者は生得的なものから文化に媒介されたものまで多様性をもちうる。この教訓を忘れないようにして、そろそろ本題に戻ることにしよう。

2　アラコワイキャーの対象だってすでに多様だ

「いまそこにある脅威」さまざま

この章のテーマは、恐怖の表象の多様性だ。しかし、私はどんな複雑で抽象的なことを怖がるにせよ、怖がるときに使っているシステムは、アラコワイキャーに使っているものと同じだと考えている。違うのは、**このシステムに入力される表象の内容**だ。

そこで、表象の進化と恐怖の深化をパラレルに記述していく出発点として、「いまそこにある対象がもたらす、いまそこにある脅威」を怖がるアラコワイキャー体験を取りあげて、**そこに何が足りないのか**を考えることにしたい。

アラコワイキャー体験は恐怖の原型だ。それは、目の前に自分の生存にとって脅威となる何かが現れて、それによって引き起こされ、逃げたり立ち向かったりといった行動を促すものだった。人間だけでなく、さまざまな動物もこの種の恐怖を示す。

名古屋大学の川合伸幸さんたちのグループは、霊長類研究所の実験室で生まれ育ち、ヘビを一度も見たことがないニホンザルに、マムシ（毒がある）とシマヘビ（毒はない）を呈示《ていじ》して反応を分析してみた。その結果、ヘビを初めて見たサルでも、ヘビに恐怖を示すこと、さらには、シマヘビを恐れなかった個体でもマムシには恐怖を示すことがわかった。つまり、毒ヘビと無毒のヘビを区別して恐れている可能性もある。おそらく毒ヘビに対する恐怖は、サルが進化の過程で獲得した生得的なものだろう。ここで恐れられているもの、恐怖の対象になっているものは、自分をいま現に攻撃してくる脅威、すなわち「いまそこにある脅威」だ。

アラコワイキャー体験は恐怖の原型というだけでなく、ホラーの原型でもある。ホラーはまず、強力で凶悪な怪物的な何かによって攻撃を受けることによってもたらされる恐怖を描こうとする。その「何か」はまさに多種多様だ。新しい「何か」を開拓するのがホラーの作り手の腕の見せどころだと言える。

まずは、古典的な意味での怪物がある（吸血鬼、狼男）。前章でのホラーの定義では、怪物はホラーの必要条件でも十分条件でもないとしたが、やはり怪物が登場するホラーは数多い。これをSF方向にひねると、宇宙からの侵略者になる。宗教・オカルト方向にひねりを加えることもでき、そうすると悪魔、悪霊あるいはそれらにとり憑かれた人間ということになる。

実在する動物も、巨大化させたりして危険性を誇張すればホラーの対象になる。一方で、一匹一匹をとるとそれほど恐ろしくない小動物も、たくさん集まると恐怖の対象になる。

ヒッチコックの『鳥』の最も有名な場面は、主人公たちが会話をしている背後に見える公園の遊具に、一羽、一羽とだんだんと鳥が飛来し、気がつくとぎっしりと鳥だらけになっているシーンだ。

現代人にとって最も切実な恐怖の対象となる「怪物」は、病原体だろう。目に見えない病原体を主題にした映画は、古くは宇宙から来た病原体を扱った『アンドロメダ…』、エボラ出血熱にヒントを得ただろう『アウトブレイク』、ウィルスを用いたテロと時間旅行のパラドックスとを巧みに組み合わせ、しかもひどくセンチメンタルという離れ業をやってのけたテリー・ギリアム監督の『12モンキーズ』など、たくさん撮られている。しかし、どうも純然たるホラーにはなりにくいようだ。脅威は「いまそこに」あるのだが、何せ見えないので、アラコワイキャーになりにくいからだろう。

ホラーにするには、病原体の恐怖を可視化する必要がある。手っ取り早いのは、病原体に感染した人が怪物化することだ。こうして、ウィルス感染によって人がゾンビになるというプロットが成立するようになった。デイヴィッド・クローネンバーグのかなり最低の映画『ラビッド』にその原型があると思うが、『バイオハザード』で一般的になり、その後もダニー・ボイルの『28日後』、ブラッド・ピットが主演した『ワールド・ウォーZ』に引き継がれている。

というわけで、見えない病原体をアラコワイキャーの対象にする仕掛けが、感染し凶暴化した人間なのだけど、それはそもそも凶暴な人間がわれわれの最も身近な恐怖の対象だからだ。人が人を襲う話はもちろんホラーの典型例になる。前章ですでに指摘したように、ホラーは、われわれに馴染みの通常世界に、何らかの意味で異常な存在が侵入するというプロットを典型とする。日常世界をそのままに保ちながら、おぞましい存在を登場させようとすれば、一番手っ取り早いのは、**ヘンな人**だ。この類型のホラー作品はそれこそ山のようにあるので、いちいち挙げていたらきりがないのでやめとこう。

このように、ホラーではさまざまな対象が脅威として現れ、登場人物と観客を恐怖させるわけだが、ここまでの段階に現れた怖さはすべて、アラコワイキャー体験の変奏にすぎない。怖いサムシングが目の前に突如現れて、怖さの感じがして、ただちに反撃したり逃げ惑《まど》ったり気を失ったりする。もちろん、ホラーの場合はそこに現れる怖い対象は虚構の存在なので、単純にアラコワイキャーと言うわけにはいかない。虚構をなぜ恐れることができるのかという問題は次章で扱うので、この章では実在と虚構をあえて区別せずに、どちらにせよ「どういうことがらが怖がられているのか」という観点から、恐怖の内容をパターン化してみたい。

アラコワイキャーとオシツオサレツ表象

アラコワイキャー体験で用いられている恐怖の表象はどんなものだろうか。アラコワイキャーの特徴は、アラそこにヘビがいると知覚すると、すぐに逃避（キャー）などの行動が動機づけられてしまうということだ。

恐怖に限らず情動というものは、認識と動機づけの二つの側面をもっている。これはすでに第1章で確認したことだが、アラコワイキャーの場合は、その二つが癒着《ゆちゃく》している。それは、そこで使われている表象が、**事実を表すこととその事実にふさわしい行動を指令することとが分かれていない表象**だからだ。

ルース・ミリカン（Ruth G. Millikan）という哲学者は、こうした原始的で未分化な表象を「**オシツオサレツ表象**」と呼んだ（Millikan 2004）。オシツオサレツ（pushmi-pullyu）というのは、『ドリトル先生』（ヒュー・ロフティング作）に出てくる架空の動物だ。胴体《どうたい》の前と後にそれぞれユニコーンみたいな頭がついている（図5―1）。

オシツオサレツ表象は、恐怖や情動反応に限った話ではない。自然界に広く見られる表象だ。まずは、動物間コミュニケーションで用いられるシグナル。ミツバチのダンスは蜜がどこにあるかを報告すると同時に、他のミツバチにそこに行けと指令している。カエルは、目の前にハエが飛んでくるのを見ると、ある神経状態になる。その神経状態は、そこ

図5−1　オシツオサレツ表象

にハエがいるということを表象すると同時に、舌を伸ばしてそれを捕まえろと指令するオシツオサレツ表象である。「ハエがいますよ」と**外界の状態を記述すること**（**オサレツ**）と、「食べろ」と**指令すること**（**オシツ**）の両方を一つの表象がやっている。そのおかげで、カエルはどんなに満腹でもハエを見ると食べてしまう。オシツオサレツ表象は、**記述面と指令面が未分化な表象**だと言ってよいだろう。

「万物の霊長」であるところの不肖《ふしょう》私も、アラコワイキャーをやっているときには、おそらくオシツオサレツ表象を使っている。その点ではカエルと同じだ。ゴキブリを見るととっさに叩き潰そうとするし、ヘビを見ると立ち止まり、ライオンが駆けよってくるのを見ると逃げようとする（たぶん。これだけはやったことがない。幸いなことに）。

しかし、われわれ人間は、もうちょっとマシな表象を発達させてきた。そして、そのおかげでさらにいろいろなものを恐れるようになった。「いまそこにある脅威」を怖がるためには、最低限オシツオサレツ表象があればよい。出た！ 逃げろ！ というわけだ。けれども、ホラーがわれわれに提供してくれる恐怖の対象、あるいは実生活でわれわれが恐れているさまざまなものは、これらをはるかに超えて多様だ。私は、その典型は「死」の恐怖だと思う。

3　死を恐れるのは実は離れ業

死の恐怖をめぐる誤解

オシツオサレツ表象をもっているだけでは死を恐れることはできない。このように言うと、「えっ、原始的な動物だって死なないように危険を避けるようにできているでしょ。動物も死を恐れると言ってはいけないの⁉」と言いたくなるだろう。たしかに、動物がオシツオサレツ表象を用いて行っている恐怖反応は、おそらくは死の危険を避けるために進化してきたものだろう。脅威に対して鈍感で、無防備に敵に近づいていってしまうような個体は、脅威を適切に怖がって適切な行動のできる個体に比べて生き残りにくいはずだ。だから、恐怖によって死の危険が避けられていると言うのは正しい。

だけど、そこで恐れられている対象は、実は死ではない。たとえば狩人《かりゅうど》だったり、トラだったり、ワシだったりと、死をもたらしそうな個々の具体的な脅威である。自分の死という状態が表象され、恐れられているのではない。このように、死を避けるには、死をもたらしそうな個々の脅威を適切に恐れて対処すれば良いのであって、**死そのものを恐れる必要はない**。動物は、死を避けるために恐怖をもつが、死を恐れているわけではない。死を避けることと死を恐れることは異なる。死を恐れなくても、死をもたらすものを恐れさえすれば、しばらくは死なずに生きていける。逆に死そのものを恐れると、生きにくくなるかもしれない。

われわれは、人はみな死を恐れていると思い込んでいるが、それは大きな間違いだと思う。死を恐れるのは実はとても難しく、抽象的な表象を駆使したかなりの知的努力を要することなのだ。多くの人々が恐れているのは、**死ではなく、死にまつわるさまざまな怖いこと**である。死に至る過程での痛みや苦しみ、もしかしたら地獄に落ちてそこで味わうかもしれない未来永劫《えいごう》続く苦しみ、残されて困窮《こんきゅう》した家族の経験するだろう苦しさ、そういったものを想像して恐れている。これらを「死の恐怖」と間違って呼んでいるだけだ。もちろん、これらを想像するにもかなり高度な表象能力をもつ必要があるので、オシツオサレツ表象しかもたない生きものには、これすらできない。

しかし、こうした苦しみは死ではない。私の死ぬまでの生、死後の生、残された家族の生の中で生じる体験である。これらから区別された、自分がこの世に存在しないこととしての死を恐れることができるためには、もっと高度な表象能力をもつ必要がある。

「死そのもの」はなぜ悪いのか？

いま踏み込みかけている話題は、「死ぬことの何が悪いのか」の問題と関連している。この問題は現在でもさかんに議論されていて、「死の形而上学」のコアにある問題とみなされている。「死の形而上学」って、ちょっとB級ホラーのタイトルにありそうだけど。この問題は、死に至るまでの苦痛などと区別された、**死ぬことそのものは、その死ぬ当人にとってどういう理由で悪（evil）なのだろうか**、という問題だ。

なぜこんなことが議論の的《まと》になるかと言うと、死は死ぬ当人にとってちっとも害悪ではないという議論があるからだ。古くは、古代ギリシア、ヘレニズム時代の哲学者エピクロス（Epikuros, B.C. 341-B.C. 270）によるものがある。エピクロスによれば、ある人が生きている間は、まだ死んでいないので、その人は死の悪さを被《こうむ》ってはいない。そして、その人が死んでしまったら、そもそも善いことや悪いことを経験する主体が消えてなくなる。ということは、死の悪を被る被害者がもはや存在しないということだ。したがって、死ぬことは死ぬ本人にとって害悪ではありえない。……整理するとこうなる。

（1）死ぬ前には死の悪さはまだ生じていない。したがって死の悪さの被害者はいない。
（2）死んだ後には死の悪さを被る人はもう存在しない。
（3）いずれにせよ死の悪さの被害者はいない。
被害者がいないんだから、死は悪くない。

これって、ものすごく常識に反する。繰り返しになるが、ここで問題になっているのは、「**死そのものの悪さ**」だ。死に至るまでの苦痛はわれわれの生の中で起こり、生の質を落とすがゆえに悪い。でも、ここで考えようとしている死の悪さはこうしたものとは区別される。死に対する恐怖を感じたこともなく、痛みも苦痛も感じずにある日ポックリ死んでしまった子どもがいるとする。それでも、この子の死は痛ましいことであり、この子自身にとっても大きな害悪だったとわれわれは思うだろう。

共和政ローマ期の詩人・哲学者であるルクレチウス（Titus Lucretius Carus, B.C. 99頃－B.C. 55）は、このエピクロスの議論を補強するねらいで、自分の誕生に先立つ永遠について思いをめぐらせたからといって心をかき乱される人はいまい。であれば、死とは誕生に先立つ無が死後に反映されたものにすぎないのだから、なぜ死を恐れることがあろうか、と述べた。

反駁の準備――恐れられているのは「状態」ではない

さて、彼らの議論は、死は死ぬ本人にとって害悪ではない、という主張と、われわれには自分の死を恐れる合理的理由はない、という主張の二つを含んでいるように思われる。多くの哲学者は、この常識外れの議論に対して、なんとか反駁《はんばく》しようとしてきた。反駁のために、まずは次のことを確認しておかねばならない。つまり、死が死ぬ本人にとって悪い、と言われているとき、そこで悪いとされているのは、死んでいる（being dead）という状態ではない、ということだ。

生きている間、善いとか悪いとされているものはある「状態」である。原稿の執筆がはかどってどんどん完成に近づいているという状態、幸せな結婚生活が続いているという状態は当人にとって善い状態だろう。一方、病気で苦しんでいる、会社が破産して失業中である、婚活に精出すもいっこうに成果なし、という状態は当人にとって悪い状態だろう。いずれにせよ何らかの状態が善かったり悪かったりするわけだ。

　これに対して、死が当人にとって悪だとしても、そこで忌《い》み嫌われているものは何らかの状態ではない。生きていない状態、存在していない状態……というものが嫌われているのではない。もしそうだったら次のようなことになる。悪い状態は、長く続けば続くほどもっと悪いはずだ、つまり痛みが一〇分続くのに比べると、同じ痛みが二〇分続くほうがより悪い。もし、死の悪さが死んでいる状態のもつ悪さであるならば、シェークスピアのほうがプルーストよりも長く死んでいるわけだから、シェークスピアのほうが気の毒だということになる。しかし、誰もそんなふうに思わない。

ゾンビになった学者はなぜ不幸なのか

　というわけで、要するに死は不幸な状態なのではない。このことを確認したうえで、じゃあ、死のどこが悪いのかという問題に取り組もう。一つの解答の試みとして、現代アメリカの哲学者、トマス・ネーゲル（Thomas Nagel）が考えた「**剥奪《はくだつ》論法**」を紹介しよう（Nagel 1979）。だいたい次のような感じで議論が進む。死の悪さが死んでいるという状態の悪さではないならば、**悪い「状態」ではないが、それでも本人にとっての不幸（悪）と呼べるような例**が他にもあるかどうか探してみよう。そうしたら、その例をモデルにして死の悪さを説明できるのではないか。

ネーゲルが見つけたのは、次のような例だ。

【幼児退行の例】ノーベル賞級の聡明な学者が脳に損傷を受けて、幼児の精神状態に退行してしまったとしよう。彼の欲求はすべて周りの人間によって満たされるし、彼には何の悩みも不安もない。しかし、この状況は周囲の人々にとってだけでなく、当の彼にとっても大きな不幸とみなされるだろう。

私は、次の例をこれにつけ加えよう。

【ゾンビ化の例】ノーベル賞級の聡明な学者が、ゾンビに噛まれてゾンビになってしまったとしよう。彼には何の悩みも不安もない。意識がないからである。しかし、この状況は周りの人々にとってだけでなく、当の彼にとっても大きな不幸とみなされるだろう。

満ち足りた幼児の状態は不幸な状態ではない。彼には何の悩みも苦しみもない。大人がこのような状態に退行してしまったということが不幸なのである。そして、ゾンビの例が示しているのは、そうした不幸は、本人がそれに嫌悪感をもたないとしてもなくなりはしない、ということだ。だから、幼児退行やゾンビ化の悪さは、それを被った当人が不快ないし苦痛に思うかとは関係がない。

では、**幼児退行した大人やゾンビになった学者はどこが不幸なのか**。その答えは、目の前にいる大きな赤ん坊やゾンビではなく、在《あ》りし日の彼と現在の彼とを比べたときに生じる。彼は、幼児退行しなかったなら味わえただろう、さまざまな善きものを奪われたという理由で不幸なのだ。このように、ある人間に起こる善いことや悪いことのうちには、彼の現実の人生と彼のありえた人生との間に、つまり現実と可能だった非現実とのギャップに基づくものもある。

これを死の悪さに適用してみよう。死は、幼児退行やゾンビ化と同様に、**ありえたかもしれない可能性を奪うから忌まわしい**ということになる。要するに、死が悪であるのは、それが望ましいものを奪い去るからだ。八〇歳で死ぬより二〇歳で死ぬことのほうがより不幸なのは、後者がより多くの望ましいものを当人から奪うからであって、けっして八〇歳で死ぬことより二〇歳で死ぬことのほうが苦痛が大きいからではない。つまり、死の悪さは、痛みの悪さや悩みの悪さのようなポジティブな悪さではなくて、ポジティブな善さの不在、という**ネガティブな悪さ**なのである。

剝奪論法のポイント

死は人生の内部において経験できるものではない。人生の中には死はない。しかし、その人生を生きる当人にとって死が悪なのは、苦痛を経験することとは別種の（ネガティブな）善悪の担い手に人間はなれるのだという事実に基づいている。人は、快と苦を感じる能力があるがゆえに、利害をもち、善と悪の担い手になる。しかし、こればかりではない。人は、成就《じょうじゅ》されるかもしれない希望をもつ、あるいは現実化されないさまざまな可能性をもつという理由によっても善と悪の担い手になる。

また、剝奪論法からするとルクレチウスの議論も正しくないということが言える。誕生前も死後もどちらも私が存在しない時間だというのはそのとおりだ。だが、死後の時間は、死が私から奪った時間なのであり、私がもし死ななかったら私が享受できた時間である。これに対し、誕生前の時間は、私の誕生が遅かったために私から奪われた時間なのではない。誕生は生の開始であって、生を奪うことではない。もし私がもっと早く生まれていたら……、それは私ではない。

剝奪論法はエピクロスを打ち破ることができるか

これが剝奪論法の骨子だ。で、これで死の悪の形而上学的問題は片づいたのだろうか。

どうもそう簡単には問屋がおろさないようだ。剝奪論法は、幼児退行と死のアナロジーに基づく議論になっている。しかし、この二つのケースにはある重要な違いがあり、その違いが、剝奪論法のエピクロスの議論への反論としての有効性を蝕《むしば》んでしまう。幼児退行、あるいはゾンビ化の場合、剝奪という悪しきものを被った被害者は**現に存在している**。子どもやゾンビになってしまった学者だ。幼児期に退行した学者が、本人は満ち足りていても不幸なのは、彼が脳の損傷を受けなかったら送っていた善き生を奪われた被害者だからである。ここでは、学者の不幸つまり剝奪を受けている被害者は現に存在している。

しかし、死の場合はどうか。死ぬとは、死ななかったら味わっていただろう生の善さを奪われることだから悪だ、というのが剝奪論法だが、かりにそうだとしても、**その善さを奪われた被害者はいない**（死んだんだから）。死の悪さが剝奪の悪さだとしても、死は同時にその悪さの被害者をも奪い去るので、死の悪さの被害者は相変わらず不在である。被害者がいないんだから、悪くない。

というわけで、剝奪論法はエピクロスの議論を完全に論駁《ろんばく》することはできないんじゃないか、と私は思う。死が当人にとって悪であるかどうかはまだわからないし、死ぬ当人が自分の死を恐れることが合理的かどうかもまだ未決着だ。もしかしたら、われわれは自分の死を、理由もなく恐れているのかもしれない。本当は恐るべきではないことを恐れているのかも。
だとしても、現にわれわれは死を恐れることがある。これは否定できない事実だろう。たいていの場合は、違うことを恐れているのを、死そのものを恐れているのだと勘違いしているにすぎないとしても、死そのものを恐れることはありうる。たとえ合理的でなかったとしても。というわけで、剝奪論法は、そのとき何が恐れられているのかをかなりウマく言い当てているように思う。エピクロスに対する反論としては不十分だけど。

「死への恐怖」が要求する表象能力

そこで、剝奪論法が、われわれが死そのものを恐れたり嫌ったりしているときに、恐れ、嫌悪しているところの内容を言い当てているとしよう。だとしたら、そんなことを恐れることができるのには、**かなりすごい表象能力を必要としそうだ**。

剝奪論法によれば、私が自分の死を恐れているとき、恐れられているのは、死が自分の可能性を奪うことだ。そうすると、私は、（すぐに）死ないなら未来に何を手に入れられそうかということと、近い未来に死んだ場合、それまでに何を手に入れられているかということを比べて、ある種の引き算をすることになる。つまり、**二つの未来の可能性どうしを比較する**、ということをやっている。これは、とても高度な表象操作だ。オシツオサレツ表象しかもたない連中にはとうていできそうにない。

いや、そうではなくて、われわれが自分の死について恐れているのは、自分が消えても世界がなくならないことだという人もいるだろう。ルクレチウスが、だったら生まれる前もそうじゃんよ、何でそんなこと怖がるわけ？　とツッコンだのは、こんなふうにして死を恐れている人たちがいるからだ。

一人称の視点では、自分の死は自分の未来の中にはない。自分の未来がそこで終わる点が死だからだ。そこから先には自分の未来はないので、死は自分の人生の中で起こることではない。自分の死後の世界を思考するためには、三人称的な視点（というより神の視点）に立って世界を捉え、そこに自分を位置づけるということができなくてはならない。だとすると、これもまた高度な表象能力だ。

いずれにせよ、死を恐れるのは簡単なことではない。だから、「死の恐怖は生きものとしての人間に備わった原初的な恐怖だ」という常套句《じょうとうく》は、端的に間違っている。原初的なのは、個体に死をもたらす可能性がある「いまそこにある脅威」に対する恐怖である。自分が死ぬことに対する恐怖ではない。前者なら、原始的な生きものだって怖がることができる。しかし、後者は高度な表象能力をもった存在に特有な恐怖だ。後者を怖がるには相当の知的努力か、さもなければ何らかの認知の歪みが必要だ。つまり、死そのものを恐れるのは、賢い人か、変わった人か、賢くて変わった人に限られる。

では、人間はいかにして自分の死を恐れることができるようになったのだろう。それだけではなく、ホラーは、われわれが「いまそこにある脅威」というパターンに当てはまらないものを怖がることができることを示してくれている。これらのさまざまなものを恐怖できるようになるためには、われわれの表象はどのようなものでなければならないのだろうか。というわけで、ようやく表象の進化について真面目に考えるときがやってきたようだ。

4　表象の進化とホラーの深化①――「オシツ」「オサレツ」が分かれるまで

バクテリアもジガバチくんもなかなかやるね

記述面と指令面が未分化なオシツオサレツ表象は、最も原始的な表象だ。オシツオサレツ表象だけを使っているような生きものを**オシツオサレツ動物**と呼ぶことにしよう。しかし、オシツオサレツ動物だって、かなり「知的」なんだぞ。

第一に、オシツオサレツ動物だって抽象的なことがらを表象できる。たとえば、魚の平《へい》衡《こう》受容器の中にある平衡石《へいこうせき》は、どっちが上でどっちが下かというかなり抽象的な関係を表象している。

第二に、オシツオサレツ動物でも、感覚器から遠く離れたところで成立している事態（遠《えん》位《い》事態という）を表象できる。北極圏に走磁性細菌《そうじせいさいきん》という面白いバクテリアが住んでいる。このバクテリアは酸素が嫌いだ。こいつらは、ごく単純な感覚器官として、体内に小さな磁石《じしゃく》をもっている。北極圏ではその磁石が、地磁気のN極の方向、つまり海の深いほうに引っ張られる。こうして走磁性細菌は、酸素が少ない深海に向かうことができる。

さて、このミニ磁石は何を表象しているのだろう。磁石が示す方向は、その地点でのN極の方向と、より酸素の少ない領域はどこかという二つの情報を担っている（レジスタしている）。これらは、北極圏では法則的に連関しているからだ。しかし、走磁性細菌くんは、磁石をN極に行くためではなく、酸素の少ない領域にたどり着くために使っている。そちらが本来の機能だ。というわけで、磁石が表象しているのは「酸素の少ないところ」になる。これはバクテリアからずいぶん遠いところにある。

第三に、ある刺激を受け取ることでオシツオサレツ表象が形成され、その指令に従って何かをする。何かをすると状況が変化して、それが新しい刺激となって別のオシツオサレツ表象ができて、その指令に従って次のことをする。すると状況が変化して……という連鎖をたどることによって、生きものは相当に知的なことをやってのけることができる。

ジガバチが良い例だ。こいつは獲物（イモムシとか）に出会うまで歩き回る。獲物に出会うと、その知覚は毒針を指す行動を指令する。この行動自体が麻痺《まひ》した獲物を巣の入り口まで運んでいくという行動を指令し、その行動が巣の中に入って見回る行動を指令する。巣の中に問題がないことを知覚すると、それが、再び巣の外に出て獲物を中に引きずり込む行動を促す。ジガバチの行動は生まれながらに備わっている生得的なものだが、もっと気の利いた動物は、この連鎖を生まれたあとに学習することもできる。

オシツオサレツ動物にできないこと

ところが、この賢いジガバチくんは、**オシツオサレツ動物に何ができないか**も示してくれる。ジガバチが巣の中に入って点検している間に、実験者が獲物を巣の入り口から離れたところに動かしてしまう。すると、このハチは、獲物をまた巣の入り口まで運んできて、巣の点検を繰り返す。実験者がまた獲物を移動させると、ハチはもういちど点検を繰り返す。点検は済ませてあるんだから、そのまま運び込めば良さそうなものなのに（図5－2）。

ジガバチは、事実を利用の文脈においてしか表象できない。「巣の中に異状なし」という表象は、オシツオサレツ表象なので、「巣の外に出て獲物を運び込む」という行動を起こさ

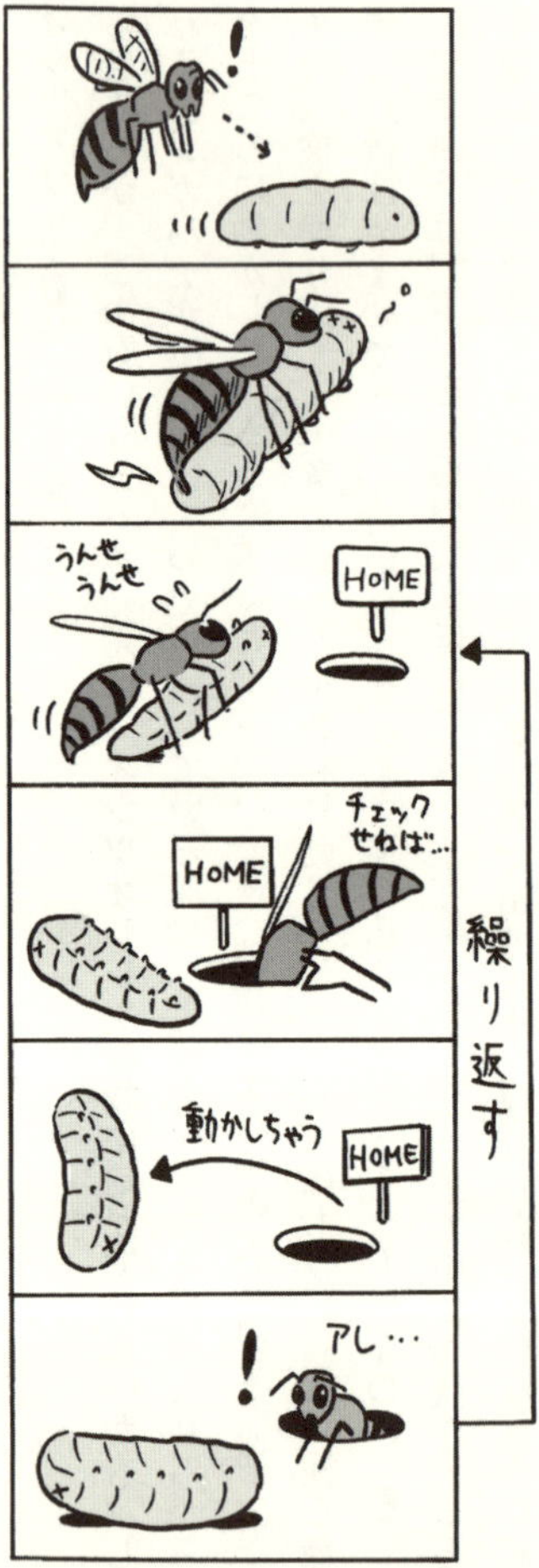

図5–2　ジガバチくんの表象能力

せるためにしか使えないし、形成されたが最後、自動的にその行動を引き起こしてしまう。だから、獲物を再び運んできて巣穴の入り口を見たときに、巣をチェックするという行動が始まってしまい、さっきのチェックで形成した「巣の中には異状なし」表象がかりに残っていたとしても、チェック抜きでそのまま獲物を運び込むという行動のために使うことができないのである。

　つまり、オシツオサレツ動物には、とりあえず使い道のない情報を保持しておいて、いざというとき（対処のための遺伝的プログラムや条件づけによる訓練があらかじめできているわけではないような状況）にそれを使うことができない。彼らにとって、「眼に映るすべてのことはメッセージ（特定の行動のための指令）」なのだ。彼らは、**つねに世界の事態を自分の行動と直接の関係にあるものとしてしか表象できない**。

信念と欲求の独立

われわれ人間もベーシックなつくりはオシツオサレツ動物なのだが、それに留まっていたとしたら大変だ。ホラー映画を上映している映画館で、恐ろしい場面が映ったら、観客全員が悲鳴をあげて映画館から飛び出す、ということになる。幸いなことにわれわれは、認識と行動の間にタメがある。この状況は脅威となる状況だということを認識して恐怖を感じたとしても、ただちに行動に移さないことができる。その間に、さらに情報を集めて、どうするべきかを考えることもできる。

こうしたことができるようになるためには、オシツオサレツ表象の**記述面と指令面が分離独立すること**が必要だ。記述面が独立した表象の典型例は**信念**、指令面が独立した表象の典型例は**欲求**である。信念は環境がどうなっているかを記述する機能しかもたない。欲求は行動を動機づける機能しかもたない。この二つを別々にもつことができると、世界の認識と行動との間にタメができる。見たら即やる！　から脱却できる。

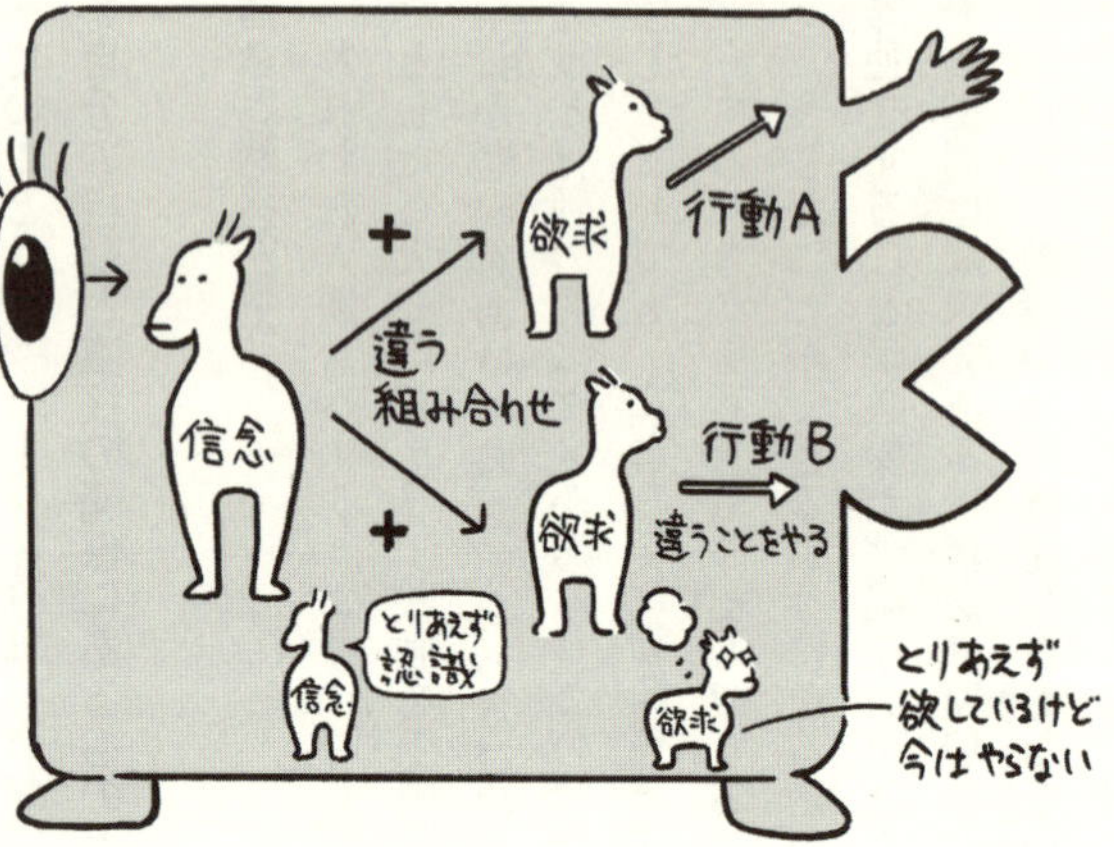

図5–3　オシツとオサレツの独立

それだけではない。オシツオサレツ表象では、認識と行動との関係は一対一だった。これに対して、記述機能だけをもつ信念では、特定の行動に使うということなしに、状況の様子をとりあえず記録しておくことができる。逆に欲求は、望ましい状態をただ欲しておくことができ、実現のための条件が整ったり、実現の仕方がわかったら実行するということができる。これによって、信念と欲求のさまざまな組み合わせに応じて、さまざまな行動ができるようになる（図5―3）。

恐怖のような情動は、われわれが動物と共有する古いシステムであり、おそらくオシツオサレツ表象の一種として始まり、いまもそれを保っていると言える。

しかし、われわれにおいては、それが、**指令面と記述面の独立した表象システム**と結びついている。解剖学的に言えば、原始的な情動回路と前頭葉との連絡が密になる、ということだ。

人間の場合、前頭葉は成長につれて非常に大きくなる。前頭葉は高次の表象システムを使った認知の座だ。こいつと古い情動回路がインターフェイスすることによって、ヒトの情動や恐怖のあり方は、動物のそれと共通点を残しながらも大きく変わることになったと考えられる。

オシツオサレッツ表象から準事実的表象へ

それでは、オシツオサレッツ表象はどのようにして、信念と欲求のようなタメのある表象になることができたのだろう。ミリカンに従って、その過程をたどってみよう。その過程を一言で言うと、**オシツオサレッツ表象がさまざまな仕方でいったん分解し、それが新しい仕方で再結合されていくプロセス**ということになる。

まず第一歩は、既存のオシツオサレッツ表象をいくつかの部品に分けて、それらを再結合して新しいオシツオサレッツ表象をつくり出すことだ。どうしてこれが必要になるかを考えてみよう。次のような仮想のオシツオサレッツ動物がいるとしよう。それは視覚を頼りにネズミを襲い、嗅覚で死にかけのネズミが逃げるのを追跡し、触覚でネズミの頭を見つけ出して飲み込む。これら三つの作業のそれぞれは他の感覚では行えないものとしよう。

この動物は襲え、追え、飲み込めという指令面をもった三つのオシツオサレツ表象をそのつど形成し、それに従って順番に行動する。自分が襲っているものと、追っているものと、飲み込んでいるものが同じものであることはわからない。「視覚：ネズミ出現・襲え」「嗅覚：ネズミ・追え」「触覚：ネズミ頭・飲み込め」を順に形成して、それに指令されて行動しているだけだ。それでも、首尾よくネズミを捕食することはできる。ジガバチくんと同じくらいの賢さだ。

しかし、視覚、嗅覚、触覚を、ネズミを認識するときいつもすべて使えるとしたなら、もっと効率的だろう。見失ったらにおいを頼りにすることもできる、という具合に。そのためには、「とにかくネズミ出現事象」というのではなくて、三つのネズミのオシツオサレツ表象をいったんバラバラにしたうえで組み合わせ、ネズミを「小さくて、紡錘形《ぼうすいけい》で、灰色で、ふさふさしていて、ちょろちょろ動いて、チューチューいって、臭い……モノ」といったように認識できるようになるとよい。このうち「モノ」の部分が**対象**、「小さくて」から続く部分が**属性**と呼ばれる。

そうすることで、同じネズミ表象を使って、襲い、追跡し、飲み込むことができるようになる。この架空の動物は三通りの感覚のどれで知覚したものも「同じ対象」であること、自分が襲って、追って、飲み込んでいるのが同じ対象だということがわかっている。

とはいえ、これらの表象は、再結合されて特定の行動（襲う・追跡・飲み込む）のための新たなオシツオサレツ表象をつくるためだけに用いられている。だから、この表象はまだ完全に実践的用途から切り離されていないし、事実を表すのが専門の純粋な記述専用表象というわけではない。同じ表象をいくつかの行動（襲撃、追跡、嚥下《えんげ》）のために使えるようになることと、どんな行動からもとりあえず分離された純粋な事実を知覚する能力とはまだ異なる。そこで、ここで手に入った対象の表象を「**準事実的表象**」と呼んでおこう。

怪物を表象する能力のルーツ

しかしながら、このように表象を対象と属性の束《たば》に分離したり、対象をいくつかの部分に分けて表象したりすることができるのは、人間的な表象へのかなり大きなステップだ。このように、オシツオサレツ表象を大きさ、形、色、肌理《きめ》、運動、音、におい、堅さ、重さなどの性質に分けたり、ネズミの頭、胴体、尻尾というように部分に分けたりして表象できるようになると、それらの部分的表象を新しい組み合わせにして用いることができるようになるからだ。大きくて菱形《ひしがた》で灰色で動かないモノとか、小さくて星形で黄色でふさふさしているモノの認識も、同じ表象たちを使ってできるようになる。

そして、この分解と再構成の能力が、怪物を表象する人間の能力のルーツになっている。怪物はフランケンシュタインやレプリカントのように、まずはいろんな生きもののいろんなパーツの寄せ集めだからだ。伊藤潤二の『ファッションモデル』には、身長二メートルもあろうかという女性モデルが登場するが、彼女の歯はなぜかサメの歯なのである。そして文字通り人を食う。なのに、社会から抹殺《まっさつ》されることもなく、モデルを続けている。まさに作者の意図不明。こうして伊藤潤二は、人間の女性にサメの歯を組み合わせることで、ある種の怪物を創造したわけだが、この怪物創造のプロセスは要するに再構成のプロセスだ（図5―4）。

ということは、その前に分解のプロセスがあるわけだ。これもまた大いにホラーに関係する。サメは恐怖の対象だ。サメが出現したら逃げなければならない。しかし、サメ表象を分解することができれば、サメのとくに怖い部分だけを怖がることも可能になる。それがたとえば歯だ。分解されないオシツオサレツ表象を使っている限り、「サメ出現状況」の全体をパートに分けることができないまま恐れるしかないのに対し、サメの一部分でサメの恐怖を代理することが可能になる。

こうして、サメのパーツのうちで最もおぞましい何重にも生えた歯の部分を、モデルに

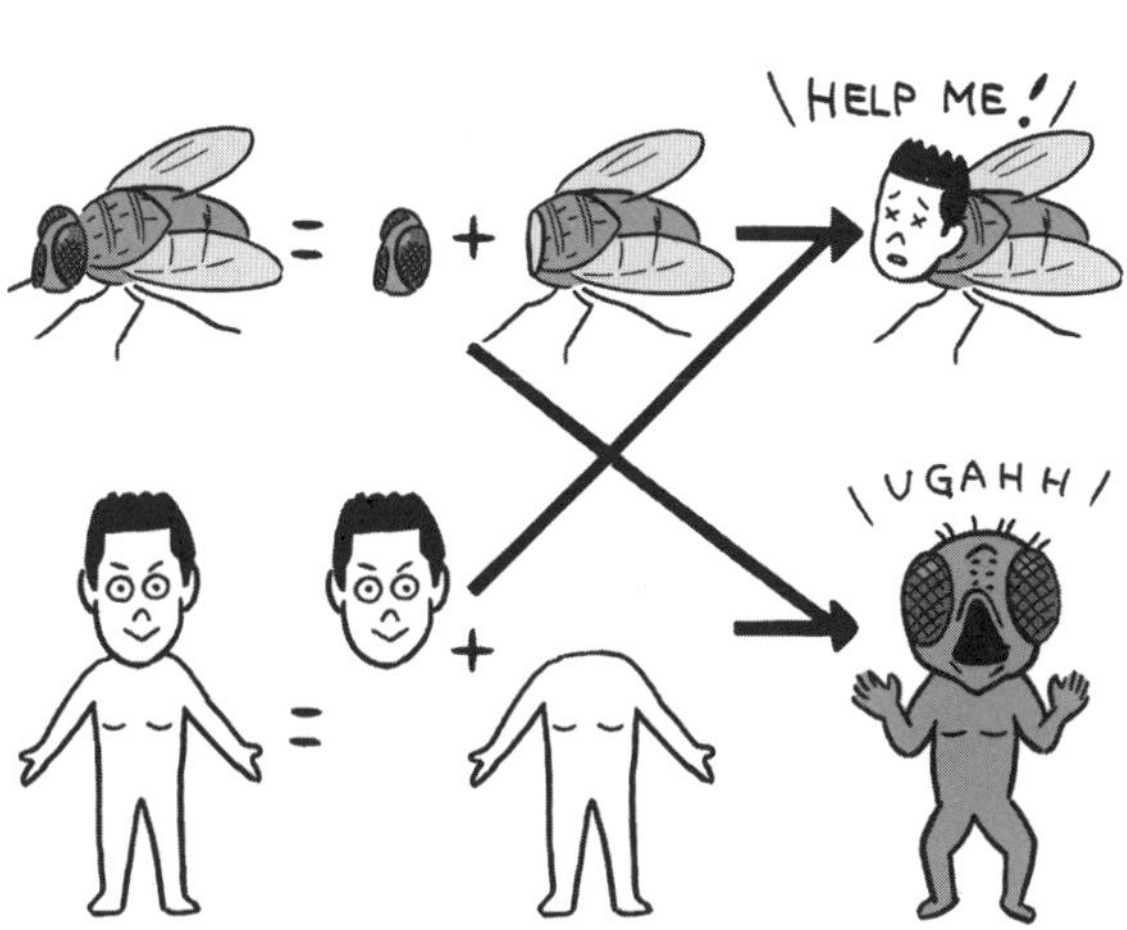

図5–4　分解・再構成による怪物創造のプロセス

移植することができるようになる。それと同時に、部分に恐ろしさを凝縮し代表させることもできるようになる。ホラーはそれを巧みに利用する。『エルム街の悪夢』の夢魔フレディ・クルーガーは右手の五本の指が金属製の鋭い爪《つめ》というかナイフになっている。これが、フレディの恐ろしい「部分」だ。そうすると、この部分がフレディを表象（代理）するようになる。「夢魔」というとおり、こいつは眠っている人の夢に登場する殺人鬼だが、主人公のナンシーがバスタブに浸《つ》かりながら、ついうたた寝してしまうと、お湯の中から、フレディの右手が現れてくる。

ネズミはいかに未来を予知するか

ミリカンによれば、対象の表象以外に、準事実的表象にはあと二種類ある。**自分の住む縄張りの空間的配置と時間的配置に関する表象**だ。まずは空間のほうから説明しよう。

対象の準事実的表象を獲得するには、動き回ることが重要だ。対象の周りを動き回っていろいろな視点から見ることで、自分の動きに伴って変化する側面と変わらない側面とを切り離し、その時々に与えられるある視点からの対象の形とは独立した、「**対象の全体の形**」を表象できる。

これは対象を外から眺めているときの話だが、自分が縄張りの中にいるときも、縄張り全体に対して同じことができる。リスを例に挙げよう。縄張り内を動き回って探索した結果、リスは自分が住んでいる樹木についてのマップ（これも表象）を形成する。それによって、リスは、イヌに追われて逃げるときに、木の形をもう一度再確認したりしないでいきなり幹を登り始めることができる。そして同じマップを、食べ物を見つける、食べ物を隠すなど、逃げることとは別の行動を生み出すためにも使う。このとき用いられているマップは、準事実的表象だ。

同じことが、空間ではなく時間にも当てはまる。自分の身の回りでは、かくかくのことが起こると次にしかじかのことが起こりやすいという具合に、事象を、時間的前後関係に沿って並べたパターンが、縄張りのマップに対応する。

ブザーに続き電気ショックを与えてネズミを条件づけるとどうなるか。ネズミはショックを与えられたときには飛び上がり心臓の鼓動が速くなる。これに対して、ブザーの音だけを聞くときは縮《ちぢ》こまり鼓動は遅くなる。だとすると、単に条件刺激（ブザーの音）が無条件刺激（電気ショック）に取って代わるようになったので、ブザーの音だけで電気ショックを受けたときと同じ反応を示すようになった、というわけではなさそうだ。ネズミはある意味で結果を予期して、それに備えている。もしかして予期した結果を恐れているとさえ言ってよいかも。このとき、ネズミが学んだのは、「ブザーのあとにはショックが来るよ」という時間的パターンだと考えたほうがよい。

これによって、**動物でもある程度の未来の先取りが可能になる**。未来についての表象を「いまここ」での行動の産出に使う。つまり、やってくるはずの出来事を利用したり避けたり、その被害を最小限にしたりするための準備、こういう目下の行為への導きとして使うことができるようになる。未来の出来事の表象はオシツオサレツ表象の指令面として働く。たしかにこれは、遠い未来を想像して計画を立てるというのとはちょっと違うけども。

京都大学野生動物研究センターの平田聡さんは、ボノボ六個体とチンパンジー六個体を対象に次のような実験を行った。まず、彼らの興味を引きそうな動画を一回見せる。その

図5–5　チンパンくんたちの「出るぞ出るぞ」

動画では、コスチュームを着て類人猿に扮した人間が左右どちらかのドアから飛び出してくる。これには彼らも驚く。次の日に、彼らの視線をアイ・トラッキング装置を用いて記録しながら、同じ動画をもう一回見せる。その結果、彼らは、ニセ類人猿が飛び出してくる前に、その飛び出してくるドアのあたりを予測的に見ていることがわかった。出るぞ出るぞ、というわけだ（図5–5）。

平田さんたちは、これを、ヒト以外の動物が一度見た出来事に対して長期記憶（エピソード記憶）を形成できるかどうかを確かめるための実験として行っているが、もう一つ面白いことを明らかにしているように思う。ヒト以外の類人猿でも、過去の時間的順序を学習することで、未来に備えることができるということだ。ボノボとチンパンジーはさすが賢いので、ネズミのような条件づけによらず、一回見ただけでパターンを覚えた。

これにより、恐怖反応の先取りができるようになる。

つまり、**「前触れ」を恐れることができるようになる**。藪《やぶ》がガサゴソと音を立てたら、猛獣が飛び出してくるかもしれない。ガサゴソを恐れることができるという具合だ。平成版の『ガメラ』で見事だと思ったのは、中山忍演じる鳥類学者が、姫神島で住民を全滅させた怪鳥（ギャオスね）を発見する場面だ。やかましいくらいの蟬《せみ》しぐれが止まり、一瞬静まり返る。次の瞬間、頭上をとんでもない大きさの怪鳥が飛んでいく。静まり返ったときの登場人物一同の不安な表情が素晴らしい。

推論・シミュレーションに必要な表象能力

オシツオサレッツ動物もだいぶ賢くなってきた。しかし、このような動物は、当面使うつもりのない事実やそもそも使い道のわからない事実を表象して、大量に溜《た》め込むことができる私たち人間のような動物とはまだ異なる。このような人間的な表象を「**純粋な事実の表象**」と呼んでおこう。純粋な事実の表象は、準事実的表象のように「いくつもの用途をもつ」のではなく、そもそもいかなる特定の用途ももたない。条件づけ、刷り込みなどによって学習できることがらは、その動物の特定の目的に密接に結びついたものに限られている。これに対し、多様な目的と結びつくのをただ待っている信念や、実現手段に関するいかなる信念ともあらかじめ結びついていない目的を、われわれはもつことができる。

このような、記述面に特化した表象（純粋な事実の表象、典型的には信念）と指令面に特化した表象（つまり、欲求・目的）の**完全な分化**のためには、あと何が必要なのだろうか。しかし、この話をちゃんとやろうとすると、別に本を一冊書かないといけない。詳しいことを知りたい読者には、拙著『哲学入門』の「表象」の章を読んでもらうことにして（こっちも分厚いよ）、ここでは、記述面だけを担当する表象（信念）の分離について見ておくことにしよう。

　まずは、そういう記述専用の表象をもつことの意義は何か。こういう表象をもつと、どういう良いことがあるのだろう。一言で言えば、**実際にやってみる前にシミュレーションができるようになる**。心の中に、ありうる環境の表象と、自分が採ることのできる多数の選択肢の表象をつくり出し、やってみる前に、それを心の中でテストすることができる。これが、個体レベルでの問題解決において有利なのは言うまでもないだろう。何ごとも試行錯誤だってんで、いきなり行動してしまうと、ヘタすると死んでしまう。われわれは、事前に心の中で試してみて、これはやったらダメそうだと知ることができる。

　だとすると、シミュレーションには、オシツオサレツ表象は向かない。表象を抱いたらすぐに行動が産出されてしまうようでは、シミュレーションはできない。しかし、シミュレーションだってある種のテストなのだから、「実際にやってみる」以外の仕方で正しさを確かめることのできる表象でなくてはならない。それが可能なためにはどんな表象でなければならないか。

ミリカンの答えは、「主語と述語に分かれていて、否定形をつくることができるような表象」だ。やってみる前に頭の中だけで正しさがわかるテストの方法、それは、表象どうしにつじつまが合っているかどうかによるしかないだろう。主語・述語に分かれ、述語を否定することのできる表象になってはじめて、表象どうしが矛盾するということがありうる。

たとえばミツバチは蜜がないことを語る方法をもたない。ミツバチのダンスは否定変形を受けないため、互いに不整合になることがありえない。蜜が異なる位置にあることを示す二つのダンスは互いに矛盾しない。これに対し、「蜜が北東一〇〇メートル地点に存在する」と「蜜が北東一〇〇メートル地点に存在しない」といった、主語述語文とその否定形は両立不可能で、しかもそれが形の上に現れている。これなら、表象どうしのつじつまが合っているとか合っていないということが意味をなす。というわけで、やってみる前に表象体系の中だけでチェックする、つまりシミュレーションができる心に宿る表象は、文に似た構造をもつ必要がある。

否定変形を受け入れる表象をもつようになると、あるはずのものがないといった事態を表象できるようになる。**こうして、われわれは脅威の現前や脅威の予感・前兆だけでなく、**

脅威の不在すら恐れることができるようになる。あるはずの死体がなくなっている、とかね（『ハロウィン』）。魔女伝説のドキュメンタリーを撮影しに森に入っていき、失踪した三人の若者が残したフィルムという設定の『ブレア・ウィッチ・プロジェクト』では、若者たちを何かが襲うのだが、襲われている間は映画撮影どころではないので、最初から最後までその「何か」はけっして画面に映らない。観客は脅威の不在を観続けることになる。

5　表象の進化とホラーの深化②――「推論する力」と「他人の心を理解する力」

オシツオサレッツ表象の記述面と指令面が、純粋な事実の表象と目的状態表象のそれぞれに分離することで、われわれは、推論というシミュレーションをすることができるようになる。ここでようやく、知覚入力と行動出力とが直結しない「タメ」のある生きものになった。この推論というシミュレーションがもたらしたものは他にもさまざまある。代表的なものは、**目的手段推論と他者の心の理解**だ。順に考察しよう。

目的手段推論の四つの特徴

目的手段推論とは、目的とする状態の表象（欲求表象）と、純粋事実表象（信念表象）とを組み合わせて、目的に適《かな》った行動を生み出すシステムのことである。『ハロウィン』で犯人のマイケル・マイヤーズに追われるヒロインは、部屋に逃げ込むと、わざわざベランダに通じるドアを開け放ってから、ワードローブの中に隠れる。彼女がここで行ったのが目的手段推論だ。マイケルを家の外に誘い出したいというのが目的で、ベランダに通じるドアが開いていれば自分がベランダから逃げたと思うだろう、というのが信念表象。これらから、ベランダのドアを開けよう（手段）という結論を導き出す推論である。

デイヴィッド・パピノー（David Papineau）という哲学者は、人間の行う本格的な目的手段推論は以下の特徴を備えているとしている（Papineau 2003）。

（1）純粋事実表象として普遍的情報の表象も用いられる
（2）その普遍的表象は他の普遍的表象と結びついて新たな普遍的表象を生み出す
（3）事実的表象は自己中心的表象ではなく客観的表象である
（4）内容特定的ではない

（1）の「普遍的情報の表象」というのは「Aは一般にBである」とか「すべてのAはBをもたらす」という形の表象のことだ。単純な生きものは特定の池、特定の蜜のありか、特定のライオンの出現のオシツオサレツ表象をもつことができ、それに促されて行動する。しかし、このことと、およそ池なるものには水があるとか、いかなるライオンも危険だということを表象できることは違う。

このように言うと、単純な生きものだって、ライオンに出会うたびに逃げるのであれば、普遍的表象をもっていると言ってよいのでは、とツッコまれそうだ。このツッコミを回避するために（2）がある。この単純な生きものはせいぜい普遍的表象を暗黙裡に使っているにすぎないけど、私たちの目的手段推論では普遍的表象を明示的に使っている。つまり、「谷にはたいてい池がある」と「すべての池には水がある」から「谷にはたいてい水がある」を引き出すといったように、普遍的表象そのものを操作して新たな普遍的表象を生み出すことがわれわれにはできるが、おそらく単純な生きものにはこれができない。

シリアルキラーは自己中心的表象がお好き

（3）の「自己中心的表象」と「客観的表象」の違いを理解するには、空間的表象、つまりマップを例にとるとわかりやすい。自己中心的マップは、自分の視点から空間を表象する。自分の右にジョッキがあり、左におつまみがある。正面遠くにテレビの画面があるといった具合だ。第9章で述べるように、意識というものは自己中心的表象の一種だと考え

図5–6　主観的カメラ

られる。これが映画に取り入れられると、「**主観的カメラ**（Subjective Camera）」と呼ばれる一人称的なカメラワークになる（図5–6）。

これは、一九四〇年代に探偵ものがハリウッドのドル箱になってきた頃、原作の探偵小説（レイモンド・チャンドラーとか）の一人称の語り口を映画に取り入れるために多用されるようになった。このカメラワークの忠実な後継者がホラー映画だ。もちろん『サイコ』は有名だし、『ハロウィン』の冒頭で幼い頃のマイケルが自分の姉を殺す場面もそうだ。まさにハロウィンの時期なので、マイケルはハロウィンの仮面をつけており、そのためご丁寧にこの場面はわざと視野が狭くなっている。

『13日の金曜日』シリーズでもやたらとこのカメラワークが使われる。何せ便利だから。主観的カメラワークによる画面は、誰かの視点からの自己中心的表象である。つまり、そこに誰かがいる。その誰かはたいていの場合、犯人だよね。でもその画面には犯人は映らない。自己中心的表象の中には、「自己」は表象されない。だからこそ犯人の正体は明らかにしないままで、そこに犯人が来ていることだけを告げ知らせることができる。

『13日の金曜日PART2』では、主観的カメラが悪用?される。森の中で短パン姿の女子大生が散歩している。それがまた、えらくピチピチギャル（オヤジ臭くてすまん）で、カメラは彼女のお尻のあたりをずっとつけまわす。で、主観的カメラだから、森の中に潜んで彼女をねらっている犯人の視点だろうと観客は思ってドキドキする。そんなに無防備に森の中に入っていくと殺されちゃうぞ。すると、カメラが切り替わる。仲間の男子学生の一人が、藪に潜んでおもちゃのパチンコで彼女のお尻にねらいをつけていた、というオチだ。

死の恐怖は「主観と客観の往復」から

これに対し、客観的マップは、まさに地図のような空間表象で、その中に自分のいるところが位置づけられている。つまり、**マップの中に自分が表象されている**わけだ。

「自己中心的表象」と「客観的表象」の区別は、この二種類のマップの違いを一般化したものだ。たとえば、自分がすることの原因・結果だけでなく、自分の行動とは無関係なことがらについても因果的順序関係を表象し、客観的な因果空間を構成して、自分の行動をその中のヒトコマとして位置づけられるなら、因果について客観的表象をもっていることになる。本格的な目的手段推論を行うためには、客観的表象があることが重要だ。

　そして、自分の死を表象できるようになるためにも、客観的表象が重要だ。自己中心的表象の中には自分はいない。だから、自分の死は自己中心的表象の中では起こらない。**自分の死は自己中心的表象そのものがなくなることだから**。雑な言い方をすれば、自分の死は世界がなくなることだ。でも、客観的表象の中では自分の死を想像することはできる。客観的マップの中で一つの輝点《きてん》が消えることにすぎない。自己中心的表象では世界全体がなくなるというとんでもないことが、客観的表象の中では、永続する世界の中で一つのアイテムが消えるというごく平凡なことになる。

　このギャップのうちに、自分の死の怖さがある。自分の死を怖がるということは、自己中心的表象と客観的表象の二つをもつだけでなく、その両者を行き来しながら思考できる能力を必要とする。そういう意味では、かなり高度な思考能力を必要とするのだが、その材料となる自己中心的表象も、客観的表象も、すでにわれわれは進化の初期からもっていたのである。

密室の恐怖

（4）が要求しているのは、特定の場面や行動についてだけ目的手段推論ができるのではいけない、ということだ。私は、同じ目的手段推論の能力を使って、最短時間で自宅に帰る経路も、キッチンを片づけながら複数の料理を同時につくるためのダンドリも、どうやって殺人鬼の目を欺《あざむ》いて逃げ出すかも考えることができる。このように、さまざまな用途に応用できなくてはいけない。

目的手段推論により、われわれはすぐには果たされることのない目的を心に抱いて、それに導かれながら複数の行動を選択し、組み合わせることができるようになる。しかし、このことは裏を返せば、やってみる前から目的が果たせそうもないことがわかるということでもある。つまり、**われわれは目的手段推論が可能になったからこそ、絶望するということができるようになった**。そして、その**絶望的な結論自体を恐れることもできるようになった**のである。

ホラーでは、絶望的状況の典型は**逃げ道のなさ**として表象される。『悪魔のいけにえ』では、チェンソーをもって迫ってくるレザーフェイス自体も、そりゃ十分に怖いのだが、私を飯田橋のお堀端《ほりばた》で嘔吐させるまで怖がらせたのは、最後まで生き残った学生が何度逃げても引き戻されるところだ。テキサスの片田舎にある壊れかけた不気味な家にレザーフェイスは住んでいる。そこに迷い込んだ被害者が、家の汚さと薄気味悪さに怯《おび》えていると、いきなり鋼鉄製の引き戸が開いてレザーフェイスが現れ、あっという間に被害者を中に引きずり込む。そのときの扉の閉め方がきわめてスピーディかつ乱暴だ。すすけた木造のボロ屋に似つかわしくない、そこだけ鋼鉄製の銀色に光る扉が、バシャーンと大きな音を立てて閉まる。ここは出口のない密室だよ、とわれわれに教えてくれる。果たして、扉の内側はレザーフェイスが殺人を思うさま楽しむための拷問部屋だった。

女子学生はこの密室から逃げ出す。外に出ると、そこは薄暗くジメジメした密室とは対照的に、陽光の降り注ぐ開かれた空間だ。しかし、彼女はその開かれた空間の中で、レザーフェイスの家族たちに捕まり、連れ戻される。外に出られた、と思ったが、そこは外ではなかったのだ。こうして、一見開かれた空間に見えるテキサスの田舎の風景が、もう一つの密室になる。ここからも出口はない。こうして彼女も観客も絶望することになる。

田舎は、広大な大地、広い空があっても、ある種の密室だ。誰もそこから出て行こうとしない限りにおいて。ホラーじゃないけど、『ニューシネマパラダイス』には印象的な台詞《せりふ》がある。シチリアの片田舎が舞台だ。もと映写技師の老人が自分を慕《した》う若者のトトにこう語りかける。「村を出ろ。ここは邪悪の土地（terra maligna）だ。ここにいると自分が世界の中心だと感じる。何もかも不変だと感じる」。田舎ホラーは、田舎のもつ密室性を巧みに利用し、出口なしの絶望的状況を描く。

「シミュレーション理論」と「心の理論」

純粋な事実の表象と目的状態表象の分離がもたらした第二のものとして、**他者の心の理解**を取りあげよう。ここで、「他者の心の理解」で意味しているのは、他者の心の中で起きていることを自分も体験するとか、他者の感情に同化するといったことではない。たとえば、締め切りを過ぎても何の連絡もしなかったので、編集者は焦《あせ》っているだろう。そろそろサイソクのメールが来るな、といったように、他者の心の中を推測することで、その人がどのような行動をするかを予測したり、説明したりすることを指す。

このように、われわれは、他人の行動をその人の信念と欲求から説明し、逆に信念と欲求から行動を予測するということを日常的に行っている。予測に使われた場合、これは、与えられた状況下で他者がどのように行動するかを事前に推測し、その行動に自分はどう対処するかを選択しようとしているわけで、これも、ある種のシミュレーションとみなすことができる。

問題は、こうした他者の心の理解をわれわれはどのようにして行っているかということだ。その説明としては、言葉づかいが紛らわしくなって申し訳ないが、「**シミュレーション理論**」と「**心の理論**」と呼ばれる二つの考え方がある（厳密に言うと、ここで「心の理論」と呼んでいるものは、われわれは「心の理論」を使って他者の心を理解しているという理論なので、「心の理論理論」と呼んだほうがいいのだが、いやでしょ、こんな名前）。

シミュレーション理論によれば、他人の心を理解するとき、われわれは自分自身の意思決定システム（目的手段推論はその一部）をシミュレーターとして使う。つまり、ふだんは自分の行動の産出に使っている意思決定システムを、行動産出のところだけ切り離して、**いわばオフラインで使う**。どういうことかというと、他者がもっているはずの欲求と信念の表象を、自分自身の意思決定システムに入力して、行動の命令が出るところまで計算させるというわけだ。最後までやってしまうと、自分がその他者に代わって行動してしまうというヘンなことになるから、あくまでも行動の産出までは行かないようにする。

こうして、他人の意思決定を自分の意思決定システムをオフラインで使ってシミュレートすることで、他人の行動を予測しているのではないか。これがシミュレーション理論だ。

一方、心の理論によれば、私たちは他人の心を理解し行動を推測するための理論のようなものをもっていて、その理論を当てはめて他者の心をシミュレートしている。その理論

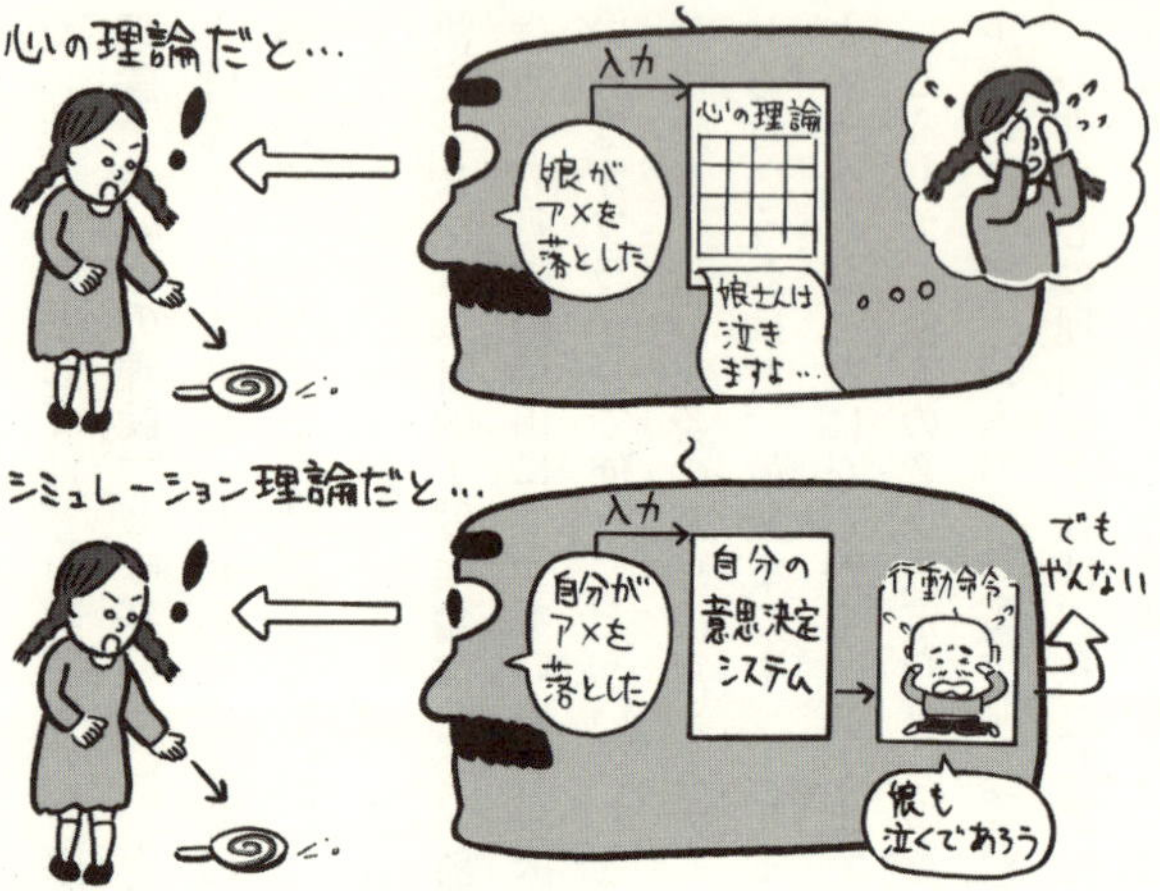

図5–7　シミュレーション理論と心の理論

は、こんな信念とこんな欲求をもっている人はたいていこんなことをするもんだ、という普遍的命題の集まりだ。私たちは、他人に信念と欲求を帰属させ、それを心の理論の普遍的命題に代入し、その人が何をするかを予測する。あるいは逆にそうした普遍命題を利用して、なぜ他人がしかじかの行為をしたのかを推測する（図5–7）。

意図不明なヤツがもっともコワイ

どちらの理論が正しいにせよ、重要なのは次のことだ。シミュレーション理論によれば、われわれは他者を「**自分とおおむね同じように意思決定する者**」として理解する。心の理論によれば、われわれは他者を**「たいていの人と同じように意思決定する者」**として理解する。いずれにせよ、他者の心の理解とは、**他者を自分か多数派と同様な「ノーマル」な者として理解すること**を含んでいる。

そうすると、こうした「他者の心の理解」の通用しない存在は、われわれにとって潜在的な脅威になる。その存在が何をするのか予想できないし、したがってどう対処するかをあらかじめ推論しておくこともできないからだ。復讐の意図をもって襲ってくる殺人鬼も怖いが、何をしたいのかさっぱりわからない奴はもっと怖い。かくして、他者の心のシミュレーションが可能になったわれわれは、かえって理解不能な存在、意図不明な存在を「怖いもののリスト」に追加することになる。

『エイリアン』に描かれた出来事より以前の話を描いた続編（prequel）である『プロメテウス』には、われわれ人間を自分に似せて創造しておきながら、なぜか人類を全滅させようとする謎の宇宙人が登場する。こいつらが、実に何を考えているのかわからない。なぜわれわれを創ったのかも、消し去ろうとしたのかも最後までわからない。おまけになんだか凶暴だ。

わからなくてもしょうがないよね、われわれにとっては神（理解を絶する存在）なんだから。主人公の科学者は、この宇宙人がなぜわれわれを創ったのか、創っておきながらなぜ破壊しようとするのかを追及しようとする。あれれ、これって『フランケンシュタイン』の怪物やレプリカントの役割ではないですか。より上位の創造者を置くことで、怪物と科学者の役割が反転する、面白い設定だ。

6　表象の進化とホラーの深化③——自己同一性喪失という恐怖

自己同一性喪失は死と同じ

ここまでたどってきたような表象の高度化のおかげで、われわれは最終的に、死をもたらす脅威とは区別された、自分の死そのものを恐れることができる存在にまで到達した。本当に、われわれが死そのものを恐れているのかはよくわからない。「死にまつわる何か」に対する恐怖を、死の恐怖と取り違えている可能性は大いにありうる。しかし、その恐怖を「死の恐怖」として表象しているのは確かだ。

そこで恐れられているのは、自分が存在しなくなることだ。この「自分が存在しなくなること」というのは、客観的表象をもって初めて表象可能になる。したがって、ある意味で抽象的なレベルで捉えられるべきものだ。それは、苦しんだ挙句《あげく》に息絶えて、屍体になり、それがだんだんと腐敗していく、ということではない。それはすべて死にまつわるいやなことなのであって、死そのもののいやなところではない（それがあるとして）。

死とは自分が存在しなくなることだとする。ということは、自分が自分でなくなってしまうならば、身体は存続していても、それは私にとっては死だ、ということになる。かくして、われわれは自分が自分でなくなること、つまり**自己同一性の喪失**も恐れることができるようになる。

自分が自分でなくなる系ホラーは多い。その「なくなり方」はさまざまだ。たとえば、何かに自分が乗っ取られる（『SF／ボディ・スナッチャー』とか）。『エクソシスト』の怖さは何重にも入り組んでいる。端的に、悪魔がとり憑いて形相《ぎょうそう》の変わってしまった少女の造形は怖い。首が一八〇度回ったり、声が何重にも重なって聞こえてきたり、空中に浮かんだり、緑色の吐瀉物《としゃぶつ》を吐きかけられたりしたらそりゃ怖いし嫌だ。キリスト教信仰をもつ人には、映画全体に横溢《おういつ》する瀆神《とくしん》的な要素が、怒りと嫌悪と恐怖を同時にもたらす。

しかし、悪魔にとり憑かれることにより徐々に自分が失われていくという、より高次の恐怖が描かれているということを忘れてはいけない。これは死の恐怖にきわめて近いものだ。『エクソシスト』で印象的な場面は、すっかり悪魔と化してしまったかに見える少女が、皮膚に「助けて（Help me）」という形の発疹《はっしん》を浮かびあがらせることで、内部では悪魔による乗っ取りに少女が抵抗していることが示されるところだ。

自分が自分でなくなるもう一つの「方法」は、人格を改造されることだ。テリー・ギリアム監督『未来世紀ブラジル』の舞台は、近未来の全体主義国家だ。徹底した情報管理に嫌気がさした主人公の役人は、国家によって拷問にあい、強制的に人格改造手術をほどこされてしまう。彼は夢の世界に行ってしまって、そこで憧《あこが》れの女性と幸せに暮らしているという夢想とともに生きるのだが、それは幻だ。彼はすでに廃人にされている。

自己喪失の悲しさ

楳図かずおのマンガ『半魚人』を私は小学校低学年のときに読んだ。主人公の次郎には兄がいる。この「にいさん」が、だんだん半魚人になっていく。これは温暖化による海面上昇に適応した現象として説明されている。怖いのは、すっかり狂気にとり憑かれたにいさんが、次郎の友達の健一を監禁して、健一の肉体を魚のように改造しようとする場面だ。ナイフ一本を唯一の道具にした残酷な描写が続く。

しかし、最も私を戦慄《せんりつ》させ嫌悪させたのは、次郎によって助け出された健一の心がもはや人間のものではなくなっていたという点だった。そして、今度は逆に、変化した心が健一の肉体を完全な半魚人に変えてしまう。「そうか、半魚人だと思う心が体まで変えてしまったんだな」と次郎は思う。

この作品が、自分が自分でなくなることは、恐ろしく、悲しく、そしてちょっと甘美なことだ、ということを最初に私に教えてくれたのは確かだ。すっかり半魚人に変身して海に去ろうとする健一を引きとめようとして、次郎はハモニカで健一のお気に入りだった荒城の月を奏《かな》でる。波間から健一が一瞬振り返るが、くるりと向きを変えて海中に消えていく。

われわれの基本はお掃除ロボットだ

というわけで、われわれは徐々に表象能力を進化させてきた。これまで表象できなかったことがらが表象できるようになるにつれ、新たなものを恐れることができるようになる。皮肉なことに、**賢くなればなるほど、世界は怖いもので満ちていく**、というわけだ。

でも、次のことが重要だ。何を恐れるかは次第に豊かになっていくわけだけど、何を恐れるにせよ、恐れるときに使っている恐怖産出システムは、オシツオサレツ表象を使ってアラコワイキャーをやっていたときから使い続けている、原初的なシステムだ。われわれは古くから引き継いだ皮質下のシステムを使い続けながら、そこに新しく獲得した表象を入力することで、多彩なことを怖がることができるようになってきたのである。

私も読者のみなさんも、基本はオシツオサレツ動物だ。次のように表現してもよい。掃《そう》除《じ》機《き》ロボットはいま、さまざまなモデルが開発されているが、基本的な動きとして、ゴミを吸い取りながら部屋をさまよう。さまよいながら、障害物にぶつかると方向転換をする。言ってみれば、オシツオサレツ表象を使っている。障害物にぶつかったという表象は方向を変えろという指令でもあるからだ。このロボットは部屋のマップをもっているわけではない。自己中心的表象すらもたない。目的手段推論もしない。だから、部屋全体を最短時間で掃除するにはどのようにしたらよいかと計画を練ったりできない。にもかかわらず、こんなしょぼい表象を使いながらも、いつの間にか部屋全体をキレイにしてくれる。われわれの基本的なつくりは掃除機ロボットと大差ない。

ただし、われわれは進化の歴史の中で、そして途中からは文化からの学習によって、さまざまな表象システムをあとからアドオンしてきた。つまり、われわれはロボットなのだが、たくさんのプラグインモジュールをあとからつけ加えられたロボットなのである。

これらのあとからつけ加わったシステムと、初期から備わっていたシステムは、だいたいうまく協調してくれているけど、いつもというわけにはいかない。ときには、上位の表象が下位のシステムに介入してその出力を変えたり、下位のシステムが上位の表象システムのやろうとしていることを乗っ取ったりする。

ミリカンはこんな例を挙げている。まばたき反射は眼をまもるために、かなり初期からわれわれに備わった合理的機能だ。しかし、目薬をさしたいので、ちょっとの間まばたきを止めようと意思すれば、まばたき反射を抑えることができる。これは上位から下位への介入だ。これも合理的。だからといって、いつも思いどおりになるわけではない。目薬をさそうとして目を見開いているところに、いきなり虫が飛び込んできたりしたら、こんどは下位レベルにより上位レベルの乗っ取りが起こり、いくら目を開けておこうとしても瞼《まぶた》を閉じてしまう。これもまた合理的。

もちろん、ときには、上位からの介入や下位による乗っ取りが、不合理な行動を招くこともある。われわれの心は、昔からもっているシステムに、新しく獲得したシステムが寄生するようなつくりをしている。新旧のいくつものシステムは協調したり拮抗《きっこう》したりしながら、われわれの合理性と非合理性を生み出している。

ホラーというジャンルがある、という事実は、われわれの心がこうした多層的なアーキテクチャをしているということを教えてくれる。これが本章の結論だ。

第6章　なぜわれわれは存在しないとわかっているものを怖がることができるのか？

1　解くべきパラドックスはこれだ！

並び立たない三つの条件

本章では、ノエル・キャロルが「心のパラドックス」と呼んだもののうち、第一のものを扱おう。それは次のようなものだった。「**ホラーが虚構であるとするなら、なぜ存在しないとわかっているものを怖がることができるのだろう**」。

まずは、これがなぜパラドックスなのか、そしてどんなパラドックスなのかを明らかにしよう。パラドックスを解決するのはその次だ。なぜ、われわれにはホラーが虚構だとわかっているのに、これほど怖いのか。自分はテキサスではなく、飯田橋の映画館にいて、チェンソーをもって迫ってくる殺人鬼は自分のそばにはいないのに、私は気分が悪くなるほど恐怖を感じた。いったいどうしてだろう。このことを私はずっと不思議に思っていた。

本書を書くためにいろいろ下調べをしていると、この問いは、美学の分野でもさかんに論じられてきたテーマだということを知った。美学ってわけがわからんのと、学生時代の嫌な思い出のせいで、敬して遠ざけていた分野だったけど、これを知ったことでとても親近感を抱くことができた。

美学者のタマール・ゲンドラー（Tamar Szabó Gendler）とカーソン・コヴァコヴィッチ（Karson Kovakovich）のうまい整理によると、この問いは次のようなパラドックスとして捉えることができる（Gendler & Kovakovich 2006）。

ホラーに描かれたキャラクターまたは状況Fに関して、以下の三つの条件を考える。

（1）**反応条件**（response condition）：Fに対してわれわれはホンマもんの恐怖を抱いている

（2）**信念条件**（belief condition）：われわれはFが虚構だと信じている。つまりわれわれはFが本当は存在しないと信じている

（3）**一致条件**（coordination condition）：ある対象または状況に対してホンマもんの恐怖を抱くためには、われわれはそれが存在していると信じていなければならない（また

は、それが虚構だと信じていてはならない）

ここまで「アラコワイキャー」を典型とする「ホンマもんの恐怖」という言葉を何度か使ってきたが、これはここで言うgenuine fearの訳だ。

これらの三つの条件は同時に成り立つことができない。反応条件と信念条件を合わせると、われわれは、Fが虚構だと信じながら、それに対してホンマもんの恐怖を抱いていることになるが、このことは一致条件に違反してしまう。同様に、これら三つのうちどの二つをとっても同時に成り立つが、三つ合わせると不整合になってしまう。ついでに言えば、恐怖のところを、怒りや悲しみやその他の情動に取り替えても、同じことが当てはまる。

ところが、（1）（2）（3）のどの条件も、それだけ取り出してみると、とりあえず正しく思われるのだ。私は、『悪魔のいけにえ』に強い恐怖を感じた。あれはいま思い出しても「ホンマもん」の怖さだった。また、名古屋に帰る新幹線の中で、駅でふと買った『博士の愛した数式』を読み出したのだが、うっ、これはアザトイ、もしかしたらヤバイかもと思いながら読んでいたら、案の定ラスト近くで、ドバーと涙が出てきて困った。新幹線の中で滂沱《ぼうだ》の涙を流す気味の悪いおじさんになってしまった。という具合に、われわれが虚構に情動的に反応しているのは確かな気がする。また一方で、『悪魔のいけにえ』も『博士の愛した数式』もフィクションで、レザーフェイスも博士も本当はいないんだということをわかっていたのも確かだ。

「一致条件」って何だ？

ちょっと考えてみなければならないのは一致条件だ。これは、**情動的に反応するには、その情動の対象となっているものが実在すると思っていなければならない**ということを意味している。言い換えれば、本当のことではないんだと思いながら怖がったり、怒ったり、悲しんだりするのは、どことなく嘘くさいというわれわれの直感を条件の形で書いてみたものだ。

　たとえば、次のような例を考えてみよう。あなたは、知り合いの身の上相談につき合っている。結婚相手がとんでもないDV男で、気に入らないことがあると殴る蹴るの暴力を働く、パチンコ屋に入り浸《びた》りで稼ぎを全部使ってしまう。しょうがないからパートで働いているんだけど、最近ではその給料も取られてしまう、とかなんとか。あなたは、この話に真剣に耳を傾け、知り合いを気の毒に思ってもらい泣きしたり、相手の男に激しい怒りを感じたりする。と、そのとき、知り合いは言う。「なんってね、ウソウソ。あんたって、人の話をすぐに信じすぎ。だいいち私に旦那《だんな》はいないし。あんた、そのお人好しなところ、直したほうがいいよ」。

相手の話がぜんぶ嘘だったことがわかると、同情も、悲しみも、怒りも消えてなくなる。ほら、本気でなんらかの情動を抱くためには、その情動の対象が実在していると思っていないといけない、と言いたくなるでしょ。

何と何の「一致」？

ついでに、なぜ「一致条件」という名前がついているのかに触れておこう。われわれは、虚構に二種類の態度をとる。まず、それに情動的に反応する。怖がったり、怒ったり、哀れんだりする。これは現実の出来事や対象に対する情動的反応と変わるところがないように思える（ときには、現実の出来事より強烈な反応を虚構に対してとることもある。両親の葬式は『数式』ほど泣けなかったもんなあ）。これを条件の形で述べたのが（1）だ。

で、われわれは同時に、虚構に認知的にも反応する。つまり、ああ、これは本当の話ではないんだと判断する。これを述べたのが（2）だ。

そして（3）の一致条件は、情動的態度と認知的態度の間に一般的に成り立つ関係を述べている。何かに対して特定の情動的態度（ホンマもんの恐怖）をとるためには、その何かに対して特定の認知的態度（虚構だと思っていない）をとっていなければならない、という関係だ。**情動的、認知的態度がある仕方で一致することを求めている**ので、一致条件と名づけられている。

本筋に戻ろう。三つの条件は、どれをとっても正しく思われるのに、すべてがいっぺんに成り立つことがありえない。三つの条件は矛盾している。さてどうしましょう。分析哲学というジャンルをなりわいにしている人たちは、こういうふうに問題が定式化されると、なぜか俄然《がぜん》はりきってしまう。というわけで、分析美学という分野では、「**ホンマもんの虚構的情動はありうるか問題**」として、このパラドックスはさかんに議論されてきた。以下では、どのようにしてパラドックスを解消するかを考えていこう。

2 錯覚説——信念条件を捨てるとどうなるか？

矛盾は消えたとしてもアホになる

三つの条件を合わせると矛盾してしまうんだから、どれかの条件を捨て去ればよい。どの条件を捨てるのがよいだろうか。

まずは、(2) の信念条件を捨てる選択肢を検討しよう。ホラー小説を読んだり、ホラー映画を観たりしているとき、われわれはそれが虚構だと信じていて、そこに現れるキャラクターや描かれた出来事が本当は存在しないと信じている。これが信念条件の主張することがらだった。この条件を拒否するわけだから、ホラーを読んだり観たりしている間は、**それが本当のことだと思い込んでいる、虚構だということを忘れている**、ということになる。

これって、よく言われることでもある。あんまりリアルだったから、つい映画だってことを忘れて、マジに怖かったよ、ってたしかに言う。映画や小説のつくりがあまりに巧みなため、受け手がそれを現実と錯覚するという考え方だ。虚構ではなく現実と思い込んでいるんだから、それにホンマもんの情動反応を示してもおかしくない。

この選択肢を採用すると、たしかに矛盾は消えて無くなる。が、それと引き換えに、虚構作品を観ている間、われわれはかなりのアホになっちゃうと認めることになる。なんせ、『キング・コング』を観ているときは、巨大類人猿が本当にいると錯覚し、生物学の原理を無視することになるし、『スキャナーズ』や『キャリー』を観ている間は、念力が実在すると思い込むオカルト信者になるというわけだから。

「観客は娯楽として楽しんでる」——批判の根拠

キャロルは、こうした選択肢を「錯覚説」と名づけて批判している。その批判の骨子は次のとおりだ。

まず第一に、錯覚説は、**ホラーの観客が実際に示している態度と整合しない**。映画を観ている間だけにせよ、それを現実と取り違えて恐怖している以上、観客は現実の対象に対する恐怖反応と同じ行動を示すはずだ。つまり、本当にそこに怪物がいて、自分が本当に脅威にさらされていると信じているなら、のほほんと席に座って映画を観ている場合じゃない。観客は、あたかも現実であるかのように引き込まれているかもしれないが、それはあくまでも「あたかも」なのであって、本当に現実だと信じていたら、悲鳴をあげて映画館から逃げ出すはずなのである。ホラーの観客はけっして、画面に映っているものが現実だと信じているようには振る舞わない。

キャロルにつけ加えるならば、次のことが指摘できる。ホラー映画は、事件や怪物などをできる限り真に迫った仕方で描く。それによって、それらが実在するかのように錯覚させようとする。しかしその一方で、同時に**これは虚構にすぎませんよ**というシグナルも観客に送り続けている。たとえば音楽や効果音がそうだ。『13日の金曜日』では、犯人の視点からの主観的カメラの映像には、必ず、舌打ちをするような、何かを引っ掻《か》くような「チッチッ」という音が伴う。ジョン・カーペンターは、低音の単調な繰り返しからなる自作のシンセサイザー曲を使いたがる。これらは、現実にはけっして鳴らない音だ。

第二の批判は第一の批判と関係している。**錯覚説はホラーが娯楽であるということと整合しない**。ホラーを虚構作品として楽しむことができるためには、それが現実でないとわかっていなければならない。ホラーに描かれていることを現実だと錯覚しつつ、それを楽しめる人がいるとしたら、とんでもなく勇敢《ゆうかん》な人か、すごいマゾヒストか、プロのゴーストバスターだろう（キャロルの言い方を借りている）。

「半分忘れ、半分信じている」状態

というわけで、信念条件を全面的に捨てるのは難しそうだ。そこで、**矛盾が生じない程度で**、しかもホラーの観客が映画館から飛び出して助けを求めたりしない程度に信念条件を捨てることを考えてみよう。

信念条件は、われわれはFが虚構だと信じていること、Fが本当は存在しないと信じていることを求めている。これを半分くらい捨ててみよう。つまり、観客は、スクリーンに映っている脅威が虚構であることを半ば忘れている。そして、その脅威が実在するとある程度信じている。あくまでも「半ば」であり「ある程度」なので、映画館に座っていられれ

る。でも虚構であることを忘れ、脅威が実在するとある程度信じているので、そこで生じている恐怖はホンマもんの恐怖である。

問題は、こんなふうに都合のよい「半分忘れ、半分信じている」状態が本当にあるのか、ということだ。「半分信じる」ということに意味があるとしたら、決定的な証拠はないが、ある程度の証拠はあって、半信半疑の状態にあるという状態だろう。こういう状態ならありそうだ。私自身、いろんなことがらに半信半疑の態度をとっている。

しかし、私は、ホラーの観客がこうした半信半疑の状態にあるというのはほとんどありそうもないと思う。観客に、スクリーンに映っているキングコングやゾンビが本当にいると思うかと聞いてみればよい（と思ったけど、本当はやめといたほうが身のためだ）。さあ、いるかもしれないし、いないかもしれないね、と答える人はほとんどいないだろう。たいていは、いないに決まってる、と答えるだろう。観客は、スクリーン上の怪物が実在するかどうかについて確信がもてないわけではない。**実在しないと確信している**。

「意志の力」説の難点

あるいは、観客が能動的な意志の力で、これは虚構にすぎないという信念をいったん無効にするということはありうるかもしれない。じつは、この状態は、一九世紀の文芸批評家、サミュエル・コウルリッジ（Samuel Taylor Coleridge）が「**意志による不信の宙づり**（the willing suspension of disbelief）」と呼んだものだ。

これは、素朴《そぼく》な錯覚説の欠点を免れている。錯覚している人は、自分が何をどう錯覚しているかに気づいていないことがほとんどだ。また、自分が何を忘れているかをわかっていて、そのことを忘れているということはない。しかし、**意志の力によって**、ある信念を信じないようにしているなら、自分が何を信じないようにしているのかはわかっていてもおかしくない。つまり、自分はこの映画が虚構にすぎないということ、怪物は本当はいないということを信じているが、映画館の中ではそれを信じないように努めている。だから、あらためて「これは虚構だがわかっていますか？」と聞かれれば、そうに決まっていると答えることができる。

しかし、この考えもうまくいきそうにない。まず第一に、われわれは映画館に入るときに、よし、これから観るものが虚構であることをいったん忘れよう、と意志したりはしないからだ。虚構であることは片時も忘れないのだが、それでも怖い。そうではない、映画館の入り口をくぐったときに（あるいは、無断録画は犯罪でっせというお説教フィルムが終わったときに、あるいは、次回作の予告編が終わったときに）、無意識のうちにそのような「不信の宙づり」状態に入るのだ、と抗弁されるかもしれない。でも、無意識のうちにそうなるのなら、意志的とは言えないし、単に虚構であることを忘れてしまうアホとどこが違うのかわからなくなる。

さらに、そもそも何を信じるか、何を信じないかは、意志でコントロールできるようなことではない。地球は空洞で極地に穴が空いていて、そこからＵＦＯが出入りしている。オーロラは空洞内の明かりが漏《も》れたものだ、という説がある。よもやあなたはこれを信じていないだろう（もし信じていたら、別の本をお読みになることをお勧めします）。では、あなたは、意志の力でこれを信じることができるだろうか。この説を信じようと意志することはできるだろうか。できないよね。

しかし、こう言うと、この珍奇な説をがんばっても信じることができないのは、すでにわれわれがこの説は間違いだと知っているからだ、と反論されるだろう。それなら、証拠も反証もない、これまで考えてみなかったことがらを信じようと頑張ることはできるか。首相官邸の執務室に『遊星からの物体Ｘ』のＤＶＤが置いてあるということを、想像するだけではなく、信じようと意志することはできるか。かなり難しいと思う。

われわれは、ある仮説について、その証拠を集めようと意志することはできる。そして十分な証拠が集まったら、仮説を信じるようになる。このときの「信じるようになる」は自然に起こる。キャロルの言い方を借りれば、「信念はわれわれに生じるもの」なのである。なんでこんなことを、と思いたくなるようなことがらを信じている人たちはたくさんいる。しかし、その人たちも彼らなりの証拠をもっている。それらの証拠に促されて、彼らはその突飛なことがらを信じるようになったのである。

3 「ごっこ」説――反応条件を否定するとどうなるか？

というわけで、信念条件を捨てることで矛盾を解消しようというのは、あまり有望な方向ではなさそうだ。そこで、信念条件は認めることにしよう。われわれはホラーに接しているときに、それが虚構にすぎないという信念を保持している。

そうすると、残る選択肢は二つだ。（1）の反応条件を捨てるか、（3）の一致条件を捨てるか。そこで次に、反応条件を否定するとどういうことになるかを考えてみよう。

実在しなくとも、怖いものはコワイ

反応条件は、虚構の怪物や事件に対してわれわれはホンマもんの恐怖を抱いているということを述べている。だから、これを拒否するということは、**虚構への恐怖や、一般に虚**

構への情動反応は、真性のものではないと主張することに他ならない。つまり、ホラーを読んだり観たりするとき、われわれは本当の意味で怖がっているわけではない、とするわけだ。でも、こんなふうに考えることは果たして可能だろうか。

一つの方法は、虚構を怖がっていると言うとき、**われわれは自分が怖がっていると錯覚しているにすぎない**と考えることだ。すでに、第1章で述べたように、自分の情動について間違えるということはありうる。恐怖を愛情と勘違いするとか。だから、一概にこの考えを否定することはできない。

でも、この路線はおそらくダメだ。第一に、次のように問い返すことができる。ホラーを観ているときに、われわれは自分が怖がっていると誤解しているそうなんだが、じゃあ、本当のところ、われわれはどういう情動に駆られていると言うんだい？　心臓がドキドキして、鳥肌が立って、恐怖に特有の表情を浮かべて、悲鳴をあげたりしているわけだが、これを恐怖以外の何と呼ぶのが妥当だと思う？　やっぱり、怖がっているというのが最も妥当だろう。いかなる情動状態にもないんだ、というのはもっとありそうにない。虚構に接するとき、われわれはそれを何と呼ぶにせよ、平静でいるときとはかなり異なった状態を経験するからだ。その状態をわれわれは「感情の虜《とりこ》になる」とか「情動に巻き込まれる」とか表現する。

次に、対象の違いでホンマもんの恐怖と、虚構の恐怖を区別できるかを考えてみよう。虚構の場合、たしかに恐れられている対象は実在しない。狼男もドラキュラも物体Xも存在しない。恐怖の対象が存在していないのに、恐怖に特有の身体的反応は起きている。だからこれはホンマもんの恐怖ではない。このように言ってよいだろうか。

この問題を考えるには、「恐怖の対象」という語句の多義性に注意を払う必要がある。パニック発作のように、恐怖をもたらす外部刺激がとくにないのに、猛烈な恐怖感と身体的反応が襲ってくるケースは確かにある。このとき、何が怖いのかわからないがとにかく怖い、ということになる。こういうとき、この恐怖は病的であるとか、普通の恐怖ではない、真性の恐怖ではないと言ってもよいかもしれない。実際、われわれはこのような「恐怖」を訴える人には、医者にかかることを勧める。

ホラーの場合はちょっと違う。この発作のように、何が怖いのかわからないとか、恐怖が向かう先がないという意味で「恐怖の対象」がないわけではない。ホラーの場合、恐怖の対象はある。狼男であり、ドラキュラであり、物体Xである。正確に言うなら、狼男、ドラキュラ、物体Xが恐怖に伴う知覚の志向的対象だ。ただ、こいつらは虚構の存在で、この世には実在しない。先ほどは、このことを指して「恐怖の対象が存在しない」と言っていたわけだ。

ホラーの場合、恐怖の対象が虚構だとわかっていながら、その対象を恐れている。これはたしかにアラコワイキャーのような典型的ケースではない。だからこそ、パラドックスを生み出すことになったわけだ。しかし、実在のものをそのまんま怖がるとき（ヘビを見てヘビだと思い、ヘビを怖がる）、実在のものを見間違えて怖がるとき（縄を見てヘビだと思い、ヘビを怖がる）、虚構を見て怖がるとき（ヘビの映画を観てヘビだと思い、ヘビを怖がる）、いずれもその恐怖はヘビを対象としている。そして同じような身体的反応があり、同じような感じがして、同様に「あー怖かった」と報告される。もちろんこれら三つのケースには違いがあるが、それが虚構への恐怖だけを真性の恐怖から排除するほどの違いであるとは思われない。

ごっこ遊びとホラー映画

虚構による恐怖はホンマもんの恐怖ではないとするもう一つの方法がある。それは、虚構を怖がっているとき、われわれは怖がっていると錯覚しているのではなく、**怖がっているふりをしているのだ**（恐怖している人の真似をしているのだ）とする説である。つまり、**虚構に対する情動自体が虚構なのだ**と考えるわけだ。これを「ごっこ」**説**と呼んでおこう。

虚構になぜ情動を感じるのかという問題の歴史は古い。プラトンもアリストテレスもこの問いをある仕方で考えた。「不信の宙づり」のコウルリッジもこの問題に取り組んだ。しかし、現代の議論に直接つながるのは、分析美学者ケンダル・ウォルトン（Kendall Walton）の仕事だ。ウォルトンは、一九七八年に「フィクションを怖がる」というタイトルの論文を書いて、この問題をリバイバルさせた（Walton 1978）。彼の議論を今の視点から整理すると、本章の最初で定式化したパラドックスを、反応条件を捨てることで解消しようとした試みだったとみなすことができる。そして、彼が反応条件を捨てるために採用した考え方が、ここで「ごっこ」説と呼ぶものだ。

「ごっこ」説では、虚構を体験することを、一種のごっこ遊び（games of make-believe）に参加することになぞらえて理解しようとする。ごっこ遊びとはどんな遊びだろう。ちょっと思い出してみよう。ウォルトンの挙げている例を使うことにする。

父親と怪物ごっこをしている子どもを想像してほしい。父親は凶暴な怪物のふりをする。子どもに忍び寄って、襲いかかる。子どもは悲鳴をあげながら、隣の部屋に逃げ込む。この悲鳴は「そろそろ悲鳴をあげて盛りあげなくては」という意図で発せられるわけではない。どうしてもあげてしまう。逃げるのも同じだ。完全に意図的にコントロールされているわけではない。思わず逃げてしまう。

にもかかわらず、子どもは、父が怪物だと錯覚しているわけではない。もしそうなら、

図6–1　ごっこ遊び

隣室と言わず、もっと本格的に逃げようとするだろうし、恐怖のあまり失神してしまうかもしれない。まったく逆で、逃げながら子どもは笑っている。そして、隣室から戻ってきて「もっともっと」とせがむ。子どもは、すべてが遊びであること、父が怪物のふりをしているのであり、自分を追いかける怪物が存在するのはごっこ上のことにすぎないとわかっている。子どもは怖がっているふりをしているが、本当には怖がっていない（図6–1）。

ホラーの観客も、この子どもと同様に考えればよい、とウォルトンは提案する。**観客はホラー映画を観るというごっこ遊びに参加している。**唸りをあげるチエンソーをもって、白い仮面をかぶった殺人鬼がこっちに向かって襲いかかってくる。観客は、自分も映画の登場人物であるふりをすることで、ごっこ上では殺人鬼が自分に襲いかかり、自分は殺されそうになっているということを信じている。この信念が、観客を恐怖に近い状態（アドレナリンが出て、ドキドキしたり、筋肉がこわばったり、鳥肌が立ったり、顔が青ざめたりする身体的反応、これをウォルトンは「**準恐怖**（quasi-fear）」と呼んでいる）に置く。これにより、観客は、ごっこ上で怒っているのでも、単に興奮しているのでもなく、恐れていることになる。しかし、これはあくまでも準恐怖、恐怖のふりであって、ホンマもんの恐怖ではないので、観客は劇場から逃げ出したりしない。

準恐怖って何だ？

ここで、準恐怖なるものが出てきたので、読者は戸惑うだろう。私もウォルトンの論文を最初に読んだときには、ここでわからなくなった。

観客が「恐怖のふりをしている」と言うとき、ウォルトンは、観客が恐怖の身体的反応も、恐怖の感じももっていないのに、恐怖の行動をして見せて**い**、**る**、ということを言っているのではない。そういうことをやるのは役者である。ホラーを上映している映画館の客席がこんな素人役者で埋め尽くされていたら、ちょっと嫌だ。観客が、ホンマもんの恐怖ではなく、恐怖のふりをしていると言われるのは、その怖さの反応と感じが、自分は殺人鬼に襲われているという信念ではなく、自分はごっこ上殺人鬼に襲われているという信念に由来するからである。後者の恐怖をウォルトンは「準恐怖」と呼んだわけだ。

同じことが、怪物ごっこの子どもにも当てはまる。子どもがもつ怪物への恐怖が「恐怖のふり」なのはなぜだろうか。二つの場合が考えられる。父と子どものごっこ遊びを、たとえば母親が見ているとしよう。そして、子どもは母親の目を意識して、悲鳴をあげたり逃げ惑ったりという演技をしているとしよう。このときは、ごっこ上で怖がっていることを見せているだけ、という意味で「恐怖のふり」をしていると言える。このマセたガキは、役者のようなものだ。

しかし、もう一つの場合が考えられる。子どもは準恐怖の感じを経験している可能性もある。父親が襲いかかってくるとゾッとして思わず悲鳴をあげてしまうし、物陰に隠れているときは心臓が破裂しそうにドキドキしている。でも、この準恐怖を生み出したのが、自分は本当に怪物に追われているという信念ではなく、ごっこ上怪物に追われているという信念である限りにおいて、この子どもの恐怖は「恐怖のふり」なのである。で、ウォルトンは、ホラーの観客を、このマセガキでないほうの子どもになぞらえて理解しようと提案しているわけだ。

虚構オペレーター

こうしたウォルトンの「ごっこ」説には大きな利点がある。まず第一に、それはここで問題にしているパラドックスを解決してくれる。

一致条件を前提する限り、ホラーに出てくるものについて、一方でそれは虚構だと信じつつ、もう一方でそれを本当に恐れることはできないのではないか。これがパラドックスの一つの述べ方だ。これに対し、ウォルトンならこう答えることができる。実はね、ホラーの観客は恐れているわけではない、恐れているふりをしているだけなんだ。正確に言えば、準恐怖を抱いているだけだ。そして、準恐怖はごっこに参加することによっても生じさせることのできるものだ。準恐怖は、恐れの対象の実在を信じていることを要求しない。

「ごっこ」説はさらにいくつかの謎を解決してくれるとウォルトンは主張する。ここでは三つの謎を取りあげよう。

第一の謎については、ちょっと準備が必要だ。論理学や言語哲学で、**内包オペレーター**などと総称される一連の表現がある。簡単に言うと、これらのオペレーターが文につくと、もとの文が現実世界のありさまについて述べていたものだったのが、別の世界についての話になる。そういった機能を果たす表現だ。

たとえば、A「ライプニッツの著作を消滅させようという陰謀がある」という文は、この現実世界について語っていて、間違いだ（偽である）。そんな陰謀はない。これをB「**クルト・ゲーデルは、**ライプニッツの著作を消滅させようという陰謀がある**と信じていた**」にすると、傍点を付した文はこの世の話ではなく、ゲーデルの頭の中の世界、ゲーデルの信念世界での話になる。で、この部分はゲーデルの信念世界では真（ついでに、文B全体も現実世界で真）になる。というわけで「誰それは〜と信じていた」は内包オペレーターの一種（信念オペレーター）である。

内包オペレーターには他にもヴァリエーションがある。「マイケルは〜だといいなと願っている」は、現実世界についての文を「〜」に挿入すると、その文をマイケルの願望世界についての話にする願望オペレーター。「必然的に〜」は現実世界についての文にくっつくと、その文をすべてのありうる世界についての話にする必然性オペレーターだ。

そして、「『ガメラ』において〜」のような**虚構オペレーター**も、内包オペレーターの一種だ。C「自衛隊はギャオスを福岡ドームに閉じ込めようとした」は現実世界について語っていて、間違っている。これをD「**『ガメラ』において、**自衛隊はギャオスを福岡ドームに閉じ込めようとした」にすると、文Cは現実世界ではなく、『ガメラ』に描かれた虚構世界について語っていることになる。そして、文Dも真になる。

ごっこ遊びのルール

さて、こうした虚構オペレーターとその他の内包オペレーターを比べてみると、面白いことに気づく。われわれは「『ガメラ』において、自衛隊はギャオスを福岡ドームに閉じ込めようとした」と言う代わりに、ごく自然に「自衛隊はギャオスを福岡ドームに閉じ込めようとした」と言う。映画『ガメラ』について話をしているときはもちろんのこと、（現実世界で）福岡旅行に出かけてドームを見たときに、やおら、「あれってギャオスが閉じ込められたとこだよね」と言ったりする。少なくとも私は言うね。

でも、「マイケル・キートンは自分がアカデミー賞を受賞すると思っている」の代わりに「マイケル・キートンはアカデミー賞を受賞する」と言ったりはしない。かりに、会話の主題が、マイケル・キートンが何を思っているかにあることが文脈上明らかでも、めったにこの信念オペレーターは省略しない。頻繁に省略されるのは、虚構オペレーターだけなのである。むしろ、**われわれは虚構作品について語るとき、いちいち「そのフィクションでは」というオペレーターをつけない。**

ウォルトンによれば、この慣習は、**虚構について語るとき、われわれはごっこ遊びをしているのだと考えれば説明がつく。**「あそこにギャオスを閉じ込めようとしたんだよね」という発言は、『ガメラ』ごっこをしようぜ、ともちかけている。これに対して、やはり虚構オペレーターなしに「ああ、でもギャオスが超音波を出すことを知らなかったから、失敗したよな」と返答したなら、そのごっこを継続する意思があることを伝えている。他方、「ああ『ガメラ』ではね」と返事をすると、ゲームは終わる。**ごっこを続けるには、それがごっこにすぎないと言ってはいけない**のである。

同様に、ホラーを観ながら「うわ、殺人鬼が出たぞ」と叫ぶことはあっても、「ごっこ上では殺人鬼が出たぞ」とか「虚構世界では殺人鬼が出たぞ」と言う奴はいない（いたらヤだなあ）。ウォルトンはこれを、ホラーを観るとき、観客はごっこ遊びに参加しており、ごっこ上で怖がっているのだということの証拠とみなしている。

引き裂かれた欲望？

「ごっこ」説が解くことのできる第二の謎は次のものだ。

私は『バイオハザード』を観ながら、ゾンビに嚙みつかれた女性兵士が早くゾンビになればいいな、いつなるかしらとわくわくしながら待っている。なぜなら、その女性兵士を演じているのがお気に入りのミシェル・ロドリゲスで、私は彼女がゾンビをどう演じるかをぜひ見たいからだ（期待に違《たが》わぬ凶悪な顔つきで実に良かった）。一方で同時に、女性兵士を助けてゾンビの巣窟《そうくつ》から脱出できるかどうかがポイントの物語に、私は夢中になっているので、彼女がゾンビに変身せずに助かることも望んでいる。

私は、相矛盾する二つの願望に引き裂かれている、のだろうか。女性兵士がゾンビになることとならないことを同時に望んでいるのだろうか。そうではない、とウォルトンは言う。私は、どちらも真剣に望みながら、しかもそのことに気づいているにもかかわらず、二つの欲求の間に対立を感じない。

というのは、女性兵士に同情し、彼女が無事助かることを望むのは、私のごっこ上の願望であり、彼女がゾンビになることを望むのは、私の現実上の願望だからである。こうして、私は、正面から矛盾した二つの願望をもっているわけではない、と言える。

ネタバレなのに、なぜサスペンスを感じるのか

第三の謎は、いわゆるネタバレに関係する。私は、ジョン・カーペンター監督の映画が大好きで、中でも『遊星からの物体X』は一番のお気に入りだ（そのへんは、『論文の教室』を読んでくれた方はご存じのはず）。もう、いままでに何回観たかわからない。

前にも書いたとおり、物体Xは襲った対象を自分に取り込んで同化し、最終的にはそれに化けることができる。あまりに何度も観たので、登場人物の誰がいつ物体Xになってし

まうのか、それがどうやってわかるのか、その結果何が起こるのかをすべて覚えてしまった。もう、語り部《べ》になれそう。

にもかかわらず、誰が物体Xに変身した姿で、誰が真の人間なのかわからずに登場人物たちが疑心暗鬼になってコミュニティが崩壊していくというプロットに、観直すたびにサスペンスを感じている。とくに、血液サンプルを調べることで順繰りに誰が人間で誰が物体Xかを調べようとする場面では、毎回、さあ次の奴は果たして人間だろうかと緊張しハラハラする。バカみたい。

でも、これっていったいどうしてだろう。世間でそう思われているほど、ネタバレしてもサスペンスは失われない。もちろん、ある種の作品はネタバレすると、最初の興奮は失われ、色褪《あ》せてしまうけれど。

M・ナイト・シャマラン監督の『シックス・センス』やアレハンドロ・アメナーバル監督の『アザーズ』は、最後のどんでん返しがすごくって、これまでに描かれてきたエピソードの意味づけが一斉に反転する、その見事さに驚くと同時に大きなカタルシスを感じたものだ。けれど、繰り返し観ると、ラストでのそうした驚きはもや失われてしまった（とはいえ、これらの映画を観る楽しみが失われるわけではない。とりわけ、結末を知ってから『シックス・センス』を観直すと、オリヴィア・ウィリアムズの悲しみをたたえた空虚さとでも言うべき表情はひときわ心を打つ）。

　でも、何度観てもハラハラ、ということだって確かにあるのだ。ウォルトンも次のように言う。「多くの作品の力は驚くほど永続的であり、（中略）サスペンスは、われわれがその作品にどれほど精通しているかにはほとんどかかわらず、作品への反応の重要な要素であり続ける」（Walton 1978）。

ウォルトンの回答

　ウォルトンによれば、こうしたことは何ら驚くべきことではない。現実世界の私は、誰がごっこ上で物体Xで、誰がそうでないかを知っている。だが、ごっこに参加している私は、それを知らない。映画を観ている間、私はごっこ遊びに忙しく、その遊びの中で主人公が仲間の正体を暴いていくにしたがって、誰が人間で誰がそうでないかを徐々に知っていく。私のサスペンスを生み出しているのは、現実世界における私の無知ではなく、私のごっこ上の無知だ。

　結末はわかっていても、われわれは何度も同じ映画を観て、そのつどサスペンスを味わうことができる。何度も同じ映画を観るのは、子どもが何度も同じごっこ遊びをするのと変わらない。それは、観る映画が同じでも、ごっこ遊びがそのつどちょっとずつ違うからだ。

こうしたごっこ遊びを観客はつねにするわけではない。一本の映画を観ている間にも、ごっこ遊びに参入したり、そこから抜け出したりしている。抜け出しているとき、われわれは「すれっからしの観客」になっている。「予想通りの展開だ」とかつぶやきながら。『スクリーム』は、観客どころか登場人物自身がごっこを時々やめるというとんでもない映画だ。ラスト近くで、犯人が射殺され、その屍体を眺めながら、レンタルビデオ屋でバイトしているランディくんはつぶやく。「気をつけて。死んだと思った犯人が生き返って、最後にもう一回ギョッとさせるのって、たいていこういうときだから」。果たして、犯人は生き返り、彼らに襲いかかろうとする。シドニーは銃で犯人の額を撃ち抜き、「私の映画ではそうはいかないわ（Not in my movie.）」と言う。

4　ホラーの恐怖はホンマもん！――ウォルトンへの批判

批判①――ホラー＝ごっこ遊び説に無理がある？

……というのがウォルトンの「ごっこ」説だ。私は、わりと気に入っている。ホラー映画を観る、という体験の重要な点を捉えているように思われるからだ。つまり、観る側が「さあ、ホラーだホラーだ、怖がるぞ」といった構えでいないと、ホラー映画は実はあまり怖くないということだ。

父親と子どもが怪物ごっこに熱中してドタバタやっているのを、冷ややかに見ている母親を想像してみよう。ときどき、父親が母親にもガオーと挑みかかるのだが、母親はちっとも怖がらない。母親が（準）恐怖を感じないのは、まずもって、**彼女がごっこ遊びに参加していないからだ**。観客の主体的な役割をホラー体験の重要な前提条件としている点で、「ごっこ」説はなかなかいい線いっていると思う。

とはいえ、ウォルトンに対する批判も数多くある。キャロルはウォルトンの「ごっこ」説を徹底的に批判する作業を通じて、自分で「**思考説**」（290ページ参照）と名づけた彼自身の見解をつくりあげている。キャロルの批判を見てみよう。

まず、そもそも**虚構の鑑賞一般をごっこ遊びになぞらえていいのかね**、と批判できるだろう。キャロルは、ホラー映画を怖がって観るということが、ごっこ遊びに参入して怖がっているふりをするということだとするなら、観客はそのごっこ遊びに意志的に参加することも撤退することもできるはずだと主張する。たとえば、『エクソシスト』を観に行って、ホラーとして観ないぞ、怖がらないぞと意志することができるはずだ。しかし、恐怖は受動的なものであって、怖がらないぞと決心したところで怖がらないことはできない。恐怖には、ごっこ遊びに参加する、しないのような意志的な選択の余地はない。

キャロルのこの批判はあまり上出来とは言えない。何度か述べたように、われわれは、ホラーのごっこ遊びに参加しないと決めて、ホラーを観ることができる。つまり、**すれっからしの観客になることができる**。そうすると実際、怖さはかなり減る。日常的に、現実の脅威に出会うときはそうはいかない。イヌを怖がっているところをからかわれたので、よし、次は怖がらないぞと決めても、やはりイヌを目の前にすると恐怖感が湧いてくる。しかし、虚構の場合は、参入の度合いを低くすることで、前回は怖かった場面で恐怖を感じなくすることは、ある程度できる。

驚きは意志でコントロールできない

もっとも、ホラー映画が観客を怖がらせる手段は単調ではない。見えない襲撃者がどこかに隠れていることを示唆して徐々に恐怖を盛りあげていくこともあるかと思えば、単純に突然大きな音を出したり、画面に何かが飛び出してくることで驚かせるということもある。ホラー映画の文脈で、観客を驚かせると、しばしば観客は驚きと恐怖を混同する（と言うより、もともと両者はうまく分かれない）。

第1章では『リング』を例に両者の混同について述べたが、他にも『キャリー』の最後の場面がそうだ。恐ろしい一連の出来事が終息し、主人公キャリーが亡くなったあとで、友人のスーが、悲しみに打ちひしがれた表情で、キャリーの墓に小さな花束を手向《たむ》けようとする。その瞬間、血まみれの腕が地面から飛び出し、スーの手首を摑んで地中に引きずり込もうとする。みぎゃー。

あるいは、『13日の金曜日』でも、血なまぐさい事件が終わったあとで、湖にボートを浮かべて主人公が物思いにふけっていると、突如として水中から半ば腐りかけたジェイソンが現れて、主人公を湖に引きずり込む。すれっからしの観客の態度で、まだ時間があるから死んだはずのジェイソンが出てくるかもしれないな。そうしたら続編がつくれるね。しかし商売がうまいなあ、とかうそぶきつつ観ていても、突然のこの場面には端的に驚く。そして、恐怖とは違って、**驚きを意志の力で防ぐことはできない**。そして、観客は言うのだ。「あー驚いた」ではなく「あー怖かった」と。

ホラーが観客を怖がらせる仕方はいろいろある。その中には、ごっこ遊びに参加することで、より恐怖感が増すようなものもあれば、それには無関係な「選択の余地なく」怖がらせる（驚かせる）ものもある。よくできたホラーは、こうした手段をさまざまに組み合わせることによって、できるだけ多くの観客を恐怖させようとしている。

批判②——観客は遊びのルールを意識していない？

キャロルの第二の批判は、ホラーを観て怖がっているとき、われわれはごっこ遊びをしているなどということを意識していないではないか、というものだ。ホラー鑑賞行為をあるルールを前提したごっこ遊びとみなせる、というのは認めてもよい。しかしそれだけの理由で、観客は恐怖のふりをしているにすぎず、そこで体験されているのはホンマもんの恐怖ではない、と主張するのは行き過ぎだ。第一、観客は誰も、自分が従っているはずの「ごっこのルール」を言えないだろう。

ウォルトンはこの手の批判がなされるだろうということは先刻承知で、ごっこ遊びでは、暗黙のうちに受け入れたルールに従うことがあるんだ、ルールを意識せずにルールに従っているんだという考え方を述べていた。その証拠として、ウォルトンは泥でパイをつくるごっこ遊びの例を挙げている。

泥の塊《かたまり》をパイに見たてようということに同意するとき、子どもたちは、他にもいろんなルールに暗黙のうちに同意している。泥の塊を投げつければ、パイ投げをしたことになるとか。ここから、ウォルトンは次のように結論する。ごっこ遊びのプレイヤーが自分のやっているゲームのルールを言えないことは、そのプレイヤーがゲームをやっていることを否定するわけではない。

しかし、この考え方はうまくいかないとキャロルは言う。泥のパイごっこの例は、いかにもありそうな話だ。ただし、これはプレイヤーが数あるルールのうちのいくつかを意識していないケース、ルールの一部が暗黙のうちに従われていて、プレイヤーがそれを明示できないというケースにすぎない。ところが映画館で観客は、一部のルールどころか、そもそも自分がごっこ遊びをしていること自体をまったく意識していない。

つまり、ウォルトンは喩《たと》えを不当に使っている。ごっこ遊びの最中に、気づかぬうちにいくつかのルールに従うという、いかにもありそうな話を使って、ごっこ遊びをしていると思っていなくてもごっこ遊びをしているのだ、という主張を裏づけようとしているからだ。

ごっこ遊びは、「怪獣ごっこしようぜ！」という呼びかけで始まる。しかし、それに相当することは虚構を味わうことの中にはない。ごっこ遊びは、参加者に「ふり」をしようとする意図がないと成立しない。しかし、ホラーの観客にそういう意図があるとは思えない。……これがキャロルの言いたいことだ。しかし、私はもうちょっとウォルトンに味方してやってもよいかな、と思っている。ホラーの観客には、ごっこ遊び的な何かに参加しようという意図がある。それを「ごっこ遊び」と呼ぶのが適切かどうかはわからないが。

ホラー鑑賞のルール

ホラーの傑作らしいから読んでみるか。なんだかすごく泣ける映画らしいよ。ものすごくおバカなコメディだって。という具合に、読み手や観客は、事前にどのようなジャンルに属する作品なのかを十分に理解したうえで作品に触れる。そのときには、それぞれのジャンルに対応する「構え」ができている。

『エクソシスト』が鳴り物入りで封切られたとき、私は中学生だった。アメリカでは観ていたおばあさんがショック死したとか、そういう噂に十分にさらされてから、観客は観に行くわけだ。そうすると、怖さ刺激に対して注意が鋭敏になっている。あるいは注意を研《と》ぎ澄まそうとする。これがホラーを観るための「構え」になる。そうすると、ちょっとした刺激で怖がる人が出てくる。

私が観に行ったとき、このような体験があった。画面が切り替わった際に、母親役のエレン・バースティンのスカーフをかぶった後頭部が大写しになった。このショットで、会場のあちこちから悲鳴があがった。突然、映像が切り替わるので、一瞬何が写っているのかわからなくなる。観客はそれを、ホラー映画というごっこ遊びの規則に則《のっと》って「何か恐ろしいもの」と見たわけだ。しかし、同じ映像がたとえば、バースティン主演の人情コメディ『アリスの恋』に現れたら、誰も悲鳴をあげるほど驚いたりはしない。

ホラーの良き観客になるためには、ある意味で**ホラーの観客を演じる必要がある**。ウォルトンの言うように、ホラーの登場人物になったふりをするとか、自分が襲われているふりをする必要はない。ただ、怖がりを演じる必要はある。ファンタジーの良き観客になるためには、これとは別種のルールに基づく「ごっこ」に参入しなければならない。ドラゴンや魔法が出てきたからといって、いちいち驚いたり、リアルじゃないといって興ざめしてはならないというルールだ。他のジャンルにもそれぞれこうしたルールがあるだろう。

『スクリーム』ではご丁寧に、オタクのランディくんがホラー映画の見方についてご高説を垂《た》れる場面がある。彼はそれを「ルール」と呼んでいる。ジャンルの力によって、さまざまな情動に強弱と重要性の高低がつけられ、映画を通して観客が体験する情動が一定方向に組織化される。私は、こういう意味で、虚構を鑑賞するということは、ごっこ遊びと類似した性質をもっていると思う。

身体的反応はホンマもん

とはいえ、私がウォルトンの肩をもつのはここまでだ。虚構を味わうことがごっこ遊びに似ているというのは良い。しかし、そこから次のように論を進めてパラドックスを解消しようとしたら、それは正当化できないと思う。つまり、ごっこ遊びで生じているのは準恐怖であって、恐怖のふりにすぎない。ホンマもんの恐怖でないから、自分に対する脅威は、本当は存在しないという信念と両立する、という流れだ。

なぜかというと、虚構に接しているときの恐怖と、現実の脅威にさらされているときの恐怖を比べて、前者をとりわけて「準恐怖」と呼ばねばならないような重要な違いがあるようには思えないからだ。

まず、**身体的反応はほとんど同じである**。イギリスで行われた実験では、被験者を二つのグループに分け、片方には『悪魔のいけにえ』を観てもらう（ナイスな選択だ！）。対照群としてもう一方には、映画と同じ時間だけ、とくに恐ろしいわけではない当たり障《さわ》りのない読み物を読んでもらう。その前後に両グループの人々に検査を行って比較する。果たして、『いけにえ』グループでは、心拍数と血圧が観る前と比べて平均二〇％上昇していた。対照群では、前後の変化はなかった。血液サンプルを調べたところ、面白いことがわかった。『いけにえ』グループでは、有意に白血球数が増えていたのである。攻撃を受けることに備えて免疫反応が誘発されていたというわけだ、映画を観ることによって（Mian et al. 2003）。

「準恐怖」にも無理がある

それに加えて、**恐怖の「感じ」も変わるところがない**。現に、『いけにえ』実験で、被験者は恐怖を感じていたと報告している。第一、虚構によって引き起こされる恐怖は準恐怖にすぎない、その他の情動も準情動にすぎない、と考えてしまうと、現在行われている恐怖や情動についての心理学的、神経科学的研究はほとんどホンマもんの恐怖や情動を対象にしているのではない、ということになる。なぜなら、恐怖についての科学的研究の多くは、被験者に恐怖を惹起《じゃっき》するのに、映像を観てもらったり、怖いストーリーを読んでもらうからだ。つまり、刺激として虚構を使っている。被験者を実際に脅威にさらすわけではない（そういうことをしたら、倫理的にかなりマズイ研究になってしまう）。

身体的反応も感じも変わらないとするなら、ホンマもんの恐怖と、ウォルトンの言う準恐怖の違いはどこにあるのだろうか。違いは、ホンマもんの恐怖は、自分への脅威が実在するという信念を伴うのに対し、準恐怖はそうした信念を伴っていない、伴っているとしたら、自分への脅威がごっこ上存在しているという信念である、という点に置かれている。

さて、そうすると次のようにこの区別を批判できる。まず、これではパラドックスの解消が、ほとんど無内容なものになってしまう。虚構による恐怖と、それが虚構だという信念がなぜ両立できるのか、というのがパラドックスの核心だった。これに対して、虚構信念と両立する限りでの恐怖を「準恐怖」と名づけて、**準恐怖と虚構信念ならば両立できますよ**、と言っているだけになる。

第二に、虚構信念と両立可能な部分を準恐怖と名づけたとしても、準恐怖は体験されるわけである。ドキドキし、顔面蒼白《そうはく》になり、ガタガタ震える。主観的な恐怖の感じを感じる。では、**なぜ虚構だとわかっているのに、準恐怖を体験するのだろうか**。パラドックスを通して考えようとしているもともとの問いは、なぜ虚構なのに怖いのか、というものだった。ウォルトンは、その問いをほとんど未解決に残さざるをえない。虚構だとわかっているときに体験するのは準恐怖だというのはよい。でも、虚構だとわかっているのに、なぜわれわれはホンマもんとほとんど区別のつかない準恐怖を体験するのだろうか。

キャロルは、ウォルトンの「ごっこ」説は、論理的問題（パラドックスの解決）への答えとしては賢いものかもしれないが、恐怖の現象学（恐怖の感じ）を正当に扱っていない、と述べている。私も、ウォルトンの「ごっこ」説自体には酌《く》むべき点があるが、準恐怖の概念はウソくさいと思う。哲学的パズルを解くために案出された根拠のないカテゴリーにすぎないと思う。ホラーの観客として体験している恐怖は、もしかするとごっこ遊びの産物かもしれないが、それってホンマもんの恐怖だと考えたほうがよい。

5　一致条件を捨ててパラドックスを解く

われわれは他人に代わって恐れることができる

というわけで、（1）の反応条件と（2）の信念条件に私は同意する。としたら、取りうる選択肢は（3）の一致条件を拒否することである。このためにはどうしたら良いかを考えていこう。

ウォルトンはホラー映画の実例として、もっぱら『ザ・グリーン・スライム（The Green Slime）』に言及している（これは『ガンマ3号宇宙大作戦』というタイトルで日本でも公開されたようだが、残念ながら観ていない。観たいか、と言われると微妙）。しかも、この映画の中で緑色のスライム状の怪物が、観客に向かって襲いかかる場面を典型例として使っている。また、ウォルトンが虚構とごっこ遊びとのアナロジーで用いるのは怪物ごっこだ。そこでは、父親が扮する怪物に子どもが襲われて怖がるふりをしている。いずれにせよ、ウォルトンは、ごっこ遊びにおける準恐怖は、観客自身が脅威にさらされているかのようなふりをして恐れることだと考えているようだ。

しかし、これって事態を正しく記述していない。スライムが怖いのは、ごっこ上でスラ

図6–2　われわれは他人に代わって恐れることができる

イムが自分にしそうなことのためではなく、スライムが劇中の登場人物にしそうなことのためではないだろうか。

恐怖は自分が脅威にさらされているという信念を必要とする。たしかに、この考えには根強いものがある。恐怖の原型であるアラコワイキャー体験ではそれが成り立っているし、恐怖が表象している中核的関係主題は「自分にとっての脅威」だったし。しかし、人間の体験する多様な恐怖を考えに入れたとき、この思い込みはかなり怪しい。明らかに、**われわれは他人に代わって恐れることができるからだ**。

赤ん坊が暖炉《だんろ》の中に手を突っ込みそうになっているのを見たとき、われわれは驚愕《きょうがく》と恐怖を感じる。しかし、われわれは赤ん坊を恐れているわけではないし、暖炉を恐れているわけでもない。赤ん坊が暖炉に手を入れるという出来事を恐れているとは、言って言えなくもないが、スープにクモが入っているという出来事を恐れているのとはわけが違う。後者の場合、スープから逃げるが、前者の場合、われわれは赤ん坊と暖炉から逃げたりはしない。むしろ逆である。赤ん坊に駆け寄るのだ（図6―2）。

ということは、正確には、**赤ん坊が暖炉に対して感じるべき恐れを代わりに感じている**、と言うのが良いだろう。われわれは、自分は安全だと信じていても他人に代わって恐れることができる。だとしたら、自分は安全だと信じながら虚構の主人公に代わって恐れることだって可能だろう。

実在信念がなくとも情動は生じる

いま、私が何をしようとしているかというと、**恐怖することと、脅威がそこに実在するという「信念」とのつながりを切ろうとしている**のである。その第一歩として、恐怖に伴う信念の中身を薄めてみた。ウォルトンは自分に脅威が迫っているという信念が恐怖に必要でしょと言いたげだが、そんなことはない。自分が脅威にさらされていると思っていなくても恐怖できる。

そうすると、ウォルトンのような路線の人たち（実在信念必要派）は、次のように譲歩するだろう。わかった。自分じゃなくてもいいや。「脅威にさらされている人が存在する」という信念でよしとしよう。いや、大負けに負けて、「なんらかの脅威が存在する」という信念でもいいことにしよう。でも、なんらかの脅威の**実在についての信念**はホンマもんの恐怖にはぜったい必要だ。それは譲らんけんね。

こうした信念の必要性を主張するためによく使われるのは、嘘がばれたら情動が変化するという事例である。251ページで触れたDVについての身の上相談の例がそれだ。同情しながら身の上話を聞いてきて、それが嘘だとわかったら同情は消えるでしょ、だったら、最初から嘘だとわかっている虚構の場合は、ホンマもんの情動を経験しているわけはない。こういう論法だ。

しかし、このアナロジーはおかしい。まず、嘘だとわかったとき、情動は消えるというより、別のものに変わる。当惑とか、怒りとか。しかし、虚構の場合、嘘だからといって、当惑したり怒ったりすることはない。虚構は「最初からバレている嘘」ではないのである。でっちあげだったとわかったら情動が消えてしまう話とまったく同じストーリーを、今度は虚構として語ったなら、むしろ情動は保持されるだろう。

恐怖と実在信念とのつながりを断ち切るために、キャロルは嫌悪について考えてみることを勧めている。すでに見たように、嫌悪はホラーの大事な要素だ。ところが、嫌悪は、恐怖以上に、いかなる実在信念もなしに起こりうる。キャロルは、ダリオ・アルジェント監督の『フェノミナ』から一場面を例にとって説明している。

ラスト近くで、ジェニファー・コネリー演じる少女が、蛆虫《うじむし》で満たされたプールに落っこちる。中には、腐りかけた屍体だの、ありとあらゆる汚物が満ちている。灰褐色《はいかっしょく》のぬめぬめした液体が少女にからみつく。こういうグロい描写がえんえんと続くわけだ。これを見て、吐き気を催す観客がいるだろう（私は大丈夫だった）。

さて、吐き気を催したとして、それって「吐き気ごっこ」をしているのか。それは準吐き気なのか。そうではないだろう。そりゃ、ホンマもんの吐き気であり嫌悪でしょ。虚構だとわかっていたって（つまり、実在信念がなくったって）本当の情動が生じるのだ。

キャロルの思考説

実在的な信念じゃなくても恐怖を生み出すことができる。この論点に基づいて、キャロルは自ら「思考説」と名づけた考えを提案している。要するに、**ホンマもんの恐怖は、恐ろしいものの思考を抱くことだけによっても生じる**、とする説だ。ここで「思考（thought）」という語は、「信念」に対比されて使われている。キャロルの定義によれば、信念とは命題的内容をそれが真だという態度決定（コミットメント）込みで心に抱くこと、思考とはそうした態度決定なしに抱くことだ。

　高い塔に登って地上を見下ろす。自分は絶対に落っこちることはない、とわかっている。しかし、落っこちるかもという思考を抱くだけで怖くなる。あるいは、落っこちる自分を想像するだけで怖くなる。これは、そういう思考を抱いたという出来事が怖いのではなく、やはり思った内容（自分が落ちるということ）が恐れられているのだ。

　思考だけで恐怖が生じるということを納得したかったら、恐怖をなくそうとするとき、われわれは何をするかを考えてみるとよい。自分が塔から落ちるところを想像してゾクゾクしてきたとき、いや、この塔から落ちて死んだ人はいないからとか、そんな塔だったら観光名所のわけがないだろうといった信念を形成して恐怖を打ち消そうとはしない。別の楽しいことを考えて**注意をそらすことによって、その思考を追い払おうとする**のである。

　思考内容が恐怖を生むと考えることの利点は、もちろんパラドックスを解消してくれるということだ。思考内容だけで恐怖を生み出すことができるなら、実在信念なしにホンマもんの恐怖が起こりうることになる。そして、ホラーは虚構で、私を怖がらせているものは実在せず思考にすぎないことを知っているから、われわれは映画館から逃げたり、本を放り出したりしない。

思考説を洗練させたい

思考説なかなかいいじゃん、と思うわけである。でも、二つばかりさらに考えておかなくてはならないことが残っている。

第一に、ここで突然出てきた「思考」ってなんじゃい、ということを明らかにしなければならない。キャロルは、折り目正しい分析哲学者なので、言語分析方面に答えを求め、これは分析哲学の父であるゴットロープ・フレーゲ（Gottlob Frege）の言う「思考（Gedanke）」に他ならない、としている。だけど、本書は恐怖とホラーにまつわる謎をあくまでも「心のメカニズム」の話として扱っているので、こうしたキャロル路線はとりたくない。第3章まででで展開してきた「恐怖のモデル」の中にキャロルが「思考」と呼んだものを位置づけてみよう。

第二に、いま観ているものは虚構ですよ、モンスターは実在しませんよという信念があることによって、ホンマもんの恐怖を感じているにもかかわらず映画館から逃げたりしない。これはなぜなのか、キャロルの説明ではまだよくわからない。その説明を補おう。

思考とは表象と見つけたり

第一の問いにいきなり答えてしまうが、キャロルの言う「思考」って、これまで私が「表象」と呼んできたものだ。信念も思考も、もっと原始的な知覚もみんな表象である。私のイチオシである「身体化された評価理論」の図解（153ページ）を見てほしい。最初の四角の中には「ヘビの知覚」と書いてあったでしょう。これも表象だ。知覚的に得られた表象ね。つまり、恐怖というシステムは、表象が入力されるところから始まるわけ。アラコワイキャーのときは、入力される表象が実在するヘビの視覚表象だったわけだけど、進化の過程でわれわれがいろんなことを表象できるようになるにつれ、このシステムはおそらく、知覚表象以外の表象も入力として受けつけるようになってきたと思われる。

たとえば、ダマシオたちのアイオワ・ギャンブル課題を思い出そう。「健常者」が不利なスタックからカードを引こうとすると、ＶＭＰＦＣがその行為を危険だと評価する身体的反応を引き起こし、それが別のスタックから引くという意思決定を生み出す、という話だった。そうすると、恐怖の身体的反応を生み出すシステムに入力されているのは、自分がこれからやるかもしれない行為の表象、もしくは、自分のこれからの行為が何をもたらしそうかについての表象、というかなり複雑で高度な表象能力を前提した表象だ（高度だというのは、ゲームのルールを理解していないと抱けない表象だから）。

恐怖は、アラコワイキャーのために獲得された、かなり原始的なシステムなんだけど、人間はその原始的なシステムに、その後に獲得した高度な表象を入力できるようになった。そのことの解剖学的な傍証は、動物は進化するにつれ、前頭葉と扁桃体の連絡がだんだん密になってくるということだ。

そうすると、ヘビがいますよという知覚表象だけでなく、メルトダウンした原発から放射性物質がばらまかれてしまったかもしれないという信念、ギャンブル課題で自分がこれからやる行為の帰結の表象（予想）、高い塔から自分が落ちていくシーンの表象（想像）なども、恐怖産出システムに入力できることになる。これらはいずれも「自分にとっての危険・脅威」という似通った中核的関係主題を表象するという点では同格だからだ。もしかしたら、これには他者が危険にさらされていることの表象（さっきの赤ん坊が手を火に突っ込む例）も含まれるかもしれない。他人に成り代わって恐れることはこうして可能になるのかも。

で、われわれの恐怖産出システムは、これらの入力を処理して恐怖に特有の身体的反応を生み出す。それが知覚されることにより、恐怖の「感じ」を伴ったホンマもんの恐怖が生み出される。そしてそれが行動を動機づける。恐怖産出システムは、われわれがヒトに進化する前からもっているものなので、おそらくわれわれの心の中ではモジュールになっている。だから、このシステムは自分に入力された表象の由来は知らない。それが証拠に基づいた信念なのか、予想で得られたものなのか、単に想像されたものなのか、それとも実物を知覚して得られたものなのか、判断できないのである。だから、脅威表象が来ましたよ、はい、ドキドキボタン押します、といった具合に、**同じ身体的反応を生み出す**。だから、いつだって生み出される恐怖はホンマもんだ。

こうして、われわれはいろいろなものに対してホンマもんの恐怖をおぼえることができるようになった。しかし、どんな「高級な」恐怖も、ベースには原始的な恐怖であるアラコワイキャーのためのシステムがあり、その古いシステムに寄生する、あるいは古いシステムを借用する形で可能になっている。

私が映画館から逃げ出さないわけ

そうすると、第二の問いが浮かびあがってくる。虚構によって生じた人工恐怖もホンマもんの恐怖であって、行動への動機づけを含んでいるとするなら、どうしてホラーの観客は映画館から逃げ出さないのか、という問いだ。

『ブロブ』では、ホラー映画館を怪物が襲うシーンがある。映画を怖がって観ているときには逃げ出そうとしない観客が、怪物が襲ってくるとわれ先にと逃げ出す。この違いはどこにあるのだろう。

この問題を考えようとすると、今度は恐怖産出システムの出力に注目しないといけなくなる。このシステムの出力は行動それ自体ではない。「逃げろ！」という指令のようなものが出力される。どう逃げるのかの意思決定は、それに引き続く行動産出システムに引き継がれる。われわれがオシツオサレツ動物だった頃は、恐怖産出システムの出力が直接に行動を生み出していたかもしれない。パターン化された逃避行動をとったり、すぐに気絶してしまうような場合、よく考えつつ逃げよう、目的手段推論を使いつつ最適な逃げ方をしよう、という「タメ」はない。

しかし、われわれはもっとよくできている。怪物に襲撃されて映画館から逃げ出すとき、われわれは他の表象を用いて「どのように逃げるか」を決める。キャーと言って観客席の後ろに殺到するのは、そこに出口があることを知っているからだ。ま、そこに怪物がいたんですけどね。最終的な行動は、「逃げろ」指令だけでなく、さまざまな信念や欲求の力関係で決まる。前に逃げるか後ろに逃げるか、恋人の手をひいて逃げるか見捨てて逃げるか。そして、逃げないというのも最終的な出力の一つである。

ホラーの場合、脅威は実在しないんだよという強い信念が存在している。この信念が、最終的な行動選択の段階で、認知の上位レベルから行動産出システムに介入して、本格的な逃避行動を抑制する。だから、映画館から誰も飛び出さない。しかし、すべての行動をこの信念は抑制できるわけではない。だからわれわれは、思わず腰を浮かせたり、目を閉じたり、顔を手で覆《おお》ったり、悲鳴をあげたりはする。そこで感じられているのがホンマもんの恐怖だからだ。

第7章　なぜわれわれはホラーを楽しめるのか？

1　パラドックス解消が満たすべき条件とは？

ホンマもんの恐怖をなぜ喜ぶの？

本章では、ノエル・キャロルがホラーをめぐって提出したパラドックスのうち、第二のものを扱おう。それは、こういうパラドックスだった。恐怖感が不快なものであるとするなら、なぜ人々はホラーを楽しむことができるのだろう。恐怖は、回避や攻撃を動機づける。なのに、**なぜわれわれは、自分を恐ろしい目に遭わせることがわかっているホラーをわざわざ求めるのだろう。**

これは他のジャンルではあまり生じない問いだ。コメディを読むこと、観ることは笑いをもたらす。笑いは楽しい。だから楽しさを求めて、みんなコメディを観る。ホラーの場合はそうはいかない。第4章での定義によれば、ホラーは受け手に恐怖をもたらすはずのものだ。そして恐怖は不快である。通常なら人々は恐怖を避けようとするはずだ。でも、人々はホラーを避けるどころか、わざわざお金を払ってまでそれを味わおうとする。そしてよくできたホラーを享受しているとき、人々は明らかに楽しんでいる。いったいなぜなのだろう。いったいなぜそんなものが好きなのだろうか。これは、ホラーというジャンルの根幹に関わる問いだ。

私にとっては、この問いはさらに深刻になる。前章でわれわれは、虚構によって喚起される恐怖は、ホンマもんの恐怖と考えるべきだと論じた。恐怖ごっこをしているなら、そりゃ楽しいかもしれない。しかし、ホラーを観ているときに感じている恐怖は本当のものだとするなら、ホラーを避けないどころか、喜んで観るというのはかなり奇妙な態度だ。しかも、ごくフツーの人がそうしている。

さらにまた、キャロルのような論者の場合、ホラーにとっては恐怖と同じくらい嫌悪が重要だと考える。そうすると、ますますホラーは奇妙なジャンルになる。嫌悪と拒否は分かち難く結びついている。普通だったら、嫌悪しているものは遠ざけようとするだろう。われわれはけっして、今日はヒマだから、ちょっと腐った生ゴミのにおいでも嗅《か》いでみようか、などと思ったりはしない。しかし、その同じ人が、ホラーを避けないどころか喜んで観ている。

というわけで、ホラーというジャンルはそもそもの存在が謎めいている。ホラーは、人々を魅惑しているのだが、人々が拒絶したくなるものを使ってそうしている。どうしてそういうことが可能なのだろう。

以下では、キャロルの導きに従って、まず一つのよくある仮説、つまりホラーの魅力を、性的・文化的抑圧との関連で解き明かそうとする精神分析的試みを検討し退《しりぞ》けよう。

次に、ホラーのプロットからその魅力を説明しようとするキャロル自身の仮説を紹介して検討する。あらかじめ私の答えを言っておけば、キャロルの仮説は間違っていないと思うけど、私はまだ不満だ。最後に、キャロルの仮説をどう補ったら良いかについての私の考えを述べよう。

まずは三つの条件を

具体例を検討する前に、このパラドックスに答える仮説がどういう条件を満たしていなければならないかを明確にしておこう。

まず、仮説は十分に一般的でなければならない。つまり、**ホラーというジャンルのほぼすべてに当てはまる仮説**でなくてはいけない。

ホラーの特定のサブジャンル、たとえば宇宙からの侵略モノにだけ当てはまる説明があるかもしれない。さらには、特定の作品にだけ当てはまる説明があってもよい。『フェノミナ』はかなり気分を悪くさせる映画だ。私がそれを繰り返し観たくなるのは、ひとえに、まだ幼い頃のジェニファー・コネリーの魅力による。蛆虫のプールで溺《おぼ》れるのが彼女だからこそ、本来なら嫌悪の対象でしかないはずのあのシーンが、私にとって観るに値するものになる。こういうふうに、個別の作品にだけ当てはまる説明があって、その説明のほうが、その作品がなぜ特定の人を惹きつけるのかをはるかに雄弁に語る、ということはありそうだ。そして、そうした説明を排除する必要はまったくない。批評ってそのためにあるんでしょ。

しかし、ここで手に入れたいのは、ホラーというジャンルに属する作品すべてに当てはまるような説明だ。

第二の条件は、第一の条件と密接に関係している。**特定の観客層とか特定の時代にだけ当てはまるような説明はできるだけ避けたい**。受け手の側に関しても可能な限り一般的な説明が望ましい。

たとえば、ホラーと戦争との関係はしばしば指摘されてきた。アメリカでは一九四〇年代にいったんホラー映画がブームになった(一九四一年のベラ・ルゴシ主演『狼男』など)、その後、終戦によりホラー映画業界は衰退したが、一九五〇年代からの冷戦時代にSFと結びついて再び息を吹き返した（『蠅男の恐怖』『マックイーンの絶対の危機』『SF／ボディ・スナッチャー』）。こういう現象は、しばしば、時代を覆う漠然とした不安感とかによって説明されたりする。でも、こういう説明はダメだよという条件だ。

ここまでは、説明ができるだけ一般的であることを求めてきた。さりとて、あまりに一般的でも困ってしまう。つまり、**ホラー以外のジャンルにも当てはまってしまうような仮説ではいけない**。これを第三の条件としよう。たとえば、ホラーを観ることで実生活の不安やストレスが解消される、といった類《たぐい》の説明だ。ホラーじゃなくたって、不安やストレスを忘れることはできるでしょうに。あるいは、ホラーの主な観客が若者であることや、登場人物が若者で、舞台が学校のホラーが多いことなどに注目して、ホラーは青年期のアイデンティティ不安や、社会からの疎外感、大人への不満のはけ口を提供しているのだ、と言う人もいる。これだって、ホラーに限った話じゃないよね。

こういう説明はいくらされても、パラドックスの解消には役立たない。ただし、間違っている、と言いたいのではない。そういう側面もあるでしょうね、と思うだけだ。

最後の条件：「別種の価値」に訴えないならベスト

第四の条件は、ややキビしすぎるかもしれない。できればこの条件を満たしてくれるとありがたい、という程度の条件だ。ホラーは嫌悪と恐怖を募らせる。しかも、ホンマもんの。しかし、**それを上回る別の価値があるから、人々はホラーに魅了されるのだ**、というタイプの説明だ。つまり、嫌悪と恐怖にあまり密接に関係しない**別種の価値**をもち出してきて、ホラーは普通だったら拒絶されるような対象を描いているにもかかわらず、その「別種の価値」ゆえに人々はそれを楽しんで受け入れているのだと説明するやり方ね。こういうやり方に訴えずに説明できたらベター、というのが第四の条件だ。

これも、そういう付加的な価値をホラーがもたない、と言っているのではないことに注意してほしい。むしろ逆で、よくできたホラーは、恐怖といっしょにたくさんの付加価値をもたらしてくれる。深い思考を促すようなホラーもあるし、社会批判を含むホラーもある。笑わせてくれると同時にゾッとさせてくれるようなホラーもある。『うずまき』に作家の佐藤優が寄せた解説には驚いた。「うずまき」は資本主義の暗喩《あんゆ》だと指摘しつつ、神学的に読み解いているのね。ああ、だから主人公が「桐絵」という名前なのか。「キリエ」ってギリシア語由来で「主よ！」という意味だもんな、と合点がいったりする。批評はこうした付加価値を明らかにするとともに、作者自身が気づいていない新たな価値を作品につけ加える作業でもある。

というわけで、第四の条件を課すことで、私は次のことを言いたいわけではない。つまり、恐怖と嫌悪を上回る別種の価値があるからホラーは魅力的なんだという説明は、ダメ説明だ、と言いたいのではない。その「別種の価値」がホラーというジャンルに普遍的でしかも特有のものであるなら、パラドックスの解消という点からはとりあえず、満足がいく。

でも、こうした説明は「怖いにもかかわらずホラーが魅力的なのはなぜか」に答えてくれるかもしれないが、「ホラーが、怖いがゆえに魅力的なのはなぜか」には答えてくれない。もし、後者の問いにも答えてくれるような説明が手に入ったら、そちらのほうがより良い説明だろうと私は思う。なぜなら、ホラーというジャンルを特徴づけるのは、まずもって恐怖という情動なんだから。

さて、それでは以上の四つの条件を忘れないようにしながら、これまでに提案されてきたパラドックス解消の試みを検討していくことにしよう。

2 ホラーとは抑圧された性的欲望の変形だ！——精神分析的理論①

吸血鬼の象徴的意味

精神分析って、いろんなことを説明するのに使われてきた。だからホラーの魅力の説明だって、朝飯前にやれちゃう。キャロル自身、駆け出しの映画学者だった頃には、**ホラー映画の精神分析学的解釈**をしていた。なので、いまでも特定の作品、特定のサブジャンルなどには有効な分析手法だと評価している。そりゃ有効だろうよと私は思う。なぜなら、作り手が精神分析を勉強して、意識して作品をつくっているからだ。いまやサイコ・ホラーのジャンルは、精神分析やプロファイリングの花盛りでしょ。そうでなくても作り手は、批評家が精神分析的語彙で自分の作品を分析してくれることを望んでいるようにも見える。そのことで、もう一つ深い次元が作品に加わるからだ。

キャロルは精神分析に訴えた二つの説明を取りあげて検討している。第一のものは、キャロル自身が大きく影響を受けた、アーネスト・ジョーンズ（Ernest Jones）の『悪夢について（*On the Nightmare*）』だ。この書物の中でジョーンズは、フロイト的な「無意識の願望充足」に訴えて、悪夢に現れる夢魔、吸血鬼、悪魔、狼男、魔女の象徴的意味を明らかにしようとしている（Jones 1931）。この分析自体、けっこう面白いので、ぜひここで紹介したい。

ジョーンズは、**悪夢に出てくる対象が恐ろしいのはなぜか**、と問いかける。この問いに対する答えはこうだ。悪夢の根底にある隠された願望の表現が、そのままむき出しの形では許されない、禁止されるべきものだから。夢はその願望をそのままの形では表さず、検《けん》閲《えつ》して変形する。その結果、悪夢に出てくる対象は恐ろしく、おぞましい姿になる。……っていったいどういう理屈？

ジョーンズが例にとっているのは吸血鬼だ。伝説で語られる吸血鬼は、相反する二つの属性をもっている。一方で吸血鬼は人々の畏敬《いけい》を集めている。他方で、吸血鬼は（もちろん）人の血を吸う。現代化されたバージョンとは異なって、伝説上の吸血鬼は、まずは自分の親類のもとを訪れるそうだ。愛していた自分の近親者が、死から蘇《よみがえ》って私を訪れてほしいという願望を、吸血鬼の夢は表している。とりあえずは。

ところで、なぜその近親者が人の生き血を啜《すす》るおぞましい存在になって再訪してくるのだろう。ジョーンズは、これを誘惑と結びつける。夢を見る者が望んでいるのは、死んだ近親者とただ単に出会うことではなく、その者との近親相姦なのだと。しかし、近親相姦の欲望は禁止され抑圧される。そのため、欲望の対象となっている亡くなった近親者は無意識の検閲を受けて変形される。愛の行為はサディスティックな攻撃になる。本当は夢見る者が能動的に欲望しているのに、夢は、自らを吸血鬼の欲望の対象、つまり「受け身の犠牲者」として描く。さらに、吸血という行為は、抱擁《ほうよう》と吸うこと、嚙むことに結びついている。悪夢を見ているとき、夢見る者の欲望は口唇期《こうしんき》の赤ん坊の欲望に戻って（退行して）しまっている。

コワさは快楽にいたる道だ

何だか、精神分析の教科書どおり、という感じだね。欲望の**否認**により、愛が憎しみに変形される。**投影**により、死者が欲望する能動的存在になり、欲望しているはずの生者が受け身になる。**退行**により、性器期的な欲望（近親相姦したい）は口唇期的欲望（抱かれて、嚙まれて、吸われたい）に変形している。このように、吸血鬼の悪夢は夢を見る者がもっている近親相姦の欲望が変形して現れたもの、というわけだ。ジョーンズは、この説明を他の悪夢にも拡張した。

これをパラドックスの解決に結びつけてみよう。悪夢とそこに現れる対象が恐ろしいと同時に魅力的なのはなぜか。まず、魅力的なのは、それが無意識の近親相姦的願望の対象だからである。ドラキュラがイケメンなのも無理はない。しかし、この願望は禁止され抑

図7−1　抑圧された性的欲求の怪物化

圧されるので、そのままでは認められない。ここで、認めてはならない願望を偽装するため、夢見る人は、自分の欲望の対象を、恐ろしく、拒絶したくなるようなイメージに変形する。こうした変形のおかげで、夢見る人は、自分の内的な検閲によって非難されることがなくなる。なぜなら、自分は欲望したのではなく、欲望されて、襲われたのだから。自分を襲った者を、恐ろしくおぞましいものとみなしているのだから。というわけで、**恐怖と嫌悪は、夢見る人が自分の願望が満たされたことに対して支払う代価のようなものになる**（図7−1）。

大衆向けの虚構作品は人々の無意識

の願望を満たすためのメディアだ、とはよく言われる。だとするなら、こうしたジョーンズの説明をホラー一般に拡張することもできるだろう。**ホラーのパラドックス的な性格は、われわれの無意識の領域を支配する、もっと深い両義性を反映したものだ**ということになる。ホラーの怪物や出来事が魅力的なのは、無意識の願望を満たしてくれるからだ。そしてそれらが恐ろしく嫌悪を催させるのは、検閲をパスするためだ。こうしてパラドックスは見事に消える。怖さは快楽にいたる道だということになるね。うーん。よくできたストーリーだ。思わず信じてしまいそう。恐怖・嫌悪が同時に魅力でもあるわけだから、第四の条件も満たしてくれている（正しいならば）。

ゴジラは「抑圧された性的欲求」の産物か？

精神分析は科学哲学者によってつねに疑似科学の嫌疑をかけられてきた。しかしここでは、精神分析による説明一般について、それがどのくらいまともなのかという検討はできない（そんなことやったら、もう一冊書くくらいでは済まないぞ）。

そこでかりに、ジョーンズ理論は悪夢については正しい説明を与えてくれていると認めておこう。そのうえで、この理論はホラーというジャンルの根底にあるパラドックスの解決に応用できるか、というと、首を傾《かし》げざるをえない。ホラーに登場するすべての怪物、あるいは怖いサムシングの背後に、いかに拡張された意味にせよ、「隠された性的欲望」があるのだ、というのはどう考えても無理がある。

もちろん、抑圧された性的欲望による解釈がうまく当てはまりそうなホラー作品はいっぱいある（『キャット・ピープル』とか『羊たちの沈黙』とか）。さらに、まさにずばりモンスターによって妊娠させられる、というホラーのサブジャンル（『ローズマリーの赤ちゃん』と、その異星人バージョンの『ノイズ』とか。『ザ・フライ2』とか）が存在していることも、もしかしたらこの理論で説明できるかもしれない。

しかし、抑圧された性的欲求説が当てはまらない怪物のほうがむしろ多いだろう。キャロルは、キングコングやゴジラが性的願望の充足のためのキャラクターだというのは、さすがに無理だろうと述べている。つまり、**ジョーンズ流の精神分析的理論では、ホラー一般を包括する説明は提供できない**。第一、第二の条件を満たせない。

抑圧理論ではホラーの両義性は説明できない

では、変形されて顕在化する無意識のXは性的欲望に限らない、と一般化したらどうだろうか。幼児的な不安、トラウマなどいろいろありそうだ。たとえば、怪物は抑圧されたた不安の表れである、とするとか。こんなふうに拡張すると、抑圧されたものならなんでもありになる。幼児的な万能性（なんでも自分の思ったとおりになる）とか、逆に、思いどおりにならないことへの激しい怒りは、ふだんは抑圧されている。これが、検閲を経て怪物や超能力に形を変えて、恐ろしいもの、自分を攻撃するものとして表現される。しかし、そこで表現されているのは、万能性への願望だったり、怒りを爆発させることへの欲求だったりするので、われわれには元来、魅力的なものである。キャリーが怒りのあまり暴発させてしまった超能力とか、スキャナーズたちの恐ろしい能力（念じただけで、相手の頭が破裂する）は、こんなふうにして説明することもできそうに思える。

しかし、それでもすべての怪物的なものが説明できるとは思えない。なぜなら、ホラーの怪物には、もっと安直なつくり方があるからだ。第5章でも身体の分解・再構成によって怪物表象を創造するプロセスについて述べたが、これはいろんな生きものから、いろんなパーツをもってきて組み合わせ、少しネバネバさせるといったやり方だ。アリやクモやネズミのようにごく普通のものでも、大群にすればよい。大きさを変えてもよい。それだけで十分に怖くなる。抑圧されているXを見つけ出して、それを怪物化するといった面倒な手順は必要ない。

というわけで、キャロルと私の結論はこうだ。精神分析的な説明が有効な作品もあるかもしれない。また、「抑圧された無意識のなんたら」といった精神分析由来の言い回しそのものが、日常言語には十分に入り込んでいる。もはや手垢《てあか》のついた表現になっていると言ってもよい。だから、作り手がそうした枠組みに沿って作品をつくるということもありうる。しかし、**ホラーの両義性、つまり恐怖と嫌悪による回避と、抗しがたい魅力の両立を、抑圧の対象の両義性で説明しようとする精神分析的理論は、ホラーというジャンルを十分に包括できない。**

3　ホラーとは抑圧されたものによる秩序の転覆だ！——精神分析的理論②

文化の枠組みがわれわれを抑圧する

キャロルは、もう一種類の精神分析的説明を取りあげて批判している。こちらもルーツはフロイトにある。ただし、抑圧された無意識の性的欲望、ではなく、『不気味なもの』で展開されたフロイトの考えに由来するものだ。

フロイトは、「不気味なもの」が生じるのは、抑圧された幼児のコンプレックスが復活するとき、あるいは、われわれが克服したはずの**原始的な信念**がもういちど確証されたときだと論じている。この意味で、不気味なものを経験するということは、すでに知っていたが抑圧され隠されていた、馴染みのある何かを経験するということだ。

ここにも「抑圧」が出てきた。その正体は何だろう。文学研究者のローズマリー・ジャクソン（Rosemary Jackson）は、ファンタジーについての著書の中で、次のように論じた。われわれのメジャーな文化がもっているカテゴリーの秩序は、抑圧的な枠組みとして働く。そして、文化の枠組みによって抑圧され、忘れられてきたものが、ときおり怪物として顕現する（Jackson 1981）。この意味で、怪物は、「世の中ってのはこんなもんじゃ」とメジャー文化が押しつけてくる枠組みの限界を示し、それにダメ出しをするのだと言えるかもしれない。

なかでも「ひと」という概念は、とりわけ抑圧的なカテゴリーだ。何が「マトモなひと」なのかをメジャーな文化は勝手に決めて押しつけてくる。ホラーは、こうした「ひと」というカテゴリーを解体する。狼や魚やハエと混ぜてしまったり、ありえない能力をもたせたり、何人も融合させてしまったりと、それこそいろんな仕方で。

怪物は寄せ集め性をもつ。だからそもそも不純なものであり、カテゴリーを侵犯する、メジャーな文化にとっては穢《けが》れた存在だ。このように考えると、**怪物は既存のカテゴリーを問題化し揺るがすことで、文化が何を抑圧してきたのかを示すことになる。**怪物は既存の秩序を転覆《てんぷく》する。

ジャクソンのこうした考察は、ホラーのパラドックスを解決するためのものではないが、キャロルはそこからパラドックスへの答えを引き出すとしたらどうなるかを考えている。要するに、ホラーは、ありえないもの、あってはならないものを怪物として提示することによって、文化の優位な概念枠組みやものの見方を攪乱《かくらん》する。われわれに押しつけられた枠組みが抑圧的で窮屈なものである限りにおいて、**その枠組みが壊れるのは、一瞬にせよ解放感を与えてくれる楽しいことだ**。これが、人々がホラーを歓迎する理由だというわけ。

なるほど。もしそうだとすると、ホラーと笑いとが意外に相性が良いこともついでに説明がつくだろう。どちらも、権威的で硬直した枠組みが思わず失調することに根ざしているからだ。

ホラー秩序転覆説の難点

このように、ジャクソンの考えは政治性を強調したものになっている。ホラーの本質を既存秩序の転覆に置くわけだから。たしかに、作り手が体制批判や秩序転覆を意図し、観客もそのようなメッセージが込められたものとして作品を観る、こういうことは大いにありうる話だ。すでに述べた冷戦とホラーの関係がそれを示している。その他、環境汚染批判や科学技術文明批判が怪物の形をとった例は枚挙にいとまなし。

しかし、これに対するキャロルの評価は、無意識の欲望説と同じだ。うん、それが当てはまるホラーもあるね。でもすべてのホラーがそうであるわけではない。既存秩序転覆説も一般性を欠き、第一の条件を満たしていない。

たとえば、ホラーの定番である多重人格とか、有機的に統合されない不純な寄せ集めである怪物を、支配的文化がわれわれに押しつけてくる自己同一性（アイデンティティね）についての硬直した捉え方を転覆させるものとみなす、なんてことはできるかもしれない。気の利いた考えだ。かっこいい。

しかし、キャロルによれば、ジキルとハイド、ドリアン・グレイ、狼男のような虚構上の分裂自我の多くは、むしろ、善と悪、理性と本能、理と情、人間性と獣性に引き裂かれた存在、という**伝統的な人間観を具現したもの**とみなすことだってできる。これらは、伝統的な人間観を覆《くつがえ》しているわけではなく、むしろそれを繰り返し、変奏し強化している。ジャクソンの過《あやま》ちは、われわれの文化が、「合理的主体として統合された自我」という一つの人間観しかもっていないと想定してかかるところにある。硬直しているのはどっちだ、というわけ。

さらに、カテゴリーからはみ出したものは抑圧されるという想定自体がかなりあやしい。「抑圧」というのは、単に気づかれないとか、考えにくいということ以上のものを含んでいる。つまり、考えられないようにさせるということを含んでいる。ジャクソンは、「語られず、思いつかれないもの」は、現実批判を含んでいるがゆえに抑圧されると考えているみたいだ。しかし、怪物やホラーの描く状況はたしかに「考えられない」ものなのだが、この意味で抑圧されたものとは限らない。人間と機械とが融合したり、人間の胴体にハエの頭がのっかったりすると、おお、こんな怪物もありかね、と驚くわけだが、でも、そのような存在を考えることを禁止されていたとか抑圧されていたというのは大袈裟だ。

たくさんの「怖いもの」は、明らかにこの種の抑圧されたものではない。単に、文化の主流のカテゴリーや概念の通常のレパートリーに属していないために思いつきにくいということと、文化の主流によって抑圧されているということは異なる。怪物の多くは、単に思いつかなかっただけで、うすうす思いついていたが抑圧されていた、というわけではない。怪物は、既存の文化的カテゴリーに変形や組み合わせなどのルーチン的な操作を加えても造ることができる。そんなものを抑圧することにどういう意味があるのか、そもそもわからない、というのがキャロルの考えだ。

さらに、ホラーで「ありそうもないもの」を見ても、われわれは現実を否定された気になるとは限らない。その「ありそうもないもの」は、たしかに文化の既存のカテゴリーに属さないかもしれないが、同時に**われわれは、本当のところそれは現実世界に存在しない**

ことを知っているからだ。

怪物を描くこと、あるいは虚構を創造することがそれ自体で政治的な行為なわけではない。キャロルは、道徳的にも政治的にもどーしようもない虚構はいっぱいあっただろ、とわれわれに注意を促している。時代の趣味に合わないという意味で文化のカテゴリーを覆したりそれに反抗しているとみなせる作品はたくさんある。が、それらが政治的にも転覆的であるとは限らない。虚構が政治的にも転覆的・反抗的なものであるかどうかは、その内的構造や文脈によるのであって、虚構であるという存在論的な位置づけによるのではない。つまり、**政治的転覆性は虚構やホラーの本質ではない**。

ホラーのすべてが批判的・転覆的とは限らないし、逆に、**批判的・転覆的な要素をもつ他ジャンルの作品はそれこそたくさんある**。第一、ジャクソンはそもそもホラーではなくファンタジーというジャンルを論じていた。つまり、彼女の理論はパラドックスへの解答として見た場合、第三の条件も満たしていないことになる。

4　ホラーは「認知的喜び」をもたらす――キャロルのプロット説

ヒュームの見解――「悲劇の喜び」について

というわけで、キャロルは精神分析的理論を十分に包括的でないという理由で斥《しりぞ》ける。そのうえで、パラドックスの解決策に対するヒントを、この問題の歴史的ルーツをたどることで見つけようとする。

実は、このパラドックスは一八世紀に広く論じられたことがある。ただし、ホラーより少し広い文脈で。つまり、**普通だったら避けたくなるような出来事や対象が、芸術的に提示されると喜びをもたらすのはなぜか**、という問題だ。この問題で、主として扱われたのはホラーではなく悲劇だ。現実で自殺や虐殺に遭遇したら楽しいどころではない。悲劇ではそれがこのうえない娯楽になり、人々に喜びをもたらす。これはどうして、というわけだ。

デイヴィッド・ヒューム（David Hume）はこの問いについて、「悲劇について」という論考を記している。エドマンド・バーク（Edmund Burke）も『崇高と美の観念の起源』で、この問題を扱っている。一八世紀には広く論じられた問題だったのである。

キャロルが解決のヒントを求めるのはヒュームの考えだ。ヒュームは、憂鬱な話を弁論家が語って聞かせる際の喜びについて、そこで語られている出来事そのものではなく、その修辞（雄弁さ自体）に聴衆が反応することから来る、としている。悲劇の場合は、この「修辞」に相当するのは、**筋立て（プロット）**ということになるだろう。

ハムレット、オフィーリア、ガートルード、クローディアスの死に、観客は関心を寄せる。それは、どんなに血しぶきがあがるかしらとか、苦悶《くもん》の表情が長く続くといいな、という死に方そのものに対する興味ではない。悲劇的な出来事（この場合は死）自体が喜びをもたらすのではなく、むしろそれがどのようにプロットに組み込まれているかが観客の喜びを左右する。

物語が展開し始めると、物語を前に進める力によってプロットが先へ先へと生み出されていく。それが、観客に「次はどうなるのだろう」「ハムレットにはどんな運命が待ち構えているのだろう」という問いを生む。この問いに対する答えが与えられ、興味が満たされたところから悲劇を観る喜びが生じる。悲劇の喜びを生み出しているのは、**物語的期待が満たされること**だ。

ホラーのキモは「発見・確認」のプロット

キャロルは、こうしたヒュームの見解をホラーに適用することによって、パラドックス解決の鍵が得られると考える。ホラーは物語であることを思い出そう。ホラーというジャンルのほとんどは物語だ。**観客の興味と快楽の中心は物語にあって、必ずしも怪物それ自体ではないはずだ。**

先に斥けた精神分析的見解は、ホラーに登場する怪物の機能だけに着目していた。怪物は抑圧された何かを解放するだとか。しかし、ヒュームの見解が正しいなら、怪物にだけ注目するのは、ハムレットの死にざまだけに注目するのと同様に間違いだということになる。そのアイテムがどういう物語構造の中に現れるかが重要だ。われわれの快楽と満足は怪物それ自体ではなく、怪物が配置される物語構造全体に由来する。

もちろんこれは、ホラーに怪物は重要でないということを意味しない。また、どんな物語でもホラーの喜びを与えてくれるということも意味しない。キャロルは、怪物はホラー物語に欠かせない構成要素だと考えているからだ。また、すべての物語がホラーの物語と同じように機能するわけでもない。

では、ホラーに特有のプロットとは何か。キャロルの答えはこうなる。ホラーにおいて、物語は、しばしば**常識では不可能な何かの存在を証明したり発見したり確認したりするこ**

とを中心に回る。怪物の存在はそういう物語の構成要素だ。その結果、観客の期待は、この存在が物語の中で確証を得るかどうか、得るとしたらどのようにしてか、に向かう。

発見・確認というプロットに観客の関心を集中させるために、怪物が存在するという決定的情報の開示はできるだけ先延ばししたい。とはいえ、多くの場合、観客には上映早々怪物の存在が伝えられてしまう。それを避けることはできない。その代わり、登場人物が怪物を発見・確認するまでには長いプロセスが必要になる。『ジョーズ』でも、巨大なホオジロザメが主人公の前にその全貌を現すのは、映画の後半のことだ。

ヒュームも、語りによって人の心を動かそうとする際の最善の方法は、聞き手に「知らせることを巧妙に遅らせ、秘密を漏らす前に、好奇心を掻き立て、じらせること」(「悲劇について」)だ、としている。

発見の物語は引き伸ばされる

『エルム街の悪夢』は、主人公のナンシーが夢の中でフレディに追いかけられる場面から始まるので、観客は最初からフレディの存在を知っている。というか、たいていの観客は映画館に足を運ぶ前から知っている。しかし、夢を見た当人は、それがただの悪夢だと思っている。やけにリアルだとは思うけれども。ふとした会話から、親友も同じ内容の夢を見ていたことを知り、ナンシーは夢魔の実在をやや信じるようになる。しかし、あくまでも「やや」だ。その後いろいろあって、彼女がフレディの存在を確信するに至っても、今度はまわりの大人たちを納得させることができない。

こんな具合に、引き伸ばされた一連の発見の物語は、まずは観客・読者に知らされる、次に登場人物の誰かが、また誰かが、また誰かが知らされるという構造をもっている。

怪物的なものが登場したあとでも、その本性、正体、由来、目的、能力、弱点の情報は隠されたままだ。主人公は怪物に立ち向かうため、あるいは怪物から逃げおおせるために、これらを解明していかなくてはならない。『スクリーム』では、かなり早い段階で、殺人鬼の存在は観客にも登場人物たちにも明らかになる。そりゃ、人がとんでもない仕方で殺されたんだから殺人鬼の存在は認めざるをえない。したがって、物語を駆動《くどう》するのは殺人鬼の正体と動機を知りたいという欲求になる。この映画ではかなり見事に、最後の最後まで殺人鬼の正体は（観客にも）わからないようになっている。

さらに、かりに正体が突き止められたとしても、今度は、物語は怪物退治に成功するかどうかによって駆動されるようになる。だから、この時点でも探求・発見ドラマは続いている。弱点探し、あるいは脱出法探しとして。

プロットのポイントは「怪物」

というわけで、ホラーは好奇心に駆動されると言ってよいだろう。観客を魅惑するのは、謎の提示、発見、探求ないし証拠の提示、証明、説明の一連のプロセスだ。こう言うと、どんな物語だって知りたいという欲求を含んでるでしょ、とツッコミが入りそうだ。私も入れるね。少なくとも、この先どうなるのか、結末はどうなるのかを知りたいという欲求は、すべての物語に共通しているのではないか。

それでも、ホラーは次の点でやはり特殊だ、とキャロルは言う。つまり、ホラーは、たいてい何らかの怪物的存在を含んでいる。そして、怪物はこの種の好奇心を生み出すのにうってつけだ。なぜなら怪物は、定義上、常識つまりわれわれの概念枠組みを前提する限りありえない存在であり、原理的に知りえないものとして提示されるからだ。だからこそ、まずは、存在証明をしなければならないし、次には正体を突き止めなければならない。このようにして、怪物を含むことが、存在証明と正体突き止めをホラーのプロットの中核に据える。

劇中で怪物の正体を探求する主体は、多くの場合、怪物に襲われた被害者であり、あるいはそれを専門職業とする者（エクソシスト、精神科医、プロファイラー）であったりするのだが、ときには、怪物自身が自分の正体を探求することもある。岩明均《いわあきひとし》はこのような自己省察的な怪物を描くのが得意な漫画家だ。その点で、メアリ・シェリーの系譜に連なる。たとえば『寄生獣』では、人間に寄生して人間を喰うというという生き方にどんな意味があるのかと、寄生獣自身が問うようになるし、『七夕《たなばた》の国』の怪物である「頼之《よりゆき》さん」も、自分が何ものなのかを知り「心のモヤモヤ」に決着をつけることを望んでいる。

ホラーがもたらす二つの喜び

ここまでで、ホラーの典型的プロットが探求のプロセスであること、そしてそのプロセスを駆動するために恐ろしい怪物が果たしている機能を確認することができた。パラドックスの解決まではあと一歩だ。

ホラーを体験することの喜びは、まず第一に発見、証明、確証のプロセスから来る。簡単に言えば、**謎に魅せられ、謎が解ける喜びに浸ることができるのが、ホラーが人々を惹きつける理由だ**。つまり、ホラーの喜びはまずもって**認知的な喜び**だ。トマス・ホッブズが「心の食欲」と呼んだ好奇心を満たすこと、それがホラーの喜びの正体というわけだ。

ホラーの場合、こうした認知的喜びをもたらすために、**怪物的なものが大きな役割を果たす**。恐怖と嫌悪の対象だからこそ、探求心を駆り立てることができる。ジャクソンに倣《なら》って、怪物の怪物らしさを、既成のカテゴリーに合致せず、分類を拒むという点にあると考えてみよう。既存の分類体系に収まりのつかない、不純で穢れた「はみ出し者」であるがゆえに、怪物はわれわれを困惑させ、嫌悪し遠ざけさせる。しかし一方で、既成のカテゴリーに合致しない謎であるからこそ、われわれの好奇心を刺激し探求を駆動する。これが第二の喜びだ。

以上がキャロルの「解決法」だ。どうでしょう。説得力ありですか？　もし、この考えが正しいなら、ホラーの喜びは好奇心が満たされるところにあるのであって、恐怖や嫌悪の情動をもつこと自体は、ホラーを観ることの第一の目的ではないことになる。キャロル自身、嫌悪は**発見の喜びの代価**のようなものだと述べている。だとすると、この解答はなんだかホラーの大事で面白いところをうまく捉えていないような気がする。このモヤモヤをわかっていただくために、次にキャロルの説にツッコミを入れてみよう。うまくいけば、代案を出せるかもしれないと期待しつつ。

5　キャロルの「解決」にツッコム

キャロル説は三つの条件を満たしていない

そこで、キャロルの説は、パラドックスの解消が満たすべき四つの条件に照らして好成績を収めることができるかどうかを検討しよう。

まず、第二の条件（特定の観客層や時代にだけ当てはまるような説明はダメ）は満たしていると言ってよいだろう。ホラーの探求物語としてのプロット自体は時代によってそんなに変化していない。また、探求による好奇心の満足も、特定の観客だけのものではなさそうだ。

第一の条件（ホラーというジャンルの全体に当てはまる仮説でなくてはいけない）はどうか。キャロルの説は十分に一般的だろうか。誰もが言いたくなるのは、謎解き・探求というプロットではないホラーもあるぞ、ということだろう。『悪魔のいけにえ』は、若者たちがどんどん襲われ続けるのだが、いっこうにレザーフェイスの正体は明らかにならないし、若者たちもそれを明らかにするために何かをするわけでもない。

キャロルは、精神分析的説明を十分に包括的でないと退けたのに、自分のはいいのか、と言いたくなる。それどころか、そもそも物語でないホラーもキャロルは認めている。たとえば絵画だ。これはどうするつもりだ。

さりとて、第三の条件（ホラー以外にも当てはまるような仮説ではダメ）も満たされているとは言いにくい。同じような、探求と発見のプロットは、他のジャンルにも見られるからだ。犯罪捜査ものは言うまでもない。天変地異ものも、きわめて似通ったプロットをもっている。最初、ごく少数の人間だけが来るべき異変に気づく。それは政府によって秘密にされたり（『ディープインパクト』の小惑星衝突）、誰も信じてくれなかったりする（『２０１２』の地殻変動や『デイ・アフター・トゥモロー』の氷河期到来など）。観客にも全貌は隠されている。これが、徐々に証拠が積み重なることで、多くの登場人物にも観客にも共有されていく。怪物を自然災害に置き換えただけのように思える。そうすると、キャロルのプロット仮説は、こんどは逆に包括的すぎて、ホラー以外のジャンルにも当てはまるような仮説になってしまっているのではないか、という疑いが生じる。

ホラーの怪物は「理解不可能」な存在か？

一方で、ホラーのすべてを覆うことができておらず、他方でホラーをはみ出してホラー以外のものに当てはまってしまうとなると、要するに、キャロルの仮説は「まるでズレている」ということだ。ところが実のところ、キャロルはこうした批判がありそうなことは先刻承知で、あらかじめ次のように予防線を張っている。

まず、ホラー以外でも謎解きはありふれたプロットだというツッコミに対して。たしかにホラー以外でも謎が解かれるが、そこで満たされる好奇心の質は違う。ホラーでないジャンルでは、解くべき謎を生み出す対象は、不可能存在ではない。むしろ存在しうることが知られた何かだ。たとえば、ごく普通の犯罪者だったり、自然災害だったり、小惑星だったり。こういったものがあると困りはするが、あること自体が不思議なわけではない。

これに対し、ホラーでの謎は、まず第一に、**そんな対象が存在することそのもの**にある。存在すること自体が不思議なもの、つまり怪物がホラーの本質だとキャロルは考えている。「うわ、何じゃこれは。こんなのがいていいのか。そもそもこいつは何なんだ」という、不可能存在への好奇心がホラーというジャンルを形成している、というわけだ。

しかし、ホラーで解かれるべき謎と、その他のジャンルの謎解き物語で解かれる謎の違いを、対象が(われわれの常識的枠組みで)可能なものか、不可能なものかによって線引きするのは、かなり苦しいと思う。『ミザリー』も『スクリーム』も立派なホラーだと思うが、そこに登場する「怪物めいた人物」は不可能存在でも、理解不可能な存在でもない。小説を愛するあまり気に入らない結末を書いた作家に異常な憎悪を燃やしたり、仲間からのプレッシャーに押し潰されそうになったからといって人殺しに走ったりと、どこか過剰でヘンな人々ではある。「怪物的人物」と言いたければ言ってよい。そして、そういう人にわれわれは日常生活では滅多に出会わない。

しかし、彼らはかなり理解可能な人たちだ。そういう人とわれわれは同じ傾向性を共有している。愛するアイテムへの執着も、人づき合いのプレッシャーに負けて反社会的なことをやってみたくなる傾向も、私も多かれ少なかれもっている。違いは、私の場合は幸いなことに、それが「少なかれ」なのに、彼らはひどく「多かれ」という点だ。**ホラーに出てくる怪物は、宇宙からやってきたスライムのような自然の摂理に反する不思議存在ばかりではない。**

キャロルによる両義性の解釈

ホラーは謎解きのプロットをもつものばかりではないぞ、というツッコミに対して、キャロルは次のように答えている。

好奇心を煽《あお》るのは、プロットだけの働きではない。恐怖の対象はそれだけで好奇心を生む。むしろ、だからこそ、恐怖の対象が探求・発見のプロットを支えることができる。謎解き物語というプロットでももちろん好奇心を刺激できるが、そういうプロットなしでも好奇心は刺激され、それが報酬となる。

ただし、キャロルは恐ろしいものは好奇心を刺激する、と短絡させるわけではない。もうちょい手の込んだ議論をしている。ホラーにおける恐怖の対象は、われわれの既存の概念枠組みや分類体系からはみ出した変則的で穢れた存在である。言い換えれば、われわれの世界像を混乱させる存在だ。だから、われわれを恐れさせるし嫌悪させもする。

しかし一方で、変則的なものはわれわれの興味を引くものでもある。既存のカテゴリー・文化的枠組みを侵犯するということ自体が好奇心を刺激し、われわれを魅了する。こうして、ホラーにおける恐怖の対象は、恐怖と嫌悪感を催すものであると同時に、われわれの興味を引くものになる。

もし万が一、実際に怪物に出会ってしまったら、枠組みから外れた変則例なので、われわれはどう対処したらよいのか途方にくれてしまうだろう。しかし、ホラーの場合、それは本当はいないのだということを知っている。だから、どうやってそいつに対応しようかという問題は生じない。つまり、怪物の恐怖を喚起する側面は実践的緊急性を課さないので、**魅惑的な側面を味わうだけの余裕**が与えられる。

なるほど、謎解きのプロットが楽しみの源ですよ、とだけ言われていたときには、恐怖と無関係なものをもち出してきて説明しているという印象があった。しかし、謎解きのプロットを駆動するのが、怪物の変則性であって、それが同時に恐怖と嫌悪の源でもある、と言われると、ホラーのもつ両義性はうまく結びついてくれるように思われる。

しょせんは「にもかかわらず説」

というわけで、よくできた説明だ、と思うわけである。たしかに、探求・発見のプロットや怪物自体のもつ謎めいたところが、ホラーの喜びを高めると私も思う。しかしながら、パラドックスの解決としては、依然として不満だ。

なぜなら、キャロルの説明は依然として、ホラーの楽しみを、**嫌悪と恐怖を上回る別の価値によって説明するタイプのもの**だからだ。怪物の属性が両者を結びつけているから、よそから別の価値をとってつけた説明にすぎないというわけではないが、やはり「恐ろしいにもかかわらず楽しい」のはなぜかの説明にとどまっており、すでに述べた第四の条件「恐ろしいがゆえに楽しい」のはなぜかの説明には届いていない。キャロルの提案は、怖さを魅力の説明から切り離しすぎだ。

つまり、キャロルの説明は第四の条件を満たしていない。

6　恐怖は本当に不快なのか

「不快」という前提を疑う

どうしてこういうことになってしまうのだろうか。それは、パラドックスの解決を求める方向を根本的に間違えているからだ。パラドックスはこんなふうに整理できる。

（前提1） ホラーは定義上、恐怖と嫌悪をもたらす。

（前提2） 恐怖も嫌悪も不快であり、人々はそれらを避けようとする。

この二つの前提から、次の結論が引き出される。

（結論） だとしたら、人々はホラーを避けようとするはずである。

しかし、この結論は、人々がホラーを自ら進んで享受して楽しんでいるという事実に反する。というわけでパラドックスになってしまうわけだ。これに対し、キャロルをはじめとする多くの人々は、前提1と2は認めておいて、事実を説明するために、恐怖と嫌悪を凌駕《りょうが》する喜びをホラーの中に探そうとする。それが、抑圧からの解放だったり、好奇心の充足だったりするわけだ。こうして、人々は「にもかかわらず」説に導かれる。

しかし、もう一つの方法がある。前提を否定することだ。いいですか、ものすごく身も蓋《ふた》もないことを言いますよ。前提2は間違っている。**恐怖も嫌悪も、それ自体では不快なものではない。文脈によっては、それらは快楽を提供する。**それがたとえばホラーという文脈だ。前提2を否定するので、パラドックスは生じない。これは常識外れに思われるかもしれない。そこで、少しばかり自己弁護を試みよう。

恐怖そのものは不快ではない

まず、確認しておかなくてはならないのは、人々が恐怖を楽しんでいるように見えるのは、何もホラーに限った話ではないということだ。大人も子どもも、わざわざ好んで怖い目に遭おうとする。バンジージャンプやジェットコースターを思い出してみればよい。恐怖を凌駕する謎解きプロットの面白さなんてなくても、人々は恐怖それ自体を楽しむことができる。

実際、オーストラリアの臨床心理学者リンダ・ギルモア（Linda Gilmore）とマリリン・キャンベル（Marilyn Campbell）は、子どもがホラー映画、ジェットコースター、ホラー系ゲーム、お化け屋敷などで恐怖感を楽しむのは、かなり普遍的に見られる傾向だと言う（Gilmore & Campbell 2008）。むしろ怖さを楽しむことができず、避けようとする傾向は、不安障害（anxiety disorder）の診断基準に使えるとしている。

にもかかわらず、恐怖が不快で避けるべきものと考えられているのはなぜか。一つには、避けるべき、自分に危害を加える対象の知覚で生じるからだ。次のように言ってもよい。恐怖は「自分に対する脅威」という中核的関係主題を表象している。そして、脅威は避けるべきものだから、恐怖も避けるべきものと考えられてしまう。

もう一つは、恐怖は通常、逃げたり避けたりといった行動を動機づけるからだ。つまり、インプット（知覚）とアウトプット（行動）の性質によって、恐怖と「避けるべき」という特徴づけが結びついている。しかし、このことは恐怖そのものが避けたくなるような感じをもっているということを必ずしも意味しない。

第3章で導入したプリンツの「身体化された評価理論」が明らかにしているように、恐怖は身体的反応の知覚である。つまり、恐怖において感じられている何かは、恐怖の身体的反応だ。そこで、**恐怖の身体的反応それ自体と、そのときに感じられている感じとに分けて**、恐怖そのものに避けたくなるような不快さが必ず伴うものかどうかを考えてみよう。

恐怖の身体的反応は、要するにアドレナリンがドバーと出て（adrenaline surge という）交感神経系が興奮するということだ。これは、他の激しい情動とも共通している。覚醒の度合いが高まり、興奮状態になる。これは、文脈によっては快感としても感じられる状態だ。われわれはときおり、こうした覚醒状態になることが必要なのかもしれない。現代生活ではあまりホンマもんの恐怖を抱くチャンスが少ないからだ。アルフレッド・ヒッチコックは「私は人々に有益なショックを与えることを目指している。……われわれはもはや本能的には鳥肌を立てることはかなわないので」と語った。

また、恐怖はエンドルフィンの放出を促す。これは、「脳内麻薬」とあだ名されることからもわかるように、逆に鎮静作用と快感とをもたらす神経伝達物質だ（Cantor 2004, Gilmore & Campbell 2008）。ホラーを観ることが常習的になり、より強い恐怖刺激を求めるようになる、いわゆる「ホラー中毒」は、エンドルフィンの仕業として説明されている。

さらに、恐怖の座と考えられている扁桃体は同時に快感の座でもある。ある条件のもとでは恐怖の座への刺激が、快楽を生み出すこともありうるかもしれない（Gilmore & Campbell 2008）。脳画像を用いた研究では、不安障害の子どもでは、扁桃体の左半分が小さく、右側が大きくなっていることが見出されている（Milham et al. 2005, De Bellis et al. 2000）。扁桃体の右側は恐怖を司《つかさど》り、左側が快楽を司っていると考えられていることをふまえると、この結果はなるほど、と思わせる。

恐怖の「感じ」は大雑把

次に、恐怖のときに感じられている「感じ」に注目してみよう。吊り橋実験からもわかるように、われわれはたやすく恐怖の感じを胸のときめきと取り違えてしまう。感じは、それだけ取り出してどういう情動の感じなのかが言えるほど、きめ細かくないのかもしれない。したがって、自分が今どういう情動を抱いているかという意識的な認知は、その情動が何によって引き起こされているのか、その情動がどういう行動を動機づけているのかという文脈による解釈を含んでいると考えられる。要するに、情動の感じそのものは、大《おお》雑把《ざっぱ》すぎて、解釈次第で恐怖にも心地よい興奮にもなりうるのかもしれない。

もちろん、二つの可能性がある。感じそのものは、快でも不快でもなく、解釈がそれをもたらすという考え方と、恐怖の感じには最初から快と不快の両側面があり、文脈によってどちらかが強まるという考え方だ。私には、どちらが正しいのか今のところ判断がつかないが、それでも言えることが一つある。「恐怖刺激」によって生じ、回避行動を生み出すからといって、**その身体的反応や感じがつねに不快さだけを伴うとは限らない。ときには快感をもたらす。**

ましてホラーの場合、これは虚構であって、脅威は実在しないんだよという信念が存在している。前章で述べたとおり、この信念が、認知の上位レベルから恐怖が行動を生み出すシステムに介入して、本格的な逃避行動を抑制している（だから、映画館から誰も飛び出さない）。これによって、不快で避けるべきものという意味づけが弱まって、恐怖がそもそもっている快感の側面だけを味わうことが可能になる。

子どもが恐怖を楽しむためには、自分が安全だと感じている、そして恐怖の反応をコントロールできるという条件が必要だ。不安障害の子どもたちは、しばしば自分は安全ではないと感じ、恐ろしい出来事や恐怖感は制御不可能だと信じている。なので、彼らは恐怖の楽しみを味わうことができないのだろう（Gilmore & Campbell 2008）。

というわけで、ホラーという虚構は、キャロルが考えたように、恐怖の不快さを上回る快楽を与えてくれることで恐怖を我慢させるものというよりは、**恐怖がもともともっている快楽を引き出す仕掛けだ**と考えたほうがよい。人々が、ホラーに惹きつけられるのはなぜか。それは、**恐怖がもともと快楽をもたらすからである。**あるいはこう言ってもよい。**われわれはもともと恐怖を楽しめるようにできているからだ。**

第Ⅱ部のまとめ

第Ⅱ部では、ホラーというジャンルをめぐる三つの謎にチャレンジしてきた。第5章では、恐怖が表象であるという第3章でたどり着いた立場に立って、なぜわれわれはこんなに多彩なものを怖がることができるのかを、表象の進化という観点から説明した。第6章では、ホラーは虚構であることがわかっているのにどうしてわれわれは恐怖を感じることができるのかを、同じく第3章で手に入れたプリンツのモデルを用いて解決した。第7章では、われわれはなぜホラーを楽しむことができるのかを説明した。いずれも、ホラーというジャンルにまつわる興味深い「パラドックス」を、心の仕組みについての仮説を用いて解こうとしてきた。

第7章ではキャロルのパラドックス解決法を批判したが、このように批判してみると、やっぱりキャロルって美学者なんだなあと思う。つまり、彼はホラーにまつわる謎を、作品の性質を分析することによって解こうとしている。たとえば、怪物が含まれることとか、謎解きのプロットとか。でも、怖いはずのホラーがなぜ楽しいのか、という問いは、やはりホラーを怖がったり、楽しんだりするわれわれの心の問題として解決すべきだ。

第7章での私のパラドックス解決法は、恐怖の「感じ」に言及していた。この「感じ」こそ、恐怖を構成するさまざまな要素のうち、まだうまく位置づけることができずに残っている最後の要素だ。怖い対象の知覚、評価、動機づけ、身体的反応などの要素は、「身体化された評価理論」のモデルにうまくはめ込まれている。しかし、まだ「感じ」だけが、どこに置いたら良いのかわからない。最後の第Ⅲ部では、この「感じ」の謎に挑むことにしよう。

III 恐怖の「感じ」って何だろう?

——ゾンビといっしょに考える

【第Ⅲ部の基本方針】

第Ⅰ部では、原初的な情動であるアラコワイキャー体験を材料として、情動の構成要素を取り出し、できるだけ多くの要素をうまく位置づけることのできる情動のモデルを探し求めた。いちばん有望なのは、ジェシー・プリンツの「身体化された評価理論」という結論になった。

続く第Ⅱ部では、オシツオサレツ表象を使ってアラコワイキャーをやっている原始的な動物に、徐々に新しい表象システムが加わることによってできあがった、多層的なシステムとして人間を捉えた。オシツオサレツ動物には表象できないさまざまなことがらを表象できるようになったおかげで、ホラーという娯楽が可能になった。怖いのに楽しめる、という矛盾したホラーの特徴を、「怖さの「感じ」は文脈によっては心地良い」という仮説で説明した。

問題は、その説明に出てきた「感じ」だ。第1章で取り出した情動のいろいろな要素のうち、「感じ」だけがまだ、われわれのモデルに居場所がない。恐怖にはゾッとする感じ、怒りにはムカムカする感じがついてまわる。でも、この「感じ」なるものの正体はなんだろう。

「感じ」とは何かを考えるということは、意識とは何かを考えることでもある。なぜな

ら、意識は「感じ」と切っても切れない関係にあるからだ。というわけで、第Ⅲ部のテーマは、**情動の「感じ」と意識の謎**だ。まだ正体不明の「感じ」を、われわれの情動のモデルに描き込むことを目指す。

その際に私がとる基本的な立場は**唯物論**だ。唯物論というのは、大雑把に言うと、心身の二元論を否定する立場のことだ。脳のような物質の他に、心という実体が存在するわけではない。だから、意識も含めて、**心のさまざまな性質は究極的には物質だけがこの世に存在するという前提に基づいて理解できるはずだ**、と考えているなら、その人は唯物論者である。私は、この意味での唯物論者だ。

心は脳を含む身体とまったく別の実体だ。心の特質は意識体験をもつことにあり、そして意識は「感じ」に満ちている。……こんなふうに考えてしまうと、もう何もやることがなくなる。**物質に過ぎない脳が、どのようにして「感じ」を伴う意識経験を実現しているんだろう**。この問題は、**意識のハードプロブレム**と呼ばれている。だから、第Ⅲ部は、唯物論的立場に立って意識のハードプロブレムをどう解いたらよいのかを考える作業も含むことになる。

そこで、第8章では、意識のハードプロブレムとは何かを解説するとともに、唯物論的立場では絶対に意識を解明することはできないもんね、と主張する人々がよく使う「**哲学**

的ゾンビ」なるモンスターをいかに退治するかを考える。

でも、「哲学的ゾンビ」を何とかやっつけたとしても、唯物論的立場では意識の解明は不可能だというわけではない、ということしかわからない。実際に、解明に向けて一歩を踏み出さないといけない。そこで、続く第9章では、まず、「**意識の表象理論**」という考え方によって意識体験のもつ「感じ」をもうちょっと扱いやすいものにする。次に、意識体験がいかにして生み出されるのかについての仮説として、プリンツのＡＩＲ理論を紹介する。最後に、意識のハードプロブレムを解くとは何をすることなのかを考えよう。

第8章　哲学的ゾンビをいかに退治するか？

1　二種類のゾンビと意識のハードプロブレム

哲学的ゾンビとは何か

本章ではゾンビが主人公になる。

ゾンビはホラー映画のキャラクターの中ではちょっと変わり種だ。他のキャラクターは、『サイコ』のノーマン・ベイツにせよ、レザーフェイス、レクター博士、マイケル・マイヤーズにせよ、みんな個性の際立った単独者だ。キャラが立ってる。でも、ゾンビは違う。老若男女、人種、階級、貧富、性的志向性の違いなく、みんなゾンビになる。きわめて民主的なのである。そりゃそうだ。「生きた屍体」なんだから。**人間、死ねばみな同じということを体現した存在**なのである。

だから、ゾンビはわれわれ民衆のメタファーだ。民衆だから、大通りを行進し、広場を埋め尽くし、モールに集《つど》うわけ。

ところで、哲学者もこのところずっとゾンビについて議論してきた。ゾンビは、ホラーだけでなく哲学でも大人気だ。ただし、こちらのゾンビ（哲学的ゾンビと言われる）は、ホラー映画のゾンビとは似て非なるものである。しかし、情動のもつ重要な特質の一つである「感じ」とは何かを考えるうえで、とても大切な役割を果たしてくれる。

哲学的ゾンビとは何か。簡単に言うと、機能的にはまったく人間と変わらないのだが、一切の「感じ」を体験することのない架空の存在のことである。これはしばしば次のようにも言い換えられる。**機能的には人間と等価で、ただし意識、正確には意識体験をもたない存在**。というのも、感じと意識は密接に関係しているからだ。これから説明するね。

意識体験の本質は「感じ」だ、と哲学者は言いたがる

気を失ったり、ぐっすり眠っている（夢を見たり、ウトウトしているのではなくて）とき、われわれは「感じ」を感じることはない。そして、そういうとき「意識を失っている」という。逆に、意識があると言われるのはどういうときだろう。いま私は眠気をこらえながらこの本の原稿を書いている。眠りに沈んでいるうちに無意識に書けてしまったら大変に嬉しいが、そういうことはない。かろうじて意識を保ちながら書いている。

そういうとき、目の前にコンピュータのディスプレイが見えて、手元のキーボードに指が触れている感触があり、キーボードのキーがカタカタ鳴っているのが聞こえる。しかも、指がキーを押す感触と、音と、ディスプレイ上に文字が次々並んでいくのとがきれいに同期している。と同時に、お腹がちょっと苦しく、蚊に食われたところが痒《かゆ》い。口の中にさっき飲んだコーヒーの味が残っている。しかも、眠気がする。急な会議が入って昼間に原稿書きができなくなったのを思い出して、大学の人使いの荒さに怒りがこみあげてくる。

これらは意識体験だが、すべて感じを伴っている。黒い文字列は黒い感じがする。赤い文字とは違った感じだ。キーの感触は独特の感じがする。マシュマロを触《さわ》るときとは違う感じ。キー音も感じをもつ。お腹の張った感じは、空腹感とは違う。痒みは痛みとちょっと似ているが、やはり違った感じがする。怒りはムカムカした感じがする。知覚も情動も感じをもっている。これらの感じがないと、それぞれの意識体験はその意識体験とは呼べないような気がする。痒さがなければ、痒みを感じているとは言えないだろうし、ムカムカ、イライラした感じがなければ、それは怒りではないように思える。

哲学ではこれを何というか。わかってますね、**感じは意識体験の本質だ**、っていう。そうしたいろんな感じが同時に塊となって押し寄せてくる、というのが「意識がある」ということだ。意識と意識体験を特徴づけている独特の感じは、クオリアと呼ばれたりもする。でも、ここでは和風好みで、「感じ」という語を使うことにする。

機能主義——心は因果的機能で定義できる

哲学的ゾンビには、こういう意識体験がない。何でそんな存在を想定することになったのだろう。

そもそも、哲学的ゾンビは、心の哲学上のある有力な立場を批判するために案出された思考実験だった。その「ある立場」とは、**機能主義**と呼ばれるものだ。機能主義というのは、心の状態、つまり信念、欲求などの命題的態度、怒り、恐怖などの情動、何か特定のものが見えているといった知覚や痛みなどの感覚は、**それが果たす因果的機能によって定義できる**という考え方だ。

たとえば、痛みとは何か。痛みとは、外傷や臓器の異常によって引き起こされ（入力）、それを緩和したいと欲し（欲求）、鎮痛薬がそのために有効だと思っている（信念）ならば、薬を探して飲むという行動を引き起こす（出力）。一方、その痛みは重大な病気の兆候であると思い（信念）、その病で死ぬことは避けたいと欲する（欲求）ならば、病院に電話を入れるという行動を引き起こす（出力）。……といった機能を果たす状態のことである。

つまり機能主義では、入力と出力と他の心の状態（信念とか欲求とか）の三者との関係で果たされる因果的役割を特定して、「何であれこの因果的機能を果たすものであれば、それは痛みである」と定義する。

第3章で提案した、「身体化された評価理論」に基づく情動のモデルも、機能主義っぽい定義だったことに注意しよう。そのモデルでは、たとえば恐怖を、「しかじかの身体的反応をレジスタすることを介して、自分にとっての脅威の存在という中核的関係主題を表象する状態」という具合に、それが果たす機能によって定義しているからだ。

哲学的ゾンビによる機能主義批判

機能主義は、心の状態とは何かという問いに対する答えとしては、最もよく考えられたものだと思うが、強力な反論がある。それが哲学的ゾンビの思考実験だ。

われわれと機能的に等価だが、意識体験を欠いた存在、つまり哲学的ゾンビを考えることができる。ゾンビは何通りもの内部状態をもっている。ゾンビは機能的にはわれわれと変わるところがないので、たとえばその内部状態のあるものは、外傷や臓器の異常によって引き起こされ、それを緩和したいという欲求と、鎮痛薬が有効だという信念が存在するならば、薬を探して飲む行動を引き起こし……といった機能を果たしている。機能主義によれば、これは痛みだ。しかし、**ゾンビは痛さを感じていない**。いかなる意識体験ももたないからだ。ゾンビの痛みは痛い感じを伴っていないのだが、機能的には痛みである。痛みがわれわれの心でやってくれていることを全部やってくれる。しかし、痛みの感じは伴っていない。ゾンビがもつのは「**痛くない痛み**」だ。

だけど、痛い感じがするのは痛みの本質ではないだろうか。だとしたら、ゾンビの痛みにも当てはまってしまう機能主義は、痛みの本質を捉えそこなっている。**機能主義は痛みのような意識体験を伴う心的状態の定義に失敗している**。つまり、機能主義は意識を扱えない。

何でまたゾンビが選ばれたのか

と、こういうふうに哲学的ゾンビは使われるわけだが、これが言いたいことのすべてなら、次のように言えば済むことだ。「機能主義が正しいなら、痛みの因果的役割を果たしていさえすれば、痛みの痛い感じがなくても痛みってことになるじゃないか。機能主義は痛くない痛みを認めざるをえない。しかし、痛いのは痛みの本質でしょ」。……むしろ私は、こういうことを言いたいだけなのに、わざわざゾンビが思考実験のキャラクターとしてもち出されてきたことに興味がある。

一般に、哲学者は思考実験が好きだ。そして、その思考実験にSFやホラーちっくなガジェットやキャラクターを登場させるのはもっと好きだ。思考転移装置とか、スワンプマンとか、双子地球とか。私もこうした小道具をこよなく愛する者の一人だが、けっこう、功罪は半ばしていると思う。議論を印象づけるのには良いのだが、思考実験の細部に気をとられて、何が議論のポイントなのかが見えにくくなるきらいもある。哲学的ゾンビにも同じことが当てはまる。

だったら、なぜわざわざゾンビなのか。機能的にわれわれと等価なロボットでもいいのに。ゾンビをこの思考実験のキャラクターに据えるにあたっては、われわれの日常的な心身二元論的態度が裏で糸を引いていたように思う。はい、これからしばらくホラー方面に脱線しますよ。

『オックスフォード英語辞典（OED）』は、zombieの語源は、コンゴの言語で神的な力をもつものを意味するnzambiだとしている。これが奴隷貿易によって西インド諸島のハイチに伝わったらしい。ハイチの民間伝承では、ゾンビは、ボコ（bokor）と呼ばれる呪術師によって肉体だけが復活させられた屍体を意味するようになった。よく、ゾンビはブードゥー教と結びつけられるが、ボコはブードゥー教の正式な聖職者というより、むしろ民間の呪術師らしい。復活させられたゾンビには意思がないので、ボコの奴隷として使われる。

このゾンビ伝承は、一九二九年にウィリアム・シーブルックの小説『魔法の島』で米国に紹介された。これを原作として、一九三二年には、ヴィクター・ハルペリン監督、ベラ・ルゴシ主演の『ホワイト・ゾンビ』が製作され、「ゾンビ」という語が人口に膾炙《かいしゃ》することになった。と同時に「ゾンビね、ブードゥー教でしょ」ということにもなってしまった。

その後、「ゾンビ」はハイチの伝承から切り離されて、蘇った屍体（リビングデッド）を指す一般名詞になった。ジョージ・A・ロメロの『ドーン・オブ・ザ・デッド』は、屍体が蘇る原因はわからないまま話が進む。このあとのゾンビものの隆盛ぶりはご存じのとおりだ。いろんなバリエーションが生まれて、ゾンビ映画は一つのジャンルになったと言ってもいいのではないかな。

というわけで、ゾンビはもともと墓場から蘇ってきた屍体である。魂はもう抜けてしまっている。つまり、ゾンビは**人間マイナス魂**だ。一方で、哲学的ゾンビは**人間マイナス意識体験**である。ということは、入力を出力に変換するのは脳を含めた物質的な身体の話、意識体験は魂の話という具合に、暗黙裡《あんもくり》に心身二元論的な立場が想定されているということだ。私には、日常人としてのわれわれが素朴に抱いている自己像はこうした二元論的なものであるように思われる。意識（＝感じ）こそ魂を魂たらしめるものであり、人間をた

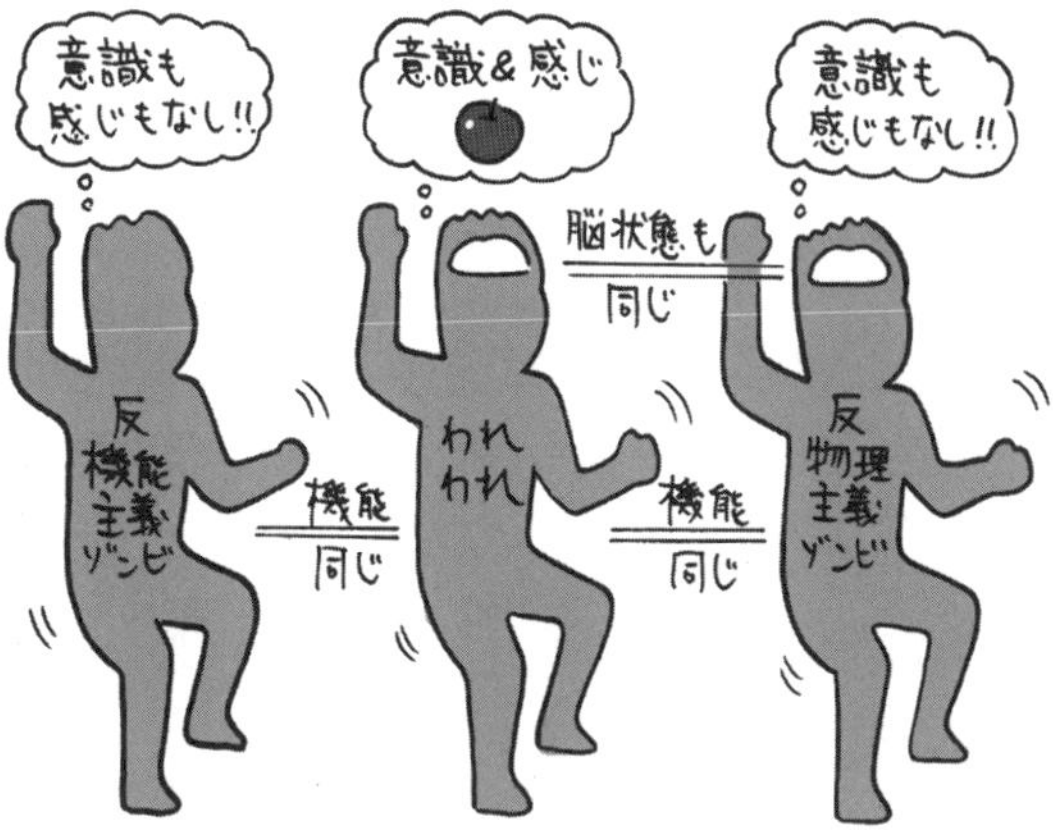

図8-1　反機能主義ゾンビと反物理主義ゾンビ

だの物質から区別するものだと考えられているようだ。

反機能主義ゾンビと反物理主義ゾンビ

以上のように、哲学的ゾンビはまず機能主義に対する反例として登場した。機能的にはわれわれと等価だが意識体験だけがない、このようなゾンビを**反機能主義ゾンビ**と呼んでおこう。

ところが、哲学的ゾンビは、機能主義も含めた、心への唯物論的なアプローチ一般に対する反例へと、ただちにバージョンアップされた。それは次のような存在だ。私と分子レベルでまったく異なることのない「もう一人の私」を考える。私の分子レベルでのコピーだと考えればよい。したがって、もう一人の私は、私とまったく同じ脳状態をもつ。にもかかわらず、私のコピーは、感じを伴う意識体験を一切もたない。つまり、われわれと**物理的には等価だが意識的経験を欠く存在**である。こちらを**反物理主義ゾンビ**と呼んでおこう（図8―1）。

突然「物理主義」という言葉が出てきたぞ。こいつはいったい何だ、という人のために、ここでは物理主義を次のような立場だとしておこう。物理主義とは唯物論の一種であると言ってもよいし、唯物論をもっと明確な主張にしたものと言ってもよい。次の二つの主張からなる立場である。（1）この世に存在するすべてのものは、物理学が明らかにしてきた世界の構成要素（素粒子とか、場とか）だけからできあがっている。（2）この世で起こるすべての現象は、物理的構成要素どうしの相互作用が実現しているものとして説明される（少なくとも原理的には）。

そんなに難しいことを言っているわけではない。情動って脳がやっているでしょ。で、脳ってたくさんのニューロンの塊だよね。で、ニューロンが信号をやりとりするのも、結局のところいろんな化学反応の集積だよね。ということは、情動って、脳内のいろんな物質の相互作用によって実現されているんだよね。だから、どんなふうにそれが実現されているのかがわかれば、情動とは何かも、その仕組みも性質も説明できるんじゃないのかなあ、と考えている人は物理主義者だ。ただし、情動とは何かの説明とか、情動の従う心理法則とかが、いきなり物質の相互作用を支配する法則、たとえばシュレーディンガー方程式から導けるとまでは、さすがの物理主義者も主張しない（そんなことはきっと無理）。そのへんのためらいが「実現しているものとして説明」あたりに込められている。

反物理主義ゾンビは、その名が示すとおり、物理主義を批判するために、呪術師ならぬ反唯物論的な哲学者によってつくられた。このゾンビがどのようにして**「物理主義の欠陥」**を証拠立てるために使われるかを見てみよう。その議論は次のように進む。

ゾンビ、つまりわれわれとまったく同じ脳状態をもつにもかかわらず、意識体験を一切もたない存在を考えることができるだろう。もしこういう存在が可能なら、意識体験を世界の物理的構成要素どうしの相互作用によって実現されているものとして説明することはできない。なぜならゾンビの心の状態もわれわれのそれも、同じ物理的構成要素の同じ相互作用によって実現されているからだ。したがって、物理主義では意識に説明を与えることはできない。これだけで、物理主義には欠点があることになるが、さらに意識体験は「この世に存在するすべてのもの」の一つだと前提すれば、物理主義は間違っていることになる。（1）が成り立たないからだ。

哲学的ゾンビの再定義：心理学的意識はもっているが現象的意識をもたない

一方、「意識の科学」の旗手である哲学者のデイヴィッド・チャルマーズ（David John Chalmers）は、「物理主義の欠陥」を示して物理主義を斥けるためというよりは、「物理主義の困難」を示して、物理主義のパワーアップを促すためにゾンビを使っているように思える。つまり、意識は、物理主義者が通常考えているような仕方では簡単に説明はできない、ということを印象づけるためにゾンビを用いる（Chalmers 1996）。

そのために、チャルマーズは意識の概念に次の二つを区別する。

（1）**心理学的意識**：機能から理解される限りでの意識。意識体験ももちろん機能を果たしている（ように思われる）。イヌに吠えられてビクビクしているというのは意識体験だが、そこにいるイヌの危険さの評価や周りの状況についての信念に応じて、じっとしたり、後ずさったり、一目散に逃げたり、泣いて助けを呼んだりといった行動を出力させる。こうした**機能面に焦点を絞った意識の概念**を「**心理学的意識**」と呼ぶ。

（2）**現象的意識**：でも、イヌに吠えられる恐怖は、そうした機能に尽きるとは思えない。恐怖には**独特の怖い感じ**が伴っている。こうした意識の感じ面に焦点化した意識の概念を「**現象的意識**」と呼ぶ。現象的というのは、恐怖がわれわれの心に「現れてくる」とき、つまり恐怖を感じるとき、恐怖には怖さの感じが必ずつきまとっているからだ。

哲学的ゾンビは、**心理学的意識はもっているが現象的意識をもたない存在**だということになる。だとすると、哲学的ゾンビが可能なら、心理学的意識を説明する研究戦略では、ゾンビとわれわれに共通のことしか解明できず、現象的意識の解明には届かない、ということになる。

意識の問題には二種類ある

チャルマーズは、意識についての問題を、イージーなやつとハードなやつの二つに分け、それぞれ次のように特徴づけている。

意識のイージープロブレムA：心理学的意識を物理主義的に説明するという課題。心理学的意識は意識のうち機能によって定義可能な側面なので、意識の果たしている機能を明確にして、その機能を果たしている（実現している）脳のパーツあるいは脳状態を突き止めればよし。これは、通常の科学のやり方で取り組める課題だ。というより、すでに行われていて、たくさん成果が上がってきている。

意識のハードプロブレムA：現象的意識を物理主義的に説明するという課題。哲学的ゾンビが可能なら、意識の機能面を特定してそれが何によって実現されているかを突き止めるだけでは解決できないように思われる。だから、イージープロブレムよりはるかに難しい問いだということになる。物理主義の方法論の拡張が必要になるかもしれない。
哲学者の鈴木貴之さんは『ぼくらが原子の集まりなら、なぜ痛みや悲しみを感じるのだろう』という、どことなく村上春樹っぽいタイトルの研究書の中で、イージーとハードの対比を次のように言い換えている（鈴木 二〇一五）。

イージープロブレムB：意識体験と脳状態の相関を明らかにするという問題。ある意識体験をもつものはどのような脳状態をもつかを特定することが課題。

ハードプロブレムB：意識体験と脳状態の関係の内実を明らかにするという問題。単に意識体験と脳状態の相関を明らかにするのではなく、相関が成り立つ理由を明らかにすることが求められる。

うむ、こういうふうに言い換えてもらうと、両者の違いがよくわかる。だけど、最初の特徴づけと後の言い換え（AとB）とは同じことを言っているのだろうか、ちょっと疑問だ。このように言い換えると、ハードプロブレムBはハードプロブレムAよりなんだか少し簡単になった気がするんだけど。このことについては第9章の最後に触れる。

本章第2節以降の課題

とりあえず、チャルマーズは来るべき意識の科学が取り組むはずの問題がいかに難しく、チャレンジングな課題であるかを主張しようとして、「意識のハードプロブレム」という言葉を案出した。でも、ハードプロブレムのハードさは強調されすぎているように思われる。ハードプロブレムは原理的には解決可能かもしれないが、人間の限られた知性には無理だ。それはイヌに量子力学が理解できないのと同じことだ、と主張する「新神秘主義者」と呼ばれる人々も現れたくらいだから。

私は根が楽天的なものだから（怖がりなのに）、根拠なしにこう思う。われわれの科学的認識の限界にあらかじめ制約を設けて、このことは科学では原理的に知りえないとする哲学的議論がある。ゾンビを使った議論もその一つだ。でも、たいていはそういう議論のほうが間違っている。知性の限界を見極めるには、知性の限界まで行ってみるしかない。

というわけで、この章と次の章では哲学的ゾンビ退治を試みる。具体的には次のことを示したい。

第一に、意識のハードプロブレムが物理主義的に解決不可能だという哲学的議論はおそらく間違っている。

第二に、ハードプロブレムは不必要に難しい問題に思われている。それは、問題が原理的な難しさを含んでいるからでもあるが、多分に「現象的意識を物理主義的に説明する」ということがどういうことなのか、何をしたらそれをしたことになるのかが混乱していることにもよる。

第三に、こっちの方向で探求を進めることによってハードプロブレムを解決できるのでは、という有望な仮説はありうる。

これらは「示したい」だけであって、うまく示せているかどうかはやってみないとわからないけど。

2　哲学的ゾンビに退散願うには

第一の標的は反物理主義ゾンビ

というわけで、哲学的ゾンビは映画のゾンビとはだいぶ違うね。哲学的ゾンビは機能的には人間と同じなので、同じような振る舞いをする。だから外見だけからはどっちなのか判断がつかない。映画のゾンビは、振る舞いのレベルですでに人間とは大違いだ。言葉を発しなかったり、人に食いついたり、身体に散弾をぶちこまれても平気でこっちへ近づいてくる。こういうことは、哲学的ゾンビはしない。振る舞いにおいては人間とどこからどこまでそっくりだ。ただし、意識体験なしにそれをやっている。

先に、哲学的ゾンビを二種類に分類した。このうち、反物理主義ゾンビは、反機能主義ゾンビでもある。なぜなら、物理的にまったく同じなら、同じ機能主義的記述が当てはまるはずだから。しかし、その逆は成り立たない。反機能主義ゾンビは反物理主義ゾンビではない。なぜなら、まったく同じ機能的記述が当てはまる複数のシステムが、異なった物理的仕方で実現されることがありうるからだ。これは**機能の多重実現可能性**と呼ばれている。なので、反機能主義ゾンビをやっつける仕方は、反物理主義ゾンビをやっつける仕方と同じではない。

ここではまず、反物理主義ゾンビを退治するにはどうしたらよいかを考えよう。

反物理主義者へのツッコミ

ゾンビが可能なら現象的意識を物理主義的に説明することはできない、というのが反物理主義の議論のポイントだった。だから、物理主義者は「ゾンビはありえないのだ、不可能だ」と言えばよい。あるいはそこまで言えなくても、ゾンビが可能だと結論する議論には欠陥があって、その結論は出てこないのだと言えばよい。

そこで、反物理主義者の議論をよーく見てみよう。彼らの議論は、（1）反物理主義ゾンビ（物理的にはわれわれとまったく同じだが意識体験のない存在）を考えてみようよ、考えられるでしょ、と認めさせておいて、（2）反物理主義ゾンビがありうるなら、物理主義は意識体験を扱えないよね、と言い、二つの前提（1）と（2）から、だから物理主義は意識体験を扱えないんだよ、と結論する。

これにツッコミを入れる方法はとりあえず三通りある。前提（1）が間違っていると言う、前提（2）が間違っていると言う、（1）と（2）からは結論は出てこないと言う。

思考可能性と形而上学的可能性を結びつけることはできない

私は、前提（2）は受け入れてもよいと思う。したがって、第一の選択肢と第三の選択肢を追究してみよう。この二つの選択肢は、これから見るようにほぼ同じ趣旨の考え方に基づいている。まずは、第三の選択肢から。

実は、（1）と（2）からは結論は出てこない。（1）ではゾンビが「考えられる」と言っているのに、（2）ではそれがいつのまにか「ありうる」に化けてしまっているからだ。だから、結論をちゃんと出すためには、次の隠れた前提を補ってあげないといけない。

（3）ゾンビが存在すると考えられるならば、ゾンビは存在しうる。

けれども、一般に（3）が成り立つかどうかはかなり怪しい。あることが考えられるかどうかは、考える人に左右される性質だ。哲学用語を使うなら、**認識論的な可能性**について述べている。一方、「ならば」の後にある「存在しうる」は、この世のもつ性質だ（それが性質ならば）。

モーリシャス島に生息《せいそく》していたドードー鳥は一七世紀末に絶滅した。入植者が成鳥を食べてしまったのと、彼らが連れてきた家畜によって雛《ひな》や卵が捕食されたからだ。しかし、もし入植者がもう少し注意していたら、いまでもドードー鳥は存在していたということは「ありうる」。というのは、この世の物理法則・生物学的法則や、モーリシャス島の気候条件などはいまでもドードー鳥の存在を許すような、そんな法則や条件だからだ。

というわけで、うしろの「存在しうる」は、この世界がどんなでありうるか、どんなことを許して、どんなことを禁じる法則を備えているかに関わるわけだ。こちらの可能性は**形而上学的可能性**と呼ばれる。

何が形而上学的に可能で何が不可能かを直接確かめることはできない。もちろん、現にあることがこの世で成り立っていれば、それは形而上学的に可能である。実際にそうなんだから、可能でしょ。それ以外の場合はどうか。つまり、あることがらXはこの世で現に成り立っていないが、Xが成り立つことはありうる、あるいはありえない。これは、この世界を見回しても、直接の証拠があるわけではない。そういうときに、思考可能かどうかは形而上学的に可能かどうかを推測する手がかりの一つにはなる。どうがんばっても四角い三角形を考えることはできない。ということは四角い三角形はありそうにない。

でも、これはあくまでも手がかりの一つであって、いつも有効なわけではない。過去へのタイムトラベルを考えることはできる。それが思考可能だからこそ、ドラえもんやらターミネーターのような作品がつくられるわけだ。机の引き出しから未来のネコ型ロボットが現れて、将来ののび太くんがボクを君のところに送り込んだんだよ、と言うシーンをわれわれは思い浮かべることができる。しかし、これが過去へのタイムトラベルが可能なようにこの世界ができていることの証拠にはならないことは明らかだ。(3)のように、思考可能性と形而上学的可能性を結びつけることは一般にはできない。

理想的思考者はゾンビが存在すると考えるか

このように言うと、ぼんやりと何となく思い描くことができるくらいの思考可能性からは形而上学的可能性は出てこないが、**理想的な思考者がしっかり突きつめて熟慮したうえでの思考可能性からは、形而上学的可能性を推論してよいのではないか**、と言われるかもしれない。そうしたらどうしよう。

次のように答えればよい。そうですか、じゃあ（3）を「理想的思考者が熟慮のうえでゾンビが存在するとしっかりと考えられるなら、ゾンビは存在しうる」に取り替えましょう。だとすると、（1）も「理想的思考者はゾンビが存在しうると熟慮のうえで考えることができる」に取り替えないといけないですね。そうでないと、結論は出てきませんからね。

しかし、このように書き換えた（1）はツッコミどころ満載じゃないすか？　たしかに、私もあなたもロメロ監督も、ゾンビがいるかもしれないと思うことができる。だけど、われわれは理想的思考者だろうか。しっかり熟慮のうえでゾンビが存在しうると考えたのだろうか。むしろ逆だろう。**われわれはアホなので、そう考えたのだ。**

思考可能性は、考える人に依存する性質だと言った。だとするなら、あることがらを考えられるとしても、単にそれは、考えている人が無知だからかもしれない。たとえば、水が1気圧のもとで、実際よりうんと低い温度で沸騰《ふっとう》することは可能だろうか。化学の素人さんだと、鍋に入れて火にかけた水が、まだ生ぬるいのにぶくぶく沸騰しているさまを思い描いて、可能なんじゃない？　と言うだろう。彼には考えられたのである。

しかし、化学で水の分子構造を少し学ぶと、水が現実よりも低い沸点《ふってん》をもつということは考えにくくなる。

水の分子はその構造からして、酸素側が負の電荷《でんか》を帯び、水素側が正の電荷を帯びるようにならざるをえない。水分子はプラスの電気を帯びたところとマイナスの電気を帯びたところをもつ、電気双極子《そうきょくし》だ。だから、水分子のプラス部分は、隣の水分子のマイナス部分と引き合うことになる。液体中の水分子は、こうしてお互いにゆるく手をつないだ状態にある。これはメタンのように、電気的に中性な分子では見られない性質で、水素結合と言われる。水分子どうしが水素結合しているので、その結合を断ち切って、空気中に水分子を逃すには、そのぶん余計な熱エネルギーが必要になる。なので、水の沸点は、メタンのようにほぼ同じ分子量をもつ分子に比べると異様に高いのである。

……なんて説明を学ぶと、最初の問いには、水がこの分子構造をもっている限り、そんな低い温度で沸騰することはありえないんじゃないですかね、と答えることになる。水が違った分子構造をもっていたらどうする、と言われるかもしれないが、それはもはや水ではないんじゃないの。というわけで、**知識がないときには思考可能に見えたことがらが、知識が増すと思考不可能になる**わけだ。

ゾンビの思考実験が示していること

ゾンビの思考可能性にも同じことが当てはまるのではないだろうか。ゾンビがありうると思っちゃうのは、われわれがまだ意識の本性についてほとんど何も知らないからだ。そして、まさにそれがわれわれの現在置かれた状況に他ならない。なんせ、現象的意識が脳内でどう実現されているのかという問題はハードなんだから。

そういう状況では、われわれの用いている「意識」あるいは「現象的意識」「感じ」といった概念は、まだモヤモヤしたものだ。そうした概念を使って思考しているうちは、ゾンビは思考可能なのかすらはっきりしない（理想的な思考者による熟慮的な思考可能性の意味で。ぼんやり考えるなら思考可能である）。

ハードプロブレムに取り組んだ結果、感じは結局、物理主義的に説明がつかないということが判明したら、そのときは、意識の概念は、ゾンビが思考可能になるように改定されるだろう。他方、もし物理主義が成功したなら、現象的意識はかくかくしかじかの物理的相互作用である、ということが確立し、そうである以上、物理的に等価なシステムは、片方が現象的意識をもつならもう片方ももつことになる。このときゾンビの可能性は考えることができなくなる。

ゾンビの思考実験が示しているのは、意識の物理主義的説明の不可能性ではない。それが示すのは、たかだか、われわれが意識について、まだひどく無知であって、それゆえ**「意識」の概念もぼんやりしているということ**にすぎない。

この種の哲学的思考実験は本末転倒している。本当は探求の結果改定されていかねばならない、まだぼんやりした概念を取りあげて、その概念についてのごく一部の直観（意識は物理的記述から独立な「感じ」をその本質として定義されるべきだという直観）を前提して、探求の不可能性を言い立てているからだ。本当は、**その概念的直観こそが探求のプロセスで吟味され改定されなければならない**のに。

3　われわれだって、ときにゾンビに変身する

反機能主義ゾンビは退治できない

というわけで、ゾンビ映画をこよなく愛する私だけれど、哲学的ゾンビ、とくに反物理主義ゾンビには冷淡なのである。では、もう一種類のゾンビはどうなの、ということになるだろう。反機能主義ゾンビね。

反機能主義ゾンビに対する私の態度は、反物理主義ゾンビに対するものとだいぶ違う。反物理主義ゾンビには、脳髄《のうずい》に弾丸打ちこんで始末してくれるわ、というミラ・ジョボビッチふうの態度で臨むが、**反機能主義ゾンビとは共存していくという戦略をとる**。第3章

で紹介した『ショーン・オブ・ザ・デッド』のショーンの態度だ。ショーンの親友は、酒飲んでゲームして屁《へ》をこいているどうしようもないヤツなのだが、ゾンビに噛まれてゾンビになってしまう。騒動が収まってからも、ショーンはこのゾンビ化した親友をガレージで飼っている。親友はあいかわらずＰＣでゲームをしている。ゾンビは大衆のメタファーなんだからさもありなん。ゾンビをペットにして共存、という趣味の悪いオチだ。でも、もともとゾンビは呪術師が奴隷にするためにつくり出したんだから、ある意味、ゾンビの原点に戻ったつき合い方とも言える。

　反機能主義ゾンビを退治しないのは、退治できないからだ。そしてその理由は、**われわれも部分的に反機能主義ゾンビだからだ**。われわれも、自分の内なる反機能主義ゾンビと共存しなければならない。ショーンのように。何を言い出しているのかと思うかもしれないので説明しよう。反機能主義ゾンビの痛みは痛くない。彼らの恐怖は怖い感じを伴わない。彼らの赤いものの知覚は、赤さの感じを伴わない。もちろんわれわれは、全面的に反機能主義ゾンビなわけではない。われわれは意識体験をもつ。しかし、一方でわれわれは、**痛くない痛み、怖くない恐怖、赤くない赤の知覚**を現にもつのである。

無意識の情動はありうるか

怖さの感じのない恐怖ってあるのだろうか。ある、だからわれわれは部分的に反機能主義ゾンビだ、というのがここで言いたいことだ。怖さの感じのない恐怖も痛くない痛みも想像しにくい。そりゃそうでしょう。想像するというのは、意識にのぼらせてシミュレーションする、ということで、意識にのぼらせることができるのは、怖さだったり、痛さだったり、つまり記憶の中にある「感じ」の体験だからである。

しかし、意識がモニターできるのは心で起きている情報処理のほんの一部であって、ほとんどの処理は意識の外で行われている、というのはほぼ常識になっている。「身体化された評価理論」のプリンツは、意識をレストランのダイニングルームにたとえている。客は、ダイニングルームに出てくる料理だけを見ることになるが、これは裏手のキッチンで行われている作業の最終産物にすぎない。**キッチンで起きていることは、客には見えない。**

だとすると、情動が意識の外で生じうると考えることもできるだろう。ただし、「**無意識の情動**」といった言葉は要注意だ。これはとても曖昧な言い回しで、いろんな雑多なものが放り込まれて議論を混乱させる可能性がある。整理しよう。

(1)情動反応を生み出す前処理過程、たとえば判断などが意識外で行われることは大いにありうる。古典的な例は精神分析の生みの親のフロイトだ。ある男は、母親によく似た女性と恋に落ち結婚した。しかし、彼が愛していたのは母親であり、それを彼は無意識の領域に抑圧していた。こういう状況を、われわれは「彼は無意識に母親を愛していた」とか「彼の母親への愛は無意識的だった」と言ってしまうけど、こういうふうに考えることもできる。彼は愛情の意識的体験をしていないかと言うと、そうではない。愛という情動に特有の感じを彼は味わっている。彼の無意識の領域に隠されているのは、その**情動の原因の認知**である。

どうも、フロイトは、感情を生み出す判断は無意識でありうるが、情動それ自体は意識的なものでなければならない、と思っていたようだ。このように考える人は現在も多い。プリンツは、情動研究で有名どころのジョセフ・ルドゥー（Joseph E. LeDoux）やロバート・ザイアンスらの名を挙げている。彼らはいずれも、情動反応に至る意識下の脳内処理過程はあるだろうが、無意識の情動はありえないと考えている。

ここで、プリンツに従って私が「ある」と言いたいのは、彼らが「ない」と言っているもののほうだ。情動反応を生み出す無意識の過程は、あるのが当たり前だが、それは「怖くない恐怖」のような無意識の情動（そのもの）ではない。

（2）意識していない刺激に情動反応が影響されることがある。たとえば、第2章で紹介した「ユルゲン」物語の朗読実験では、被験者は物語を間違えずに読むことに意識が集中するので、自分が口を尖《とが》らせていることに気づいていない。にもかかわらず、その表情は被験者の情動に影響を与える。しかし、ここで問題にしようとしている「無意識の情動」というのはそういうことではない。これは、情動をもたらすプロセスが無意識的であるということの証拠にはなるが、無意識の感情があるということの証拠にはならない。

無意識の情動はなぜ否定されるのか

というわけで、(1)や(2)で排除された、情動反応に至る無意識のプロセスと区別された意味での「**意識体験を伴わない情動そのもの**」の存在には否定的な研究者も多い。どうしてこうなるのだろう。いくつかの理由が考えられる。

第一に、心理学の研究方法の制約が挙げられる。多くの場合、というかほとんどの場合、被験者がどんな情動反応をどのくらいの強さでもっているかは、被験者の報告によって測定される。恐怖を感じましたか、その強さはどのくらいですか、という質問に答えてもらうわけだ。こういう方法で情動反応の存在を検出している限り、情動反応が本人に感じられるものに限られてしまうのはしょうがない。

第二の理由は、情動や恐怖という概念の性質だ。恐怖という概念は、人々が普通に使っている日常的概念でもある。心理学者や脳神経学者は、その日常的概念を借りて使っている。これは心の研究の宿命のようなもので、数学、物理学や化学の概念と違う点もここにある。

「計算できる」という言い回しは日常言語にもある。うちの息子はもう2桁《けた》どうしの足し算が計算できるんざんすのよ、とか言う。でも数学で「計算できる関数」と言った場合、それが意味するところはまるっきり違う。帰納的関数のことだったり、λ定義可能な関数のことだったりする。これらは厳密な数学的定義を与えられている。第一、数学的な意味で計算できる関数のほとんどは、人間が一生かかっても計算できないものばかりだ。それどころか、物理学の「CP対称性」という概念は、そもそも日常語に対応物をもたない（だから私も意味がわからないで書いている）。

それに対して、情動や恐怖という概念は、科学的概念でありながら、われわれの日常的体験というルーツから独立できていない。そして日常的な情動の概念の中には「それをもった者が感じているところのもの」という条件が定義的に含まれているようにも思われる。そして、そう思う人は、「感じられない情動」とか「怖さのない恐怖」は自己矛盾的な表現だとみなすだろう。無意識の情動は、定義的にありえないのだと。

情動本来の機能は「注意を促すこと」？

第三の理由は、情動の機能についての特定の捉え方に由来する。心理学者のジェラルド・クロア（Gerald L. Clore）は次のように、無意識の情動を認めない理由を説明している（Clore 1994）。情動は意識的でなければならない。それは、**そうでないと情動がその機能を果たせないからだ**。

では、情動の機能とは何か。**情動はそもそも、われわれに注意を促すためにある**。これに気をつけろ、これは良きものだから手に入れろ、という具合だ。もし情動が無意識だったら、暗闇で旗を振っている人と同じように、われわれの注意を引くことができない。

しかし、プリンツはこの議論はあやしい前提に基づいていると批判する。まず、情動は注意を引くためにある、というのは本当だろうか。情動が、現に注意を引くという機能を果たしているのは認めよう。とりわけ意識体験を伴う情動はそうである。山荘のトイレで殺人鬼に襲われた学生の注意は、ひたすら殺人鬼と、振りかざされたナイフに向かい、それからどう逃れるかに集中する。ズボンを下ろしたまま死ぬのは嫌だなあ、といった思いは生じない。意識体験と注意との密接な関係は、次章でもういちど扱う。

でも、問題は、情動はそもそも注意を引くためにある、とまで言えるかということだ。ここに「そもそも〜するためにある」という表現が現れていることに注意しよう。あるアイテムAがそもそもBするためにあるとき、BはAの「**本来の機能**（proper function）」と呼ばれる。ハサミもエアコンのリモコンも、いろいろな用途に使える。現に私はいま、参考にしているプリンツの著書のページを押さえる重しとしてハサミとリモコンを使っている。でも、これらのアイテムは、そもそも重しの役割を果たすためにあるのではない。ハサミの本来の機能は紙・布・髪などを切ることだ。リモコンはそもそもエアコンのスイッチを入れたり切ったりするためにある。

　自然物にも同様に、**たまたま果たしている機能と、本来の機能の区別ができる**。心臓は鼓動を勘定《かんじょう》することで時計の機能を果たすこともあるかもしれない、また、ドキドキの激しさにより自分の緊張度合いの検知器として使うこともできるだろう。でも、「心臓の本来の機能は血液循環だ」と誰もが言うだろう。あるいは、「心臓は血液循環のためにある」と言ったりもする。これは本来の機能についてしか使わない言い方である。

　情動は、あるものに注意を向けさせるという機能を現に果たしている。しかし、それが情動の本来の機能だろうか。情動は注意を促すためにあると言えるか。これに答えるには、情動がどうして進化してきたのかを調べるしかない。いまの時点ではなんとも言えない。

　そこで、情動の本来の機能は注意を引くことにあると仮に認めることにしよう。クロアはこれを前提として、そこから、その本来の機能を果たすには情動は意識的でなければならないという結論を引き出している。この結論は本当に前提から出てくるだろうか。必ずしもそうではない。

注意を向けさせる、ということはどういうことだろう。環境中にあふれた情報の中から、いま直面する問題にとって重要なものを際立たせ、その情報の処理に心のリソースを集中させる、といったことだろう。トイレでジェイソンに襲われた場合、大事な情報は、相手とナイフの動きであって、下半身がスースーすることではない。その情報も入力しているが、それは使わないようにしなければならない。そういう情報も処理していると、文字通り気が散った状態になる。下手すると死ぬ。

注意を向けさせるということがこういうことであるとすると、かりに情動の本来の機能が注意の方向づけにあったとしても、それが意識体験の内部で行われる必要はとくにないということになる。死活的に重要な問題に関わる情報だけを検出して、その処理に資源を集中させる無意識のシステムがあってもよい。

痛みの意識のない痛み

以上は、無意識の情動なんてありえない、という頭ごなしの反論をやっつけるための作業だった。しかし、反論を斥けることは、無意識の情動がありうること、もっと正確に言うと、無意識の情動を許すように、情動に関する諸概念を拡張するべきだということを示したことにはならない。そもそも、何でそんな状態の存在を認める必要があるのだろう。そんなふうに**情動の概念を拡張する根拠は何だろう**。いくつかの議論ができる。

プリンツは、哲学者のデイヴィッド・ローゼンサール（David Rosenthal）が、無意識の痛み、つまり**痛くない痛み**を擁護するために行った議論を情動に拡張することを試みる。痛くない痛みは怖くない恐怖以上にありそうもないが、ローゼンサールは大胆にも、そういうのはありうる、と論じている（Rosenthal 1991）。

あなたが、朝起きたときから、ひどい頭痛に悩まされているとしよう。仕事になりそうにないので会社を休んで横になっていたが、タイクツしてきたので、小説を読み始めた。これが予想に反して、抜群に面白い小説だった。夢中になって読んでいるうちに、ちょっとの間、痛みを忘れることができた。痛みの意識がなくなったわけである。こんな体験は誰にでもあるはずだ。

さて、このとき、次のどっちの言い方をするのが良いだろう。ちょっとの間、痛みがなくなった。あるいは、痛みはなくなったわけではないのだが一時的に意識から退去した。どっちとも言えそうだ。しかし、ローゼンサールは、後者の言い方、つまり「**痛みの意識のない痛み**」を認める言い方のほうが望ましいのだとする。なぜか。

図8–2　無意識の情動体験

さらに次のように想像してみよう。あなたは、痛みを感じなくなっている間じゅう、（あたかも痛みを感じているときのように）ずっとこめかみを押さえて、顔を顰《しか》めていたとしてみよう。つまり、頭痛を感じているときに特有の行動をずっと示していたとしてみよう。さらに、頭痛の原因（たとえば頭蓋骨内の血管の炎症）も相変わらずあったとしよう。このように原因も行動も残っているのに、一時的に頭痛がなくなったというのは、あまり根拠のない言い方だ。少なくとも、痛い感じが頭痛という概念の本質だということを論点先取的に前提しない限り。

プリンツは、このローゼンサールの議

論は情動にもそのまま当てはまると主張している。プリンツの例はこんな話だ。あなたは、飛行機が怖いとしよう。なのに、出張で同僚といっしょに飛行機に乗ることになった。いよいよ離陸するというアナウンスを聞いたら、急に不安になってしまった。ドキドキし、肘掛《ひじか》けをギュッと摑み、生唾をごくんと……。それを見た同僚が、あなたをリラックスさせてやろうと思って、とっておきの面白い話をしてくれる。その話は本当に面白く、それに気をとられたあなたは恐怖を意識しなくなったとしよう。興味津々《しんしん》と同僚の話に耳を傾けている。しかし、ふと自分が飛行機に乗っていることを思い出してしまうと、恐怖感が戻ってくる。そのとき、あなたは同僚の話を聞いている間じゅう、ずっと肘掛けを摑んでいたこと、その間にべっとり冷や汗をかいていたことに気づく(図8−2)。

さて、話を聞いていた間、恐怖はなくなったと言うべきか、恐怖はずっとあったのだが、あなたはそれを意識しなかったと言うべきか。プリンツの答えは後者だ。

クモ恐怖症の実験

以上は、ありそうなシナリオをどう解釈するのがよいかという議論だ。何か実験的な証拠はないだろうか。それらしきものはいくつかある。最初のものは、クモ恐怖症(アラクノフォビア)の女性三〇人を被験者にした実験だ(Arntz 1993)。

被験者は三つのグループに分けられ、それぞれ実験前に、何の効果もない偽薬（プラセーボ）、エンドルフィンをブロックする薬剤のナルトレキソン（naltrexone）を25ミリグラム、100ミリグラム処方される。誰に何を処方したかは、被験者にも、被験者に直接コンタクトする実験者もわからなくしておく（こういうのを**二重盲検法**という）。第7章でもふれたが、エンドルフィンは、脳内で働く神経伝達物質で、ストレス時に分泌されモルヒネと似た作用をもつ。つまり、鎮痛、鎮静、安心感と多幸感をもたらす。このため、「脳内麻薬」と呼ばれることもある。ナルトレキソンは、エンドルフィンの受容体をブロックし、要するにエンドルフィンを効かなくする薬だ。飲酒による高揚感や多幸感を阻害《そがい》するため、アルコール依存症の治療薬としても使われている。

さて、被験者は、クモに近づくとか、クモに触るとか、だんだんとクモとの接触度合いが高くなる一連のタスクをするよう指示される。ナルトレキソンを多く処方されたグループの人は、少なく処方された人たちや偽薬を処方された人たちに比べて、タスクをなしとげにくくなることがわかった。しかし、主観的な恐怖感の度合いを尋ねるとグループ間の差はなかった。実験を行ったアルノウト・アルンツ（Arnoud Arntz）は、不安な状況下でのエンドルフィンの分泌は、勇敢な行為を促すが、恐怖の意識体験を減じるわけではない、と結論している（図8−3）。

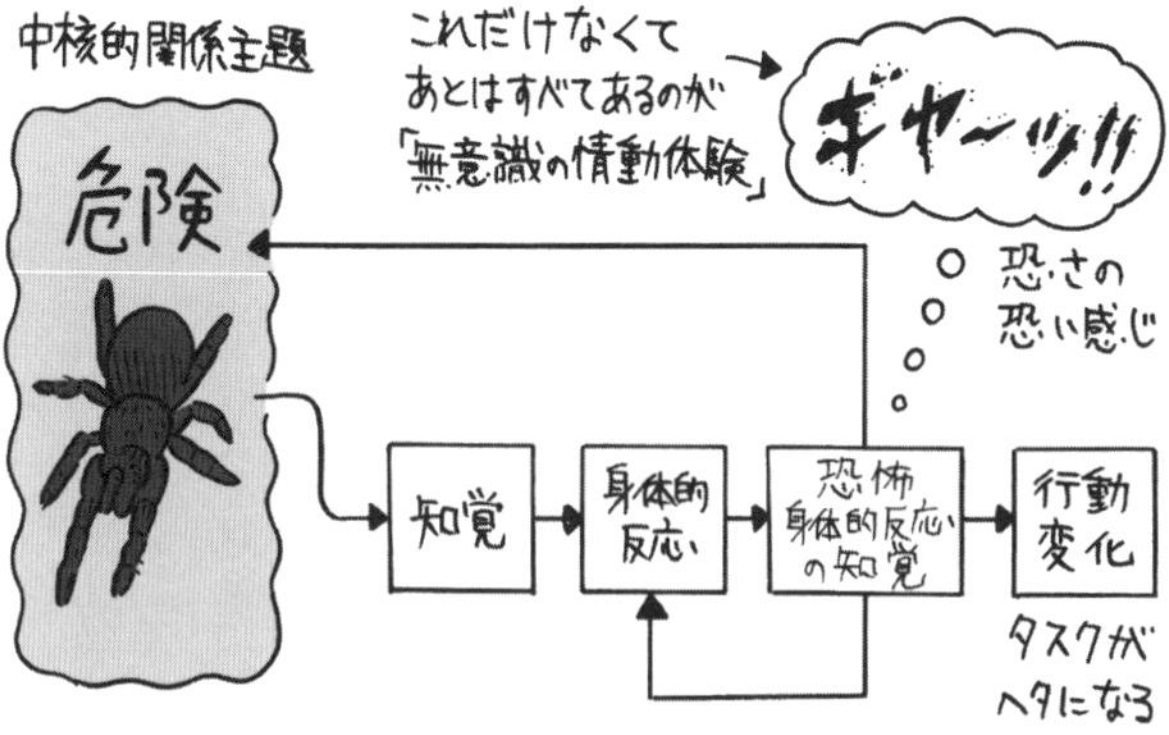

図8–3　クモ恐怖症の実験

プリンツはこの実験結果を引用しながら、行動は恐怖の強さに違いがあることを示唆しているのに対し、恐怖の感じの主観的報告には差がないことから、**恐怖の感じのあるなしと、恐怖のあるなしは独立**だと結論づけたがっているようだ。

実験へのツッコミ

もう一つ、コカイン中毒者を対象とした実験もある（Fischman & Foltin 1992）。被験者は静脈に二つの点滴を挿入《そうにゅう》される。片方はいろんな濃度のコカインが含まれている。もう一方は生理食塩水だ。被験者はどちらかの点滴を開始するボタンを選んで押せるようになっている（もちろん、どっちがどっちだか被験者にはわからない）。

低い濃度のコカインと、生理食塩水を比べてみると、被験者は二つの点滴のもたらす気分に差はないと報告した。しかし、どの被験者も無意識のうちにコカイン点滴のボタンをより頻繁に押していた。

あのー、フツーの人を対象にした実験はないの？　と言いたくなる。プリンツが紹介してくれているのは、次の実験だ（Strahan et al. 2002）。

被験者にいろいろな画像を、見たと意識できないほど短時間だけ提示したのち、聴きたい音楽を選択してもらう。その結果、悲しい表情の顔の画像を見たあとでは、アップビートの音楽を選択する傾向があることがわかった。要するに、行動（つまり音楽の選択）は気分の変化を反映している。しかし、被験者は聞かれても、気分の変化を報告することはない。

以上の実験は、ともに無意識の情動体験があることを示しているというわけだ。しかしながら、この種の実験はどれも決定的ではない。どれも、恐怖の強さや気分の変化について、**言葉による報告に頼っているからだ**。報告が同じなら、同じ現象的意識の状態にあると結論している。これはわれわれが自分の現象的意識に正しくアクセスして、それを正しく言語化できることを前提している。しかし、これはそれほど自明なことではない。とは言うものの、このツッコミはやや酷《こく》だろう。言語的報告を信用しないなら、現象的意識の測定はほぼ不可能だからだ。

次なる課題

というわけで、感じの意識体験を伴わない情動がある、あるいは無意識の情動があるという仮説には、まあそれなりの証拠があるとみなすべきだろう。そして、情動の科学的研究が進んでいくと、たとえば「怖くない恐怖」「感じを伴わない情動」という表現が自己矛盾的にならないように、恐怖や情動の概念を改定することにも、意義がある。だとするなら、**われわれはすでにして、ときどき反機能主義ゾンビなのである。**「恐怖の感じを伴う恐怖」が果たしている機能と同じ機能が、恐怖の感じ抜きで果たされることがある。私の言いたいことは、だったら後者も恐怖でしょ、そのときは、われわれは現にゾンビなのだ、ということである。

というわけで、**反物理主義ゾンビは退治する、反機能主義ゾンビとは共存する**というのが私の戦略になるわけだが、こういうふうにして哲学的ゾンビを無害化したとしても、重要な問いはまだ手つかずのままだ。

われわれ自身がときどきゾンビみたいになる、というのはいいとして、それはあくまで「ときどき」であって、たいていの場合、恐怖はやっぱり意識体験であり、恐怖の感じを伴っているのはまぎれもない事実だ。これをどうやって説明したらいいのか。つまり、**どうやって現象的意識、とりわけ意識体験に伴う「感じ」を唯物論的に説明するの？**という課題だ。次章では、この課題をとりあげよう。

第9章　「意識のハードプロブレム」をいかに解くか？

1　意識の表象理論で「感じ」を脱神秘化する

意識体験は表象だ

前章では、反機能主義ゾンビとは共存するという方針のもと、われわれはときどき、怖さの感じのない恐怖を味わう、つまり無意識の情動はありうるという結論に達した。それをふまえて本章で取り組むのは、**意識体験に伴う「感じ」をいかに唯物論的に説明するか**という課題だ。

この課題に答えてくれそうな有力な考え方がある。**意識の表象理論**という考え方だ。前章で言及した鈴木貴之さんの著書では、この理論が擁護され、それに基づいて意識の自然化（物理主義的なやり方で意識を説明すること）が試みられている。私も意識の表象理論が最も有望だと考えている点で、鈴木さんに同意する。

……というのは上から目線の言い方ですな。実際は、私は鈴木さんの本に説得されて表象理論いいじゃん、と思うようになったのでした。以下では、まず意識の表象理論一般について紹介し、次にそれを情動のもつ「感じ」に当てはめてみよう。

表象理論とは、**意識体験は表象の一種であり、それに伴う感じは、そこで表象されている対象のもつ性質に他ならない**、という考え方だ。何のこっちゃ。私も何でこれが意識についての画期的な説なのかずっとわからなかった。いまでは少しわかったような気がするので説明しよう。

表象とは何かについてはすでに第5章で解説したし、これまでさんざん「表象」という語を用いてきた。忘れたぞ、という人は第5章をちょっと読み直してほしい。読み直した？　それじゃ、表象主義の説明にゴー！だ。

われわれの心的状態には表象の機能を果たしているものがある。たとえば、思考は表象だ。信念や欲求もそう。メンタルマップもそう。そして、情動も表象だ。で、**意識体験もまた世界がどのようであるかを表すことを機能とする表象なのだ**、というのが意識の表象理論のキモである。

意識に伴う「感じ」は志向的対象の中にある

意識体験の典型例の一つとして、視覚的体験を例にとろう。冷蔵庫からピーマンを取り出して、まな板の上に置いて眺めているとしよう。この視覚的体験は、まな板の上にピーマンがあるということを表している。その志向的対象の一つは、ピーマンである。さて、意識体験は「感じ」をもつことが一番の特徴なのだった。そうすると問題は、**その感じはどこにあるのか、その正体は何なのか**だ。緑色のピーマンを見る体験は、緑色の感じをもっている、とわれわれは言ってきた。このような言い回しを使っていると、緑色の感じは、視覚的体験の性質であるように思えてしまう。本当だろうか。そのように考えるのが適切だろうか。

他の表象と比べてみよう。このページに「緑色のピーマン」という文字列がある。これは緑色のピーマンを表す表象だ。さて、そのとき緑色という性質は何の性質だろう。明らかに文字列の性質ではない。この文字列は黒いからだ。こう言い換えても良い。緑色という性質は表象そのものがもつ性質ではない。表象の志向的対象であるピーマンがもっている性質だ。

意識の表象理論は、意識体験は表象に他ならないと考える。この文字列についての考察を、意識体験に当てはめてみるとどうなるか。緑色のピーマンを見るという視覚的体験に

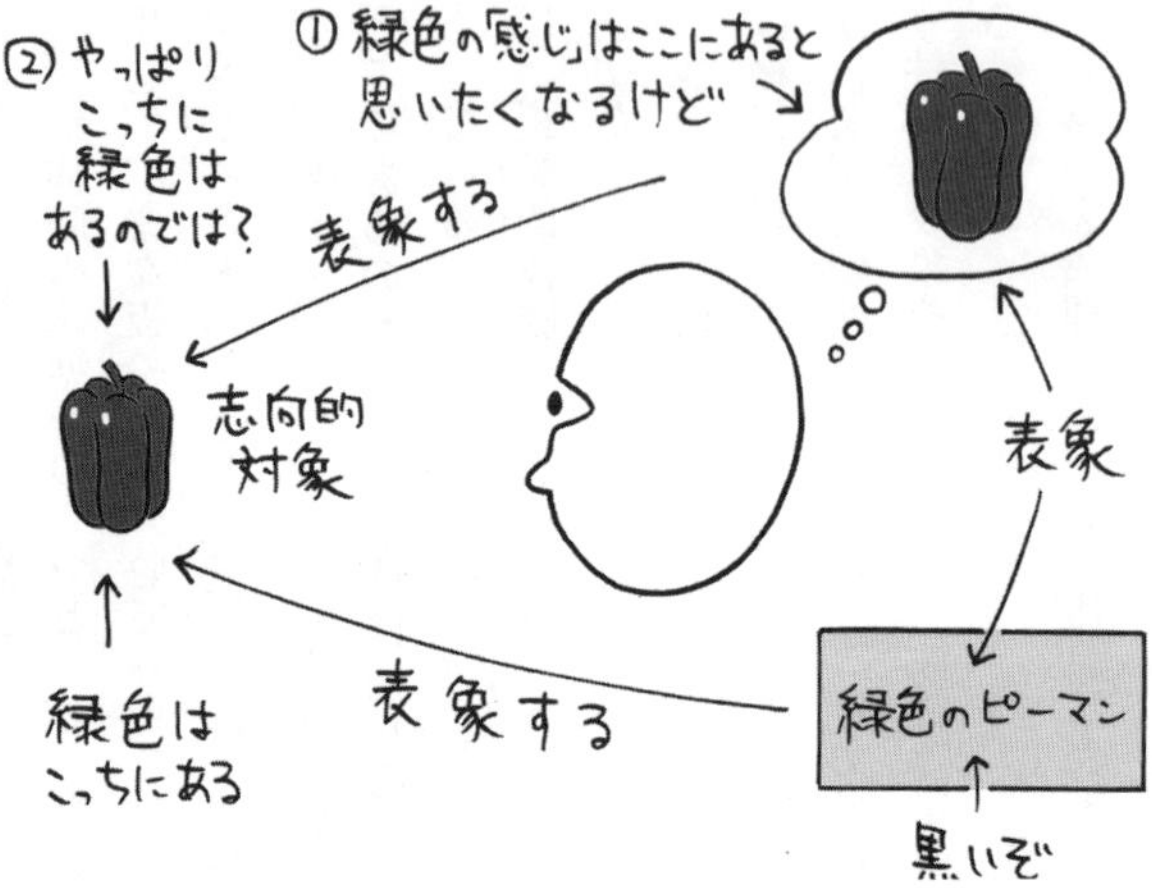

図9−1　ピーマンを見ることで生じる意識体験

は、緑色の感じが伴う。文字列のケースとパラレルに考えるなら、その緑色の感じは、ピーマンそのものがもつ性質と言うべきだろう。ピーマンを見ている視覚的体験（＝表象）のもつ性質なのではない。

視覚的体験そのものの性質はいろいろあるだろう。長く続くとかすぐ終わるとか、私にしょっちゅう生じるとかまれにしか生じないとか。あるいはいろんな神経科学的性質ももつだろう。しかし、視覚的体験そのものが緑色という性質をもつわけではない。緑色の感じは、体験（＝表象）の性質ではなく、**その体験の志向的対象のもつ性質**である（図9−1）。

同様のことは、他の知覚にも拡張する

ことができる。聴覚体験の感じは音のもつ性質、嗅覚《きゅうかく》体験の感じは自分の周りの空気の性質という具合だ。痛みや痒みのような感覚はどうだろう。これらは身体の状態に関する知覚経験の一種だと考えられる。ピーマンの緑色は、ピーマンのところにあるように見える。それと同じで、歯痛の感じは歯の奥のところ、胃痛の感じは胃のあるところ、痒みの痒い感じは蚊に食われたところにある。**痛みの痛さや痒みの痒さは、身体の部分のもつ性質なのである。**身体の部分がもつ性質なので、痛みは痛みの意識がなくなってもそこにある、ということになる。前章でさんざん、無意識の痛みについて話をしたのは、ここのところに関わってくる。

なぜ「感じは意識体験の中にある」と思いたくなるのか

というわけで、バラエティ豊かな意識体験はすべて表象、つまり何かを表すものと捉えることができそうだ。知覚のように外界の事物か、痛みのように身体状態かで志向的内容は異なるけれども、すべて意識体験自体とは別の何かのあり方を表すという点では同じことだ。つまり、**意識体験は知覚の一種なのである。**

そして、意識体験に伴う「感じ」は、意識体験そのものの性質ではなく、その志向的対象の性質である。これが、意識体験を表象とみなすことの、いちばん重要な帰結だ。言われてみればすごく単純なことでしょう。でも、これをちゃんと信じ続けるのはなかなか難しい。歯を食いしばって、この考え方を飲み込んでちょうだい。というのも、われわれはどうしても意識体験のもつ感じは頭の中にある、意識体験そのものの性質だと考えてしまいがちだからだ。

ピーマンを見ている人を図解しようとすると、ピーマンを描いて緑色に塗り、それを見ている人を描いて、その人の頭のところにフキダシをつけて、その中にまたピーマンを描いて緑色に塗りたくなる。このフキダシが意識体験で、意識体験が緑色という性質をもっているような気がしてしまう。

心理学者や神経科学者と話をしているときに、「緑色のピーマンを見ているとき、その緑色はどこにあると思いますか」と尋ねてみることがある。かなり多くの人が、**そりゃ頭の中に決まってるでしょ**、と答える。これって、けっこう根強い考え方だ。

なぜそう考えたくなるかと言うと、錯覚、幻覚、ぼやけ、ダブリ（二重視）といった現象があるせいだ。ベンハムのコマといって、白黒のパターンに色分けされたコマを回すと、色がついて見える現象がある。その色はコマの性質に思えない。コマは白黒だから。そうするとその色は、意識の中だけにある、意識体験の性質のような気がしてくる。幻覚剤を飲んだら、部屋の中にピンクの象が見えた。あるいは、真っ暗な部屋の中で目を閉じて瞼《まぶた》を押すと、明るい斑点《はんてん》が見える。部屋の中にはピンクの象はいないし、部屋は真っ暗だ。ピンクの象や光る斑点は、意識の中だけにあるように思える。寝ぼけ眼《まなこ》で時計を見たら、ぼやけて見えて時間がわからない。あるいはダブって二重に見えてしまう。でも時計自体はぼやけているわけではないし、時計が二つになったわけでもない。ぼやけた感じやダブった感じは意識の中だけにあるように思えてくる。

それでも表象理論で頑張るとすると……

だから、意識の表象理論は、こういうケースもうまく扱えることを示さなければならない。ところが、それはけっこうしんどい作業だ。ちゃんとやろうとすると、もう一冊本を書いたぐらいじゃ済まないかも。興味をもった人は、ぜひ、前章で紹介した鈴木貴之さんの本を読んでほしい。でも、何もしないのも気がひけるから、一つだけ、二重視を表象理論がどう扱うかを紹介しておこう。これこそが、他のケースに関して表象理論が何を言うかのひな型だからだ。

目玉を指で押しながら（瞼の上からにしてください）、目の前のピーマンを見ると二重に見える。これは、二個のピーマンを見たときの視覚経験とずいぶん異なるように思える。だから、二個のピーマンが重なっているというのは、対象の性質ではなく、意識体験のもつ性質のような気がしてくる。

これに対して、表象主義者はがんばって次のように言う。たしかに、二重視では、知覚内容が安定しない。重なり具合はたえず揺らいでいる。けれども、一瞬一瞬のピーマンの視覚経験を取り出せば、二重視のケースと、二個のピーマンを見たときの視覚経験に本質的な違いはない。どちらも、特定の場所に特定の色と形をもったピーマンがある、という内容をもっている。

もちろん、本当は一個のピーマンしかないのだから、二重視の意識経験は**間違った表象**だ。しかし、間違いうるということが表象の特徴だったことに注意しよう。本当に二個のピーマンが重なっているところをノーマルに見た場合、それぞれのピーマンの空間的位置や色や形は、その知覚の志向的対象の性質だ。同じように、二重視の場合も空間的位置や色や形は、志向的対象の性質なのであって、この場合だけ意識体験（知覚体験）の性質になるわけではない。二つのケースの違いは、同じ志向的対象をもった知覚体験が違う原因（一方では二個のピーマン、他方では一個のピーマンプラス目玉への圧迫）で生じているという点だ。

大事なのは、知覚体験で経験されている、色とかの「感じ」は、志向的対象の性質であって、その知覚体験がもっている性質ではないのだ、ということだ。そうすると、唯物論者として残る作業は、何かが何かを表象するということはどういうことか、志向性とか志向的対象とは何か、という問題に唯物論的な説明を与えることだ。こういう作業を「**志向性の自然化**」という。

てなわけで、「さ、これから志向性の自然化をイッパツやってご覧にいれましょう」といきたいところだけど、それは無理。本書もう391ページまで来てますからね。どのように志向性の自然化をやるのかについては、鈴木さんの本の後半部分か、『哲学入門』を読んでください。

表象理論の最大のメリット

錯覚、幻覚、ぼやけ、二重視。こんなふうな事例に引きずられて、感じは意識体験の性質だと思ってしまうと、意識のハードプロブレムは、本当にハードなプロブレムになってしまい、ほとんど解決不可能になる。ピーマンを見ているときに、脳の中ではいろんなことが起きているが、それらがどのようにして脳の中に「緑色の感じ」を生み出すのか、説明しなさい、ということになるからだ。脳の中で起きていることは基本的には物理化学的な語彙で記述される。それを組み合わせ、ひねくり回して、ほら「緑色の緑の感じ」が出てきたでしょ、って言わなくてはならない。これって、何か、か、何をやれと言われているのか、すらわからない。

意識の表象理論はここで頑張って、脳の中に緑色の感じがあるのではない、緑色の感じはピーマンそのものにあるんだ、と言う。そのことで、下手すると解決不能になってしまいそうな問題をすり抜けようとする。いや、すり抜けるというのはちょっと違うな。要するに、**意識のハードプロブレムを、それよりもうちょっと解決できそうな志向性の自然化問題に帰着させようとしている**わけだ。

後者のほうが少し易しいのではないかと思われるのは、「何かが何かを表象するということはどういうことか」という問題は、意識に限った話ではないからだ。意識は表象の一種だ。でも、表象にはもっと単純で原始的なものがたくさんある。ジガバチくんや走磁性細菌くんのオシツオサレツ表象もそうだ。これらは意識的な表象ではない。意識のややこしい話は棚上げにしてやれるなら、少しは簡単そうでしょ。実は、本書でも途中まではやってある。139ページの表象の定義のうち、「情報を担うためにある」つまり「本来の機能」とは何かということに、唯物論者も納得できる説明を与えればよい。

情動に意識の表象理論を当てはめる

さて、こうした表象理論は情動体験や情動に伴う「感じ」に当てはまるだろうか。ストレートに当てはめるのは無理がある。情動は世界のあり方を表象するものではない、と言いたくなるからだ。私がイヌに出会って恐怖したとする。しかし、怖さの感じはイヌそのものの性質ではない。あなたにとっては、そのイヌはとても可愛い、か弱い対象かもしれない。

　情動は、視覚的経験よりはもうちょっと複雑な構造をしている。身体化された評価理論によると、情動は身体的反応の知覚であって、身体的反応をレジスタする。それを通じて中核的関係主題を表象している。

　一方、第1章でアラコワイキャー体験に即して述べたように、情動体験において感じられているのは、どうやら身体的反応だった。そうすると、意識の表象理論を採って情動を知覚になぞらえて理解するならば、**情動経験に伴う感じは、情動が知覚している対象である身体的反応がもつ性質**だと考えるのが自然だ。ただしプリンツは、情動は身体的反応をレジスタしているが、表象しているわけではないと考えているから、情動の志向的対象が身体的反応だとは言えないことになる。情動の志向的対象はあくまでも中核的関係主題だ。だから、少し表象理論に手直しが必要だろう。

　ま、手直しは適当にやるとして、わかったことをまとめるとこうなる。情動とは、**身体的反応を知覚することを通じて、中核的関係主題を表象する機能をもった状態だ**。そして、しばしば情動に含まれる身体的反応の知覚は意識的に行われる。そのとき、情動は独特な感じを伴う。しかし、意識の表象理論によれば、**その感じは、意識の性質ではなく身体的反応がもっている性質として理解できる。**

これで、意識的な情動に伴う「感じ」の正体はいくぶん脱神秘化できた。しかし、すべての問題が片づいたわけではない。

2　意識的情動はいかに生み出されるのか——AIR理論から考える

表象はいかにして意識体験になるのか

情動は表象の一種である。しかし、表象はいつも意識的であるとは限らない。ピーマンの写真は意識をもたない。私は崎陽軒のシュウマイ弁当には干《ほ》しあんずが入っているのを知っているが、それをいつも意識にのぼらせてはいない。でも、知っている。だから、蓋《ふた》を取ってあんずが入っていなかったら、驚く。この知識は表象だが、意識的ではない。痛みや恐怖だって、ときには意識的でないこともあるのはすでに確認したとおりだ。

そうすると、次なる問題は、**どんな表象が意識体験なのか**。あるいは、**表象はどんな条**

件を満たすと意識体験になるのか、である。情動の場合に当てはめてみれば、身体的反応の知覚としての情動はどんなときに意識的な情動でもあるのか、ということだ。

こうした問いに答えようとする試みは山のようにある。その中で私のお気に入りは、プリンツが提案している**AIR理論**（エア理論って読むのか？）だ。といっても、AIR理論が正しいと確信しているから気に入っているわけではない。プリンツ自身も確信していないだろう。なぜなら、この理論は経験科学の仮説として考えられるべきであって、最終的には実験的証拠の積み重ねで白黒がつく類のものだからだ。

私がここでAIR理論を紹介するのは、それが、意識を伴う情動が脳の中でどのように実現されているかについての面白い提案を含んでいるという理由と、その提案を導き出す仕方が、意識のハードプロブレムはどのようにして解かれるべきなのかということを考える良いヒントになるという理由からだ。

情動についてのAIR理論のあらましを述べておこう。この理論は、まずは情動ではなく、視覚的意識の成立を説明する有力な理論をお手本にする。次にそれをちょっと抽象化して、視覚のみならずあらゆる知覚的意識についての統一理論の枠組みを取り出す。最後に、その枠組みを意識的な情動に当てはめる。

さまざまな意識の共通点

プリンツは次のように話を始める。異なる種類の意識体験には、その成り立ちについて異なる説明が必要だとする考えにも一理ある。実際、そのように考える人たちも多いからね。しかし、ここでは、あえて**統一的説明が可能だという作業仮説**を採用しておこう。それには根拠がある。意識にはさまざまな種類があるけれども、それらには説明するべき共通の特徴もあるからだ。

第一に、脳が正常であれば、意識体験の内容はたいてい本人によって報告可能だ。第二に、意識体験だけがエピソード記憶の候補になる。第三に、すべての意識体験は注意によって影響される。つまり、体験内容に含まれることがらに注意を向ければ、他のものが意識されなくなる。第四に、すべての意識体験は「感じ」をもっている。

求める統一的説明はどうしたら手に入るだろう。情動において、感じられている対象が身体的反応であるなら、情動は身体的反応の知覚と言ってもよい。だとするなら、どうしたら情動が意識的になるのかの説明は、知覚がどのようにして意識的になるのかの一般的説明の一部になるだろう。つまり、**知覚的意識の一般理論があれば、それが求める統一的説明ということになる。**

意識的な思考はどうなの、と言われるかもしれない。「ええと、まずピーマンの種をとって、細長く刻んで、牛肉も塩コショウをしたのち、同じように刻んで、片栗粉《かたくりこ》をまぶしておく、そして……」みたいな思考だ。これって知覚じゃないように思える。しかし、これだって、心の中で言葉やイメージを操作して、その結果を知覚する意識体験だと考えることもできる。

というわけで、次のような戦略をとればよい。まず、一番よくわかっている視覚からスタートする。視覚的意識がどう生じるかの理論が手に入ったら、他の知覚のモダリティ（聴覚、嗅覚、身体感覚など）も同じ原理に従うかをチェックする。もし、それらも従ってくれるなら、統一的説明が手に入る。

視覚刺激は三段階で処理される

脳内の視覚システムは次の三つの処理レベルからなると考えられている（図9―2）。

（1）**低次レベル**：一次視覚野（V1）、またの名を線条皮質《せんじょうひしつ》（striate cortex）とも言われる領域での処理。ここにあるニューロンはそれぞれ、視覚刺激をすごく小さな領域に分けて、その中にある線分の向きや、色のわずかな違いを検出している。視野の中の位置とV1内のニューロンの位置の対応はとても正確だ。そしてこの対応は、V1をもつほとんどすべての動物に見られる。この処理の段階では、それぞれのニューロンが検出した視覚刺

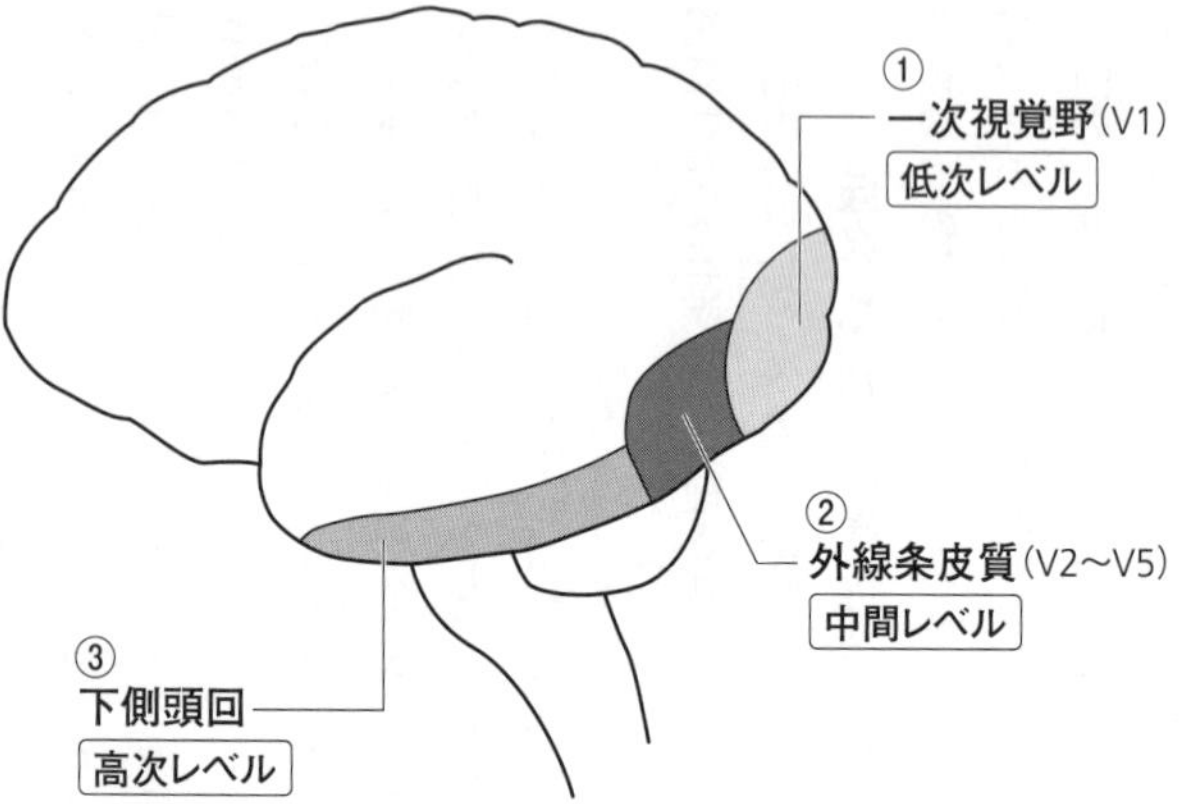

図9–2　視覚刺激は三段階で処理される

激（線分や色）は、まだ一つの全体にまとめられてはいない。

一次視覚野（V1）に入った信号は、そのあと二つの経路に分かれて処理される。一つの経路は腹側《ふくそく》皮質《ひしつ》視覚路《しかくろ》と呼ばれ、V1を出て下に向かう経路だ。もう一つは背《はい》側《そく》皮質《ひしつ》視覚路《しかくろ》と呼ばれ、V1から上に向かう。意識にのぼる視覚像の成立に関係しているのは腹側のほうだから、以下はこっちの経路だけについて述べることにしよう。

（2）**中間レベル**：外線条《がいせんじょう》皮質《ひしつ》（extrastriate cortex）つまりV2、V3、V4、V5と略される領域での処理。ここで統合がなされる。つまり、一次視覚野で検出されたバラバラの線分や色が合わさって輪郭《りんかく》をつくる。

（3）**高次レベル**：下側頭回《かそくとうかい》（inferior temporal gyrus）での処理。下側頭回は側頭葉の下外側にある部分だ。ここが、腹側皮質視覚路では、最も高次な処理を行っているらしい。中間レベルで統合された輪郭は、ある視点からのものだったが、ここでは**視点によらない認識**が生み出される。つまり、見たものが異なった向きにあっても、視野の異なる位置にあっても、異なる距離にあっても、同じ形と色の対象なら、同じニューロンたちが発火する。このことから、視覚対象の特徴（色や形状）を認識する部分と言われ、顔の認識にも関わっているとされている。

中間レベルがクサい

三つのレベルのうち、意識体験に対応していそうなのは中間レベルだ。なぜなら、視覚の意識体験は、ちゃんとした輪郭と色をもった三次元の対象が、空間内につじつまの合う仕方で並んでいる（ように思われる）が、それらはあくまでも、主観的カメラみたいに特定の視点から眺めた位置と向きをもつように配置されているからだ。こうした表象を与えるには、低次レベルでは断片的すぎるし、高次レベルでは抽象的すぎる。中間レベルがクサいぞという着想は、一九八〇年代後半に言語学者のレイ・ジャケンドフ（Ray Jackendoff）によってすでに提案されていたが、その当時は解剖学的な証拠はなかった。

いまでは外線条皮質で中間レベルの処理が行われ、それが視覚的意識の成立に関係しているらしいという仮説には、良い証拠が揃ってきた。たとえば、中間レベルの外線条皮質が損傷されると、視覚的な意識体験は失われてしまう。一方、高次レベルを担当する下側頭回が損なわれると、視覚体験は失われないが、それが何であるのかの認知ができなくなる。低次レベルの第一次視覚野が損傷されると、いわゆる「盲目」になるが、そうなる前に見たことがあって残っている視覚心像を報告することはできる。こうした知見は中間レベルが視覚的意識をもたらしているとする仮説を支持している。

意識昇格へのプラスアルファ

統一的理論を目指すなら、他の知覚の場合でも中間的なレベルが意識の座だ、と拡張することになる。プリンツは、この方向性は正しいと考えるが、一つ足りないところがあると言う。中間レベルが意識を生み出す座だというのはいいとしても、そこで行われていることだけでは意識にはまだ届かないというのだ。

たとえば、ビジュアル・ネグレクトという障害がある。この患者さんは、注意に結びついた脳領域が損なわれている。そのために、たとえば視野の左半分や対象の左側の意識体験を失ってしまったりする。しかし、左側に提示されたものを無意識のうちには認識しているらしい（Bisiach 1992）。何が視野の左側に提示されているのか、意識的には見えていないのに、当てることができるのだ。何であるかの認識はできているので、患者は三つの階層的処理のすべてのプロセスを最終段階までできているはずだ。

　ということは、中間レベルの処理さえすれば視覚的意識も成立しちゃう、というわけではなさそうだ。**中間レベルの活動プラスアルファがないと意識にならない**。プリンツはそのプラスアルファは注意だろうと考える。これこそが患者さんに欠けているものだ。

　それを示唆する実験結果がある。かなりの注意を必要とする課題を被験者に与える。たとえば、ディスプレイ上に十字形を提示して、縦棒と横棒のどちらが長いかを判断させる、といったものだ。被験者がそれに取り組んでいる間に、十字形のそば（つまり視野の真ん中にあたる）に、思いがけない図形を短時間提示する。しかし、被験者の約半数はその対象を意識することができなかった（Mack and Rock 1998）。視野をスキャンするために十分な注意が残っていないので、被験者は**注意不足による盲目**（**不注意盲**：inattentional blindness）とでも呼ぶべき状況に陥ったというわけだ。

　意識の成立には中間レベルの処理プラス注意が必要。これが意識のＡＩＲ理論のキモだ。ちなみにＡＩＲは「注意の的となっている中間レベルの表象（attended intermediate-level representations）」の略ね。

「注意」が生じる脳内プロセス

それじゃ、「注意」って何でしょう。心理学、認知神経科学での標準的定義は、**注意は脳内でどのように情報が流れるかを調節するプロセスである**、というものだ（Olshausen et al. 1994）。注意がなされると、ある脳領域の細胞が、他の領域に信号を送ることを許される。

では、知覚の場合、注意によってどこに情報が流れるのだろうか。プリンツはそこで、**ワーキングメモリ**を候補に挙げる。ワーキングメモリとは、エピソード記憶（思い出）のように長期にわたる記憶ではない。脳内で何か作業が行われるときに、そのための情報をごく短時間（数秒間）一時的に保持しておくこと、またはそうした機能を担う部位のことだ。外側《がいそく》前頭《ぜんとう》前《ぜん》皮質《ひしつ》（lateral prefrontal cortex）にあるとされている。

注意は、知覚の中枢とワーキングメモリとの間の情報の流れを許す。視覚の場合、ワーキングメモリへの経路は、高次レベルの座である下側頭回から出て行く。だから、中間レベルの外線条皮質は、いったん高次レベルを介して情報を送ることになる（図9―3）。

さてそこで、プリンツの推測は次のとおりだ。ワーキングメモリは高次レベルの表象とその表象がどのように中間レベルから得られたかの一時的記録を含んでいるだろう。これら二つの情報があるため、脳は情報をワーキングメモリから中間レベルに送り返すことに

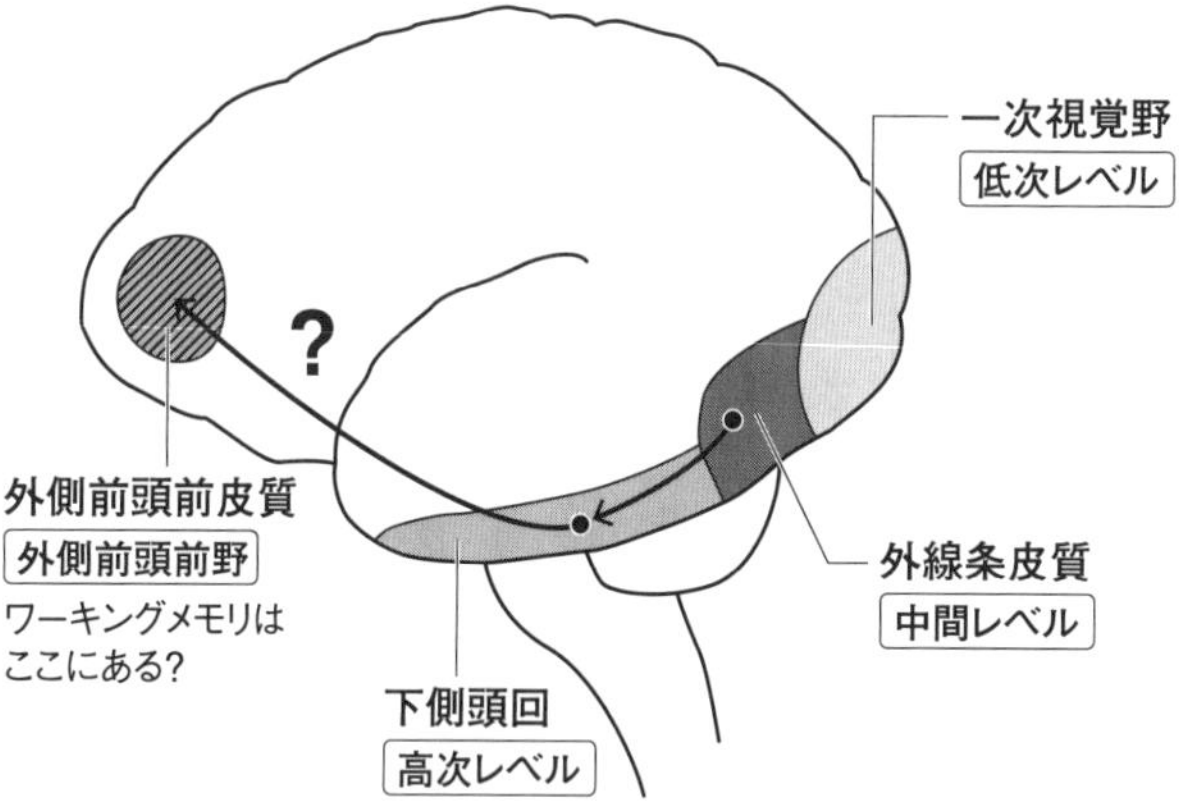

図9–3　注意によって、どこに情報が流れるのか

よって中間レベルの表象をつくり直す（アップデートする、と言ったほうがよいかも）ことが可能になる。つまり、ワーキングメモリは中間レベルの表象のコピーそのものを含んでいるのではなく、中間レベルに表象をもう一度つくらせるための指令を含んでいる。ソマティックマーカー仮説のアントニオ・ダマシオはそのような指令を**潜在的表象**（dispositional representation）と呼んでいる。

要するに、注意とは、中間レベルの表象を上位レベルの知覚処理領域に投射すると同時に、ワーキングメモリに潜在的表象を形成するような過程のことだ。

もし、この見立てが正しいなら、**知覚、注意、ワーキングメモリがいっしょになっ**

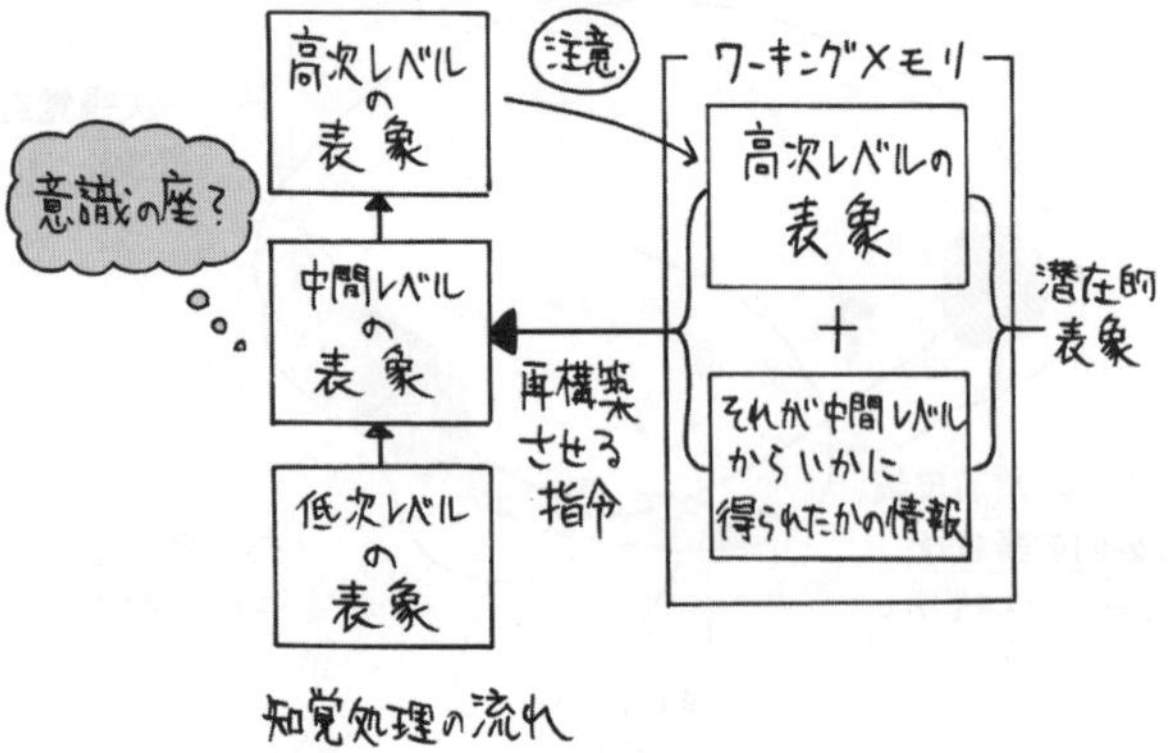

図9-4　プリンツの推測

て意識体験を生み出していることになる。注意すべきことは、意識がワーキングメモリの中に生じると言っているのではないということだ。むしろ、意識は中間レベルの知覚システムの中に生じる。ただし、それがワーキングメモリに「ドアを開いた」ときに。プリンツは、**意識はワーキングメモリへの玄関口**（gateway）だ、という言い方もしている（図9-4）。

情動システムの階層性

残った仕事は、AIR理論を情動に当てはめてみることだ。そのためには、**情動のシステムも視覚と同じような階層性をもっていること**を言わないといけない。情動の意識で感じられているのは身体的反応だった。だから、身体状態の知覚を担っている脳領域の中にそういう階層を探せばよい。

ダマシオは次の二つのレベルがあるのではないかと推測している（Damasio 1999）。

（1）低次レベルの処理（第1階の身体表象）

橋《きょう》（pons）、一次体性感覚皮質（SⅠ）、島《とう》（insula）が関わっている。このレベルが壊れると、そもそも身体の状態を検出しレジスタすることができなくなる。身体がどういう状態にあるかをモニターできなくなるというわけだ。このため、情動も失われる。視覚の場合に盲目になるのとパラレルだ。

（2）中間レベルの処理（第2階の身体表象）

前帯状回皮質《ぜんたいじょうかいひしつ》（anterior cingulate cortex）の背側部《はいそくぶ》（dACC）が関係しているが、島と二次体性感覚皮質（SⅡ）も関係しているらしい。これらは、低次レベルの第一次体性感覚皮質（SⅠ）から入力を受け取り、それらを統合して、身体的反応のパターンを表象している。

これら二つは、視覚の場合の低次レベルと中間レベルの処理に対応していそうだ。第1階の身体表象はローカルな変化の表象で、一つの小領域が、内臓の変化、別の小領域が骨格筋、また別がホルモンレベルを検出するといった具合に、互いに独立に働いていると想定される。第2階の身体表象ではこれらの第1階の身体表象が統合される。これは、視覚の場合には外線条皮質がやっている仕事に相当する。

このあたりの脳領域が怪しいぞ、という推測には脳画像による証拠もある。純粋自律神経不全症（PAF：pure autonomic failure）という病気がある。これは、血圧、発汗など、自律神経系がコントロールしているさまざまなプロセスが正常に機能しなくなる病気だ。PAFの患者は、自律神経系による身体状態の変化の知覚がうまくいかなくなると同時に、情動体験も鈍《にぶ》くなってしまうことが知られている。脳画像を用いた研究では、患者は（1）（2）で触れた脳領域の働きに異常があることがわかっている（Critchly et al. 2001）。

また、ダマシオらはさまざまな情動の経験を思い出してもらって、脳画像を比べるという実験から、異なる情動は、以上の脳領域に異なる活性化パターンをもつことを明らかにしている（Damasio et al. 2000）。それぞれの情動は異なる身体反応に関わる脳領域の活動を示す。どうやら嫌悪は腸の、怒りは心臓の状態の表象を含むらしい。

高次レベルの情動処理はどこで行われているのか

AIR理論を情動に当てはめるためには、高次レベルも存在してくれないと困る。それは、中間レベルの処理で表象されていた身体反応の共通点を検出する処理のレベルのはずだ。こういうレベルが存在するなら、これが情動の認識が達成されるレベルということになる。

プリンツは、そういうレベルはあるはずだと考える。たとえば恐怖には、凍結するときの、逃げるときの、戦うときのといった具合に、ちょっとずつ異なる身体状態が結びついているはずだ。こうした異なる身体状態は、ローカルな変化をモニターする低次レベルと、その変化パターンを統合する中間レベルには、ちょっとずつ異なる活性化を生み出すだろう。でも、われわれはこれらの異なる状態を同じ感情、つまり恐怖の一例として認知することができる。こういうことができるからには、**高次のレベルでの処理があって、異なるパターンを抽象化してひとくくりにしているのだろう**と推測できる。

では、どこでやっているんだろう。候補は二つ挙げられる。一つは、前頭前野腹内側部(ventromedial prefrontal cortex)だ。ん、どこかで聞いたことがあるぞ。VMPFC、ダマシオが感情に依存する意思決定の座としたところ、エリオット氏が損傷してしまった領域だ(117ページを見てね)(図9－5)。ダマシオのソマティックマーカー仮説によると、ここは、けっこう高次の機能を果たしている。自分がこれからやろうとしている行動の得失を予測するのに、「こっちの山からカードを引こうとしている」といった高度に認知的な表象を入力して、どんな感情が出てくるかシミュレーションしているわけだから。

もう一つの候補は、吻側前帯状皮質(rACC：rostral anterior cingulate cortex)と呼ばれる前帯状回皮質の一部である(図9－5)。「ふんそくぜんたいじょうひしつ」と読む。しかし、脳の解剖用語って何でこんなにお経《きょう》みたいなんだろう。こんな名前を頭に入れているわけ

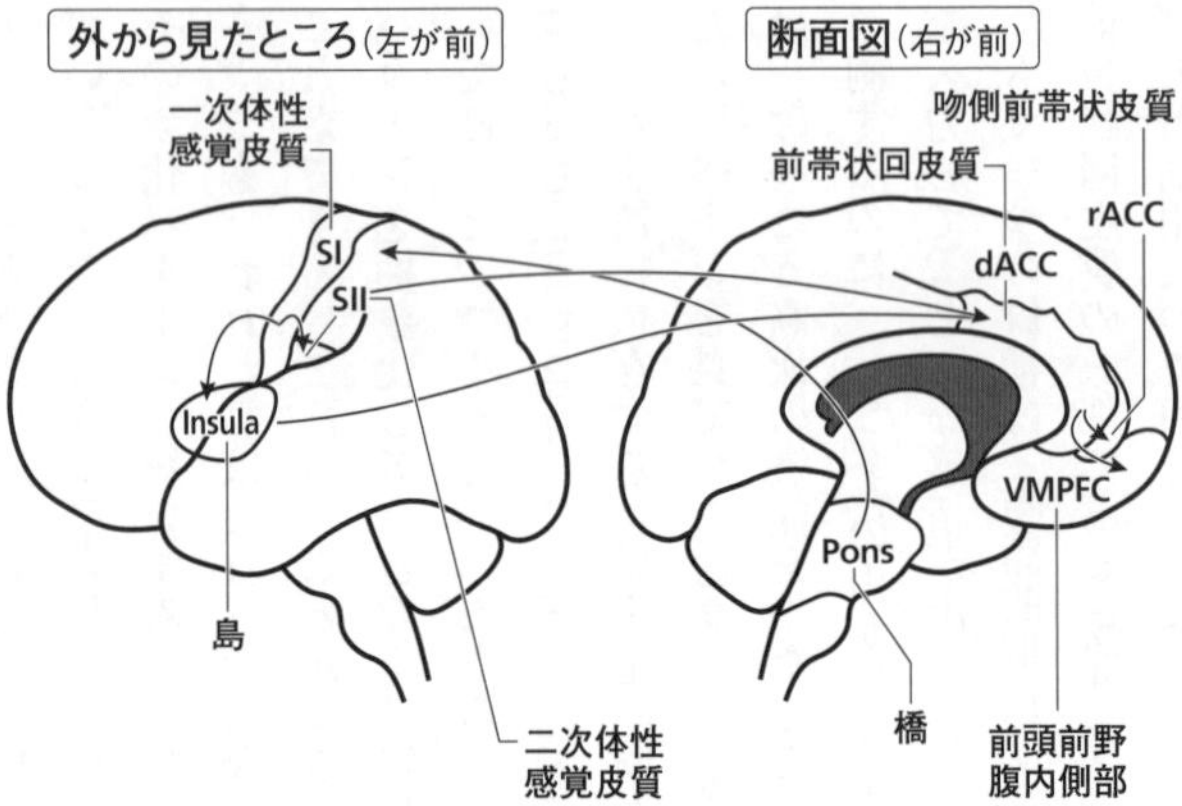

図9–5　プリンツの推測による情動システムの階層性（Prinz 2004）

で、それだけで神経科学者は尊敬に値する。

さて、被験者に、情動を喚起する図像を見せる。それを見ながら、次の課題のどちらかをやってもらう。一つは、とくに感情を揺り動かすことのないような、どうでもよいことがらについて判断をしてもらう。もう一つは、図像によって喚起された情動経験の快不快を報告してもらう。第二の課題をやろうとすると、被験者は自分の情動に注意を向ける必要がある。これらの二種類の課題をしてもらったときの脳活動の違いを画像で捉えると、自分の情動について報告せよと言われたときに、吻側前帯状皮質（rACC）が興奮した。どうやらここは自分の情動を認識することに関わっているらしい。快不快を報告せよと言われた被験者は、まず自分がどの情動を抱いているかを突き止める必要があり、それがこの場所を発火させたのだろう。

いくつかの機能障害からの証拠

高次レベルが壊れると、視覚の場合は、連合型視覚失認（associative visual agnosia）になる。この状態では、視覚に提示されたものが何なのか認識できない。でも、提示された対象の絵を模写することはできる。つまり、形や輪郭がわからないのではなく、意味づけができなくなるわけだ。

これに対応して情動でも、高次レベルが障害を受けているのだろうと考えられる事例がある。P・E・シフネオス（Peter E. Sifneos）らによって一九七〇年代に発見された**アレキシサイミア**（alexithymia）と呼ばれる症状だ。「**無感情症**」とも言われる。アメリカ心理学会の診断基準では、自分の感情を言葉で表現できないことによって特徴づけられる。といっても言語障害なのではない。むしろ自分の感情を認識できないと言ったほうが正確だ。だとすると、「無感情症」という訳語はあまり良くないなあ。感情を失った状態という印象を与えるからだ。むしろ、アレキシサイミアの傾向をもつ人は、**感情はあるんだけど、その自分の感情が何なのかを認知することが苦手だ**。あるいは**なんらかの感情を感じては**

いるけれど、それが何なのかうまく表現できない。感情の認識が不得意なので、他人の感情を想像したり共感したりする力も乏しい。

この患者さんは、自分の精神がストレスを受けていることに気づきにくいため、強いストレスにさらされていても黙々と行動を続けることができる。だから他人からは忍耐強い人だとみなされてしまう。しかし本当は、ストレスは蓄積されているので、胃潰瘍《いかいよう》などの身体症状が現れる。つまり、アレキシサイミアの傾向をもつ人は心身症になりやすい。それだけでなく、ストレスの発散の仕方を知らないので、うつ病、摂食障害、依存症などにもなりやすいと言われている。

では、中間レベルはどうか。ＡＩＲ理論によれば、意識は中間レベルで生じるはずだ。意識的な情動を喚起すると、島と二次体性感覚皮質が活性化するという脳画像研究はいろいろある。また、島が損傷すると、痛みの際にネガティブな感情がなくなる。ハンチントン病の患者は島の活動が低下しており、嫌悪を経験できない。

中間レベルの処理を行っていると推測される前帯状回皮質背側部の損傷はいろんな感情障害をもたらす。たとえば、哺乳類でここを除去すると、攻撃、他者への関心、苦痛の回避、母親行動、回避学習などが損なわれる。

ヒトの場合は、ここの損傷は無動性無言症（akinetic mutism）を生み出す。この障害では、世界を知覚する能力と言語理解力は損なわれないのに、情動的な動機づけが欠けてしまう。患者さんはなかなか行動を始めないし、話しかけられても答えない。これから回復した患者は、「すべてどうでもよい」と感じられていたと報告している。

AIR理論はいい線いっている

AIR理論情動バージョンにもけっこう証拠がありそうだ。とはいうものの、情動は視覚ほどわかっていることが多くない。だから、情動についてのAIR理論には欠けたところがいろいろ残っている。視覚的意識の成立には注意とワーキングメモリの役割が重要だったが、意識的な情動体験の成立にこれらがどう関わっているのかはわからない。しかし、関わっていることは明らかだろう。第8章で紹介した飛行機恐怖症の男の話は、注意が逸《そ》れると恐怖の意識体験が失われることを示しているからだ。しかし、その関わりの正体は明らかではない。

それでもAIR理論は有望だとプリンツは主張する。先に意識の統一理論が説明すべき意識の共通特徴を挙げておいた（396ページ参照）。そのうちのいくつかをうまく説明できそうだからだ。まず第三の特徴、つまり意識と注意との関係は、AIR理論によって説明できる。これは当たり前だ。なぜなら、AIR理論は、意識の成立条件の中に、注意を入れているからだ。残りはどうだろう。

第一の特徴は、意識体験の内容はたいてい本人によって報告できる、というものだった。ＡＩＲ理論はこの特徴も説明できる。というのも、ＡＩＲ理論では、何であれ意識的な心的状態はワーキングメモリに情報を送ることになるからだ。だとすると、意識体験の内容を言語で報告しようとしたときには、ワーキングメモリの中身をサーチすれば済むわけだ。

第二の特徴はどうだろう。意識体験だけがエピソード記憶の候補になるのはなぜかを説明できるだろうか。ここでもワーキングメモリが鍵になる。エピソード記憶の形成を司っているとされる内側側頭（medial temporal lobe）が活性化する前に、ワーキングメモリに関与しているらしい前頭皮質（frontal cortex）が活性化していることがｆＭＲＩ（磁気共鳴機能画像法）により見出されている（Buckner et al. 1999）。もちろん、これだけでは何とも言えないが、エピソード記憶が形成される前に、一時的にワーキングメモリに情報が蓄えられる可能性はあるかもしれない。もしそうだったら、意識体験だけがエピソード記憶の候補になるのはなぜかを説明できるだろう。

第四の特徴は、意識体験は「感じ」をもっているということだ。これを説明するということは、ハードプロブレムを解くということに他ならない。プリンツは、ＡＩＲ理論ではこれを説明することはできないと認めている。しかし、実のところ、ＡＩＲ理論で「感じ」

が説明できるかどうかを評価する以前に、そもそも「感じを説明する」というのはどういうことかが、すごく混乱している。次の節では、この点について再考してみよう。

3　反機能主義ゾンビはダイハード

意識は何のためにあるのか

すでに見たように、われわれはときどき反機能主義ゾンビである。つまり、情動は意識的であることもあるし、そうでないときもある。だとすると、次の疑問が湧いてくるのも当然だ。**何で情動はいつも無意識じゃないのだろう。**情動のやっている仕事が、かりに意識なしでもできるんだったら、意識にのぼる必要はないんじゃなかろうか。

この疑問は、別の言い方をすればこういうことになる。**情動が意識的であるとき、その意識が果たしている機能は何だろう?**

意識の機能については、それこそいろんな人がいろんなことを言っている。これまで紹介してきたＡＩＲ理論だとどういう答えになるだろうか。プリンツの考えをまとめてみよう。

ＡＩＲ理論では、中間レベルの表象がワーキングメモリに送られたときに意識が生じると考えた。だとすると、**ワーキングメモリに表象を飛ばす**、というのが意識の機能ということになる。ところで、ワーキングメモリは単なる記憶の一時貯蔵庫ではない。ワーキングメモリは、推論と問題解決が生じる作業台のようなところである。

プリンツは、コントロールされた処理のことを「**熟慮**（deliberation）」と呼んでいる。熟慮と言ってしまうと、言語を媒介にして行われるような感じがする。たとえば、頭の中で、「ああやって、その次にこうやって」と内語《ないご》を発して考えているようなイメージだ。しかし、プリンツの言う熟慮はもう少し広い。言語を使わなくても熟慮はありうる。たとえば、脅威を前にして、固まるか、逃げるか、戦うかなどの行動を選択するといったことだ。

もちろん、高度で複雑な反応が熟慮なしで行われることだってありうる。ジガバチくんだってやっている。このときには、ワーキングメモリは必要ない。路面の状況がいろいろ変わるのに、われわれはたくさんの筋肉を巧みに操《あやつ》って歩くことができる。食べることにもたくさんの細かな作業が含まれている。硬いもの柔らかいもの、乾いたもの、汁気の多いもの、大きな塊、小さな塊、熱いもの、冷たいものなどいろんな食品が口の中に入ってくるが、どれもうまい具合に咀嚼《そしゃく》して、味わって、飲み込むことができる。

でも、こうしたことは、どんなに複雑でも、その段取りを立てて実行するのにワーキングメモリは使われない。だからわれわれは、こうしたことを**「無意識のうちに」**できる、と考えている。もちろん、歩いている通りの景色や、何を食べているか、そしてその味は意識している。それは、これらがつねに新しい情報をもたらすからだ。

視覚意識の機能――中間レベル表象を生み出し、ワーキングメモリに送る

ここで提案された「意識はワーキングメモリ上での熟慮を経た反応を生み出すためにある」という仮説と、AIR理論の中核にある「意識は中間レベルの表象の処理に関わって生じる」という仮説の間には重要なつながりがある。

まずは、先ほどと同様に視覚の場合を考え、次にそれを情動に当てはめてみよう。第一に言えるのは、**下位レベルの知覚表象は熟慮の役に立たない**ということだ。個々の線分の傾きをバラバラに検出したところで、熟慮的な行為や推論の役には立たない。

高次レベルの表象は熟慮的反応にもうちょい貢献するように思えるが、このレベルは「認識のレベル」だったことを思い出そう。イヌを見て逃げるのは、そこにいるのがイヌだと認識し、およそイヌは自分にとって脅威だと判断しているからだ。

しかし、実際に逃避行動を生み出すのには、こうした高次の抽象的・一般的表象だけでは足りない。この表象は、どのタイミングでどうやって逃げるかの選択に必要な情報を捨

て去ってしまっているからだ。つまり、特定の視点と、視野の中でのイヌの位置が失われている。高次の表象は、逃げたほうがいいという決定の助けにはなる。しかし、イヌと自分の位置関係についての情報がないと、いつどっちへ逃げるかは決まらない。

そこで、中間レベルの表象の出番だ。中間レベルの表象は、**自分の視点から対象を表象していたこと**を思い出そう。イヌと私はどのくらい接近しているか、イヌはどっちの方向から来るかという具合に、自分と対象の位置関係についての情報を用いた反応を生み出すには、こうした自己中心的な表象が必要だ。簡単にまとめると、高次の表象は、どういう種類の状況に自分がいるかを示す。中間レベルの表象は、その状況の中で自分がどういう位置にいるかを示している。

意識は中間レベルで生じる。視覚的意識の機能は、熟慮的な反応を組み立てているワーキングメモリで利用しうる表象、つまり自己中心的視点からの中間レベル表象を生み出して、それをワーキングメモリに送ることにある。

「中間レベルの恐怖」「高次レベルの恐怖」、それぞれの役割

同じことを情動に当てはめるとどうなるだろう。下位レベルの表象は、いろいろな身体的反応をバラバラに表象している。ところで、情動とは何だったっけ。身体的反応をレジ

スタすることを介して中核的関係主題を表象する心的状態のことだった。情動が身体的反応をレジスタするというのは、情動は身体的反応の知覚だと言い換えてもよい。しかし、中核的関係主題を表象したいなら、身体的反応を血圧、心拍数、といった具合にバラバラにレジスタしていたのではダメだ。

第1章で述べたように、いろんな情動が個別的な身体反応を共有している。心拍数の増加は、恐怖、怒り、上機嫌に含まれている。これらの情動を区別したいなら、**さまざまな身体的反応の集まりが全体としてひとまとめになって表象されなくてはいけない**。その表象が中間レベルで生み出される表象だった。

逆に高次レベルまで行ってしまうと、そのまとまりがさらに上位のパターンにまとめられてしまい、まとまりどうしの違いは捨てられてしまう。凍結と逃避と闘争のそれぞれに対応した身体的反応の集合が、同じ「恐怖」の見出しのもとにまとめられてしまう。もちろんこのレベルだって役に立つ。自分が恐れているのか、有頂天になっているのかを区別して知ることには価値があるだろう。しかし、これだけでは実際に行動するには不十分だ(図9－6)。

いま、現にどうすべきかを決めるためには、自分の身体が前もって評価してくれた反応を熟慮に入れることが役に立つ。これが、ソマティックマーカー仮説のキモだ。自分の身

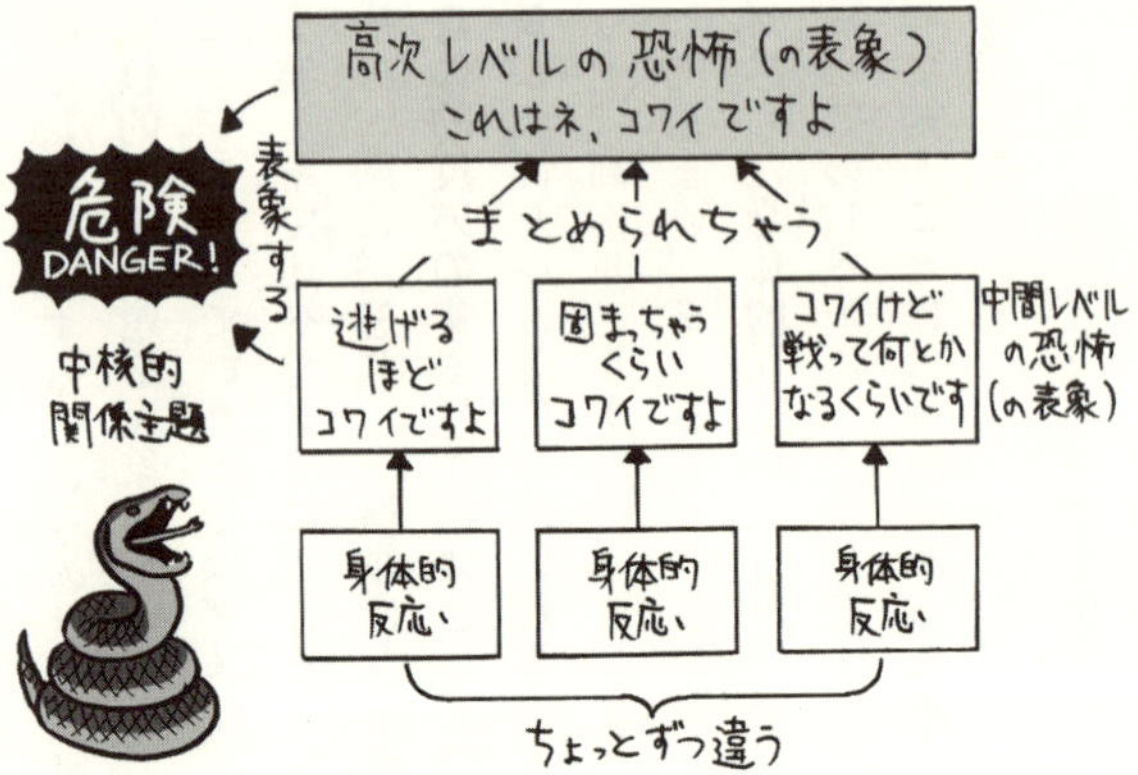

図9–6　中間レベルの恐怖と高次レベルの恐怖

体が私を凍結させようとしているということがわかったなら、私は逃げるのではなく、その場でじっとすることを選ぶ。ところが、高次レベルは、自分の状況について情報を与えるが、その状況に自分がどんなふうに置かれているのかについての情報は与えない。つまり、高次レベルの恐怖は自分が脅威にさらされていることを、大くくりに示す。

　これに対して、中間レベルの恐怖は次のことも示してくれる。つまり、恐怖の原因が自分とどんなふうに関係しているか。とりわけ、どんな種類の身体反応を要求する仕方で（脅威が大きい・小さい、脅威が近い・遠い、脅威が動いている・じっとしている、逃げられそうかどうか）関係しているのか。

　どちらのレベルも脅威という中核的関係主

題を表象しているが、中間レベルはその脅威を、自分がどんな行動の準備状態にあるかという情報、つまり身体が脅威をどんなふうに評価したのかについての情報を捨てないような仕方で表象している。で、自分がどういう特定の行為準備状態にあるかは、ひとまとまりの身体的反応に現れている。**恐怖のもつ「感じ」は、中間レベルが表象している対象である身体的反応がもっている性質に他ならない。**

反機能主義ゾンビから、再びツッコミが……

以上で述べてきたことを整理してみよう。

（1）恐怖には意識的なときと無意識的なときがある。どちらにも共通の機能は何だろうか。答えはこうなる。まず、恐怖は表象である。その機能は、差し迫った具体的で圧倒的な物理的危険に直面している、という中核的関係主題を表象し、その情報を伝えること、それによりふさわしい行動を動機づけることにある。

そうすると、反機能主義ゾンビが出てきて、「その機能だったらいっさい意識なしでもできますよ、私ぜんぶできますよ」と言う。だったら意識が不可欠なわけではないでしょう、というわけだ。

（2）そこで、意識的な恐怖は、以上の機能に加えてどういう機能をもっているのかを考えるはめに陥った。恐怖が意識的であることによって、何が新しくできるようになるのか。

ＡＩＲ理論の答えはこうだ。意識的な恐怖は、情動システムの中間レベルで、身体的反応を自己中心的視点からレジスタしている表象が、ワーキングメモリに送られるときに生じる。その機能は、身体的反応に示されている「物理的危険に対する特定の行為準備状態」の情報をワーキングメモリに送ることによって、ワーキングメモリでの熟慮的な行動選択（固まるか、逃げるか、戦うか）を助けることにある。そして、意識の表象理論を取る人（つまり私）だったら次のようにつけ加えるだろう。恐怖の意識的体験に伴う「感じ」は、この中間レベルの表象の志向的対象、つまり身体的反応がもっている性質に他ならない。

しかし、そうすると、また反機能主義ゾンビが現れて、次のように言うだろう。

「いまあなたが教えてくれたのは、意識的な恐怖が果たしているプラスアルファの機能ですね。でも、あなたが説明したのはいわゆる心理学的意識としての意識的恐怖にすぎません。現象的意識は説明されていません。なぜなら、あなたがつけ加えたプラスアルファの機能（ワーキングメモリでの熟慮の助け）だって、恐怖の「感じ」なしで果たすことができるでしょう。私ぜんぶできますよ。「感じ」が不可欠なわけではないでしょう」

これってきりがなくない？　このゾンビのツッコミに応えようとして、さらに、われわれの心で「感じ」がやっている付加的な機能をつきとめたとしても、ゾンビは、でもその機能って、「感じ」じゃなくても果たせるでしょ、と言えるからだ。しつこいなあ。この点では、哲学的ゾンビと映画のゾンビはよく似ている。攻撃しても攻撃してもなかなか死んでくれない。当たり前か、もう死んでるんだから。

反機能主義ゾンビを黙らせる最後の手段

残念ながら反機能主義ゾンビを黙らせることはできない。なぜなら、彼が言っていることは半分正しいからだ。ゾンビは、**どんな機能も機能である限り、それを実現するやり方は一つとは限らない**、という自明の理を述べている。

機能を実現するやり方は開かれている。紙をきれいに切るという機能を果たすものを設計せよ、というのは工学的問題だ。機能が先に指定されて、それを実現する構造を求めるので、逆問題とも言われる。その答えはいろいろありうる。ペーパーナイフ、各種のハサミ、最近ではレーザー光線も使われている。生きものも、同じような問題を解いてきている。ただし、進化の歴史によって。ゾンビが、それって「感じ」なしでもできますよ、と言うとき、彼は同じ工学的問題に対する、別の回答がありえますよ、と言っているわけだ。

このゾンビの発言は、まったくもって正しい。そうすると、反機能主義ゾンビにはせめておとなしくなっていただくというやり方で対処するしかない。そのためには、次のように開き直ってしまえばよい。

「ゾンビくん。外界から情報を取り入れて、それを利用して適切に行為せよという課題に答えるやり方、あるいは中核的関係主題を適切に捉えて、それにうまく対応せよという課題に答えるやり方は、キミの言うとおりいろいろ考えられるね。しかし、われわれ人間は現に、感じを伴う意識というやり方でその問題を解いてきたんだ。われわれにとって調べる価値があるのは、自分たちが現にどのようにしてやっているかであって、可能だとしても実現されていない解答法ではないんだよ。だからキミたちも、われわれの足を引っ張るんじゃなくて、ゾンビ心理学とゾンビ神経科学をやりたまえよ」

プリンツもこの方向でゾンビを黙らせようとしているようである。彼は次のように述べている。

> もし、われわれの先祖の脳が、遠い過去に異なった工学的解答にたどり着いていたなら、世界は、われわれではなく感じることのない自動機械であふれていたかもしれない。(Prinz 2004 : 220)

4　ハードプロブレムを解くってどういうことなんだろう？

AIR理論は「正体突き止め仮説」である

プリンツが、統一理論が説明すべきものとして挙げた意識の四つの特徴の第四番目は、意識状態は感じを伴う、ということだった。前節の最後での私とプリンツの開き直りは、AIR理論は意識に感じが伴うのはなぜかを説明できないと言っているように思える。なぜなら、AIR理論は機能主義的な理論だからだ。この理論では、意識的状態とは、出力をワーキングメモリに送るような状態のことであると考えている。つまり、ある心的状態（または神経活動）が意識的になるのは、それが特定の機能的役割を果たしたときだとしている。そうすると、その機能は「感じ」なしでもできますよ、とゾンビが囁《ささや》くわけだ。そして、この反機能主義ゾンビに対してわれわれは勝ち目はない。

しかし、このことは、われわれは意識のハードプロブレムを解くことができないということを意味するのだろうか。そうではない。むしろ、**われわれは「意識のハードプロブレム」とは何なのか、それを解くとはいかなることなのか（あるいはいかなることであるべきか）をまだよくわかっていない**のである。

いま、ＡＩＲ理論は機能主義的な理論だと言ったが、じつは、それを超える要素をもっている。意識経験の機能を明らかにしているだけではなく、意識経験の正体を同定してもいる。ＡＩＲ理論は、意識経験とはＡＩＲ、つまり「注意の的となっている中間レベルの表象」、もっと具体的に言えば「ワーキングメモリに送られる中間レベルの表象」に他ならない、と主張している。つまり、ＡＩＲ理論は、水とはH_2Oのことである、雷とは空中放電に他ならないといった主張と同様の、**「正体突き止め仮説」**でもある。

われわれにおいては、意識経験は感じを伴う表象である。それの正体が何であるかを同定している。もっとも、「ワーキングメモリに送られる中間レベルの表象」はまだ大雑把な機能的言い回しにすぎないので、正体と言うにはおこがましいかもしれない。しかし、研究が進むにつれ、それぞれ異なる感じを伴う意識経験のそれぞれについて、「ワーキングメモリに送られる中間レベルの表象」の役割を果たしている神経科学的状態が突き止められていくことは期待してよいだろう。そのときは、もっと精細な正体突き止め仮説が手に入る。

答えのない問い

こういう同定、つまり正体突き止めはどのように進むのか。これがある特定の感じを伴う意識経験の正体だ、という仮説はどんな証拠に基づいて主張されるのか。それは特定の意識経験と特定の神経科学的状態を同一視することによって、**どれだけのことを説明できるか**による。

たとえば、意識経験だけがエピソード記憶の候補になること、意識経験は報告可能であること。特定の部位が損傷されると、特定の意識経験が失われること。特定の意識経験が生じると、特定の部位が活性化すること。あるいは、ベンハムのコマを見せたときと、ディスプレイで赤い色を見せたときに共通する神経科学的状態があり、それが生じたときにいずれも「赤が見える」という報告がなされること、などなど。

こうした証拠によって、意識経験の正体突き止め仮説は正当化されていく。これらを説明できることが、意識がたとえばAIRに他ならないと考えるべき証拠になるわけだ。そして、「なぜAIRが感じを伴う意識状態だと考えるべきなのですか」という問いには、答えがある。これらの証拠を示せばよい。答えのない問いは「なぜAIRは感じを伴う意識状態なのですか」という問い、もうちょっと雑に言うと「なぜAIRが感じを伴うのですか」という問いだ。これは、「なぜ水はH_2Oなのですか」と同じ、**答えのない問い、答える必要のない問いだ**。水がH_2Oなのは説明を要しない事実だ。もちろん、なぜ水がH_2Oだとわかったのかには説明はある。

同様に、ある種の心理状態には感じが伴っている。その感じを伴う心理状態の正体はこの神経科学的状態だ、というのが同定されたとする。そこでさらに、その神経科学的状態にその感じが伴うのはなぜですか、と問うのはナンセンスだ。なぜなら、**その神経科学的状態こそ「その感じをもった心理状態」に他ならない**のだから。そして、意識の表象理論が正しければ、「その感じ」は神経科学的状態の性質ではなく、その神経科学的状態が表象している志向的対象の性質なんだから。

「その神経科学的状態にその感じが伴うのはなぜですか」という質問が意味のある質問に思えてしまうのは、「感じ」を神経科学的状態がもつ性質と思うからだ。そうすると、この質問は「H^2Oが透明なのはなぜですか」と同様の、答える必要のある質問に思えてくる。

ハードプロブレムBへの暫定的回答

ここで、ハードプロブレムの定義に戻ってみよう。鈴木さんのバージョンだと、意識体験と脳状態の相関を明らかにするのがイージープロブレムB、単に意識体験と脳状態の相関を明らかにするのではなく、相関が成り立つ理由を明らかにすることがハードプロブレムBということだった。

そこで、ＡＩＲ理論のような正体突き止め仮説はどちらのプロブレムに対する答えなのかを考えてみよう。ＡＩＲ理論は意識体験と脳状態の相関を証拠として主張されるが、それだけではない。意識体験と脳状態（ＡＩＲ）の同一性を主張する正体突き止め仮説である。そして、それは意識体験と脳状態（ＡＩＲ）の相関が成り立つ理由を明らかにしている。**両者が相関するのは、両者が同じものだからだ。**同一性は相関を説明する一つの方法なのである。水を電気分解するといつも水素ガスが酸素ガスの二倍の体積が発生するのはなぜか。はい、それは水はH_2Oだからです。

ということは、**ＡＩＲ理論は意識のハードプロブレムＢへの答えだということになる。**もちろんこれは、ハードプロブレムＢがもう解けちゃったということを意味しない。ＡＩＲ理論は、いろいろあるうちの一つの仮説にすぎないし、大雑把すぎるし、曖昧なところも多いし、何よりも証拠不十分だ。

しかし、大事なことは、**この種の正体突き止め仮説をきちんと立てて検証していくことによって、**ハードプロブレムＢに答えることはできるということだ。つまり、現在の心理学と脳神経科学の方法に基づいて、目的意識を失うことなく、目先の業績にとらわれずに、まっとうに研究していけば、原理的に解くことの可能な問題なのである。もちろん、まっとうに研究する、というのは難しいことではあるわけだけど。言いたいのは、ハードプロブレムだからといって、心理学や脳神経科学のやり方を根底から変えるような、大ブレークスルーが必要だというのは、少々大げさすぎないかね、ということだ。

じゃあ、ハードプロブレムAはどうなの、と言われるかもしれない。それには次のように答えよう。「現象的意識を物理主義的に説明する」って何のことだか、まだ曖昧だ。もしかしたら、答えようのないナンセンスな問いを述べているのかもしれない。「〜を説明する」という言い回しの空所に名詞を挿入したら、いつでも有意義な問題が手に入るとは限らない。

本書のまとめ

……ようやく最後までたどりついた。読者のみなさんも疲れたでしょう。私もクタビレた。最後にもうひと頑張り。本書の主張をまとめちゃおう。

・**恐怖は表象である**。アラコワイキャーの場合、恐怖は次のような構造をしている。怖いものの知覚によって身体的反応が引き起こされる。その反応は、これは脅威でっせという評価でもある。**その身体的反応をモニターし、自分に脅威が迫っているという中核的関係主題を表象するのが恐怖だ**。(→第3章)

・ヒトだって、もともとはオシツオサレツ表象を使ってアラコワイキャーをやっている生

きものだった。これに、**進化の過程でさまざまな表象を生み出す能力が徐々にアドオンされてきた。**（→第5章）

・でも、恐怖に関してはいまだにアラコワイキャーのシステムを使っている。ただし、そこに入力されるのは、現にそこにある怖い対象の知覚表象だけではなくなった。いろんな表象が入力できるようになった。そのおかげで、人間はいろいろなものを怖がれるようになった。とくに、**実在しないものを恐れることができるようになった。**（→第6章）

・ホラーを観ているとき、感じているのはホンマもんの恐怖だ。でも、映画館から逃げたりしないのは、**それが虚構だという信念が、認知の上位レベルから介入して行動の産出に「待った」をかけているからだ。**（→第6章）

・ホラーを楽しめるのは、怖さを上回る何かがあるからというより、**怖さそのものが快楽をもたらすからだ。**（→第7章）

・恐怖の怖い「感じ」は、**恐怖の中間レベルの表象がワーキングメモリに送られるときに生じる**（のではないか）。（→第9章）

・**意識の特質である「感じ」は唯物論的に解明できない、という考え方は間違っている。**現行の心の科学を根底から覆すようなブレークスルーが必要だという考え方も根拠がない。（→第9章）

というわけで、言いたいことはすべて言った。まえがきを書いたときに恐れていたとおりに、原稿が膨れあがってしまったけれど。

ホラーというジャンルが成立しているという事実は、人間とはいかなる存在かを考え直すうえで、とんでもなく示唆に富んでいる。アラコワイキャーによって生存確率を高めるための原始的なシステム、つまり扁桃体だのなんだの脳の奥のほうにあるリソースをいまだに使いながら、恐怖を楽しむ。こんな生物学的には転倒しまくったことまでできるようになってしまった人間って、なんて面白いんだろうと思う。

ただし、そうした人間のユニークさをフルに理解するためには、単純な情報処理機械であるバクテリアからスタートして、表象能力を次第に獲得することで、われわれのようなヘンテコな存在が生じた、その過程を振り返ってみることが必須だと思う。そういう意味で、**哲学は生物学、脳科学とシームレスにつながるべきなのだ。**これが最後のメッセージだ。

参考文献

本書を執筆するにあたって参考にした文献を挙げておこう。まず、本書全体の下敷きになっているのは、ジェシー・プリンツとノエル・キャロルの次の本だ。プリンツ本は情動の哲学におけるいまのところ最良の成果だと思う。キャロル本は、ちょっと古くなったかもしれないが、ホラーというジャンルに関する美学的な考察として、質・量ともにいまでも最重要の仕事だ。

- Prinz, J. J. (2004) *Gut Reactions: A Perceptual Theory of Emotion*. Oxford University Press（ジェシー・プリンツ『はらわたが煮えくりかえる——情動の身体知覚説』源河亨訳、勁草書房、二〇一六年）
- Carroll, N. (1990) *The Philosophy of Horror: or Paradoxes of the Heart*. Routledge

この二冊を紹介できただけでも本書の意義はあると思う。興味をもたれた方はぜひ、もとの本にあたってください。情動の哲学について、日本語で読めるまとまった本はあまりないのだが、次のアンソロジーはたいへん勉強になった。

- 信原幸弘・太田紘史（編）『シリーズ　新・心の哲学Ⅲ　情動篇』勁草書房、二〇一四年

とくに、信原幸弘さんの序論「よみがえる情動の哲学」、服部裕幸さんの「情動の本性」は、情動の哲学の全体像を知るのにたいへん役に立った。

感情心理学について、素人の私が勉強するのに力強い味方になったのは次の本だ。コンパク

トで読みやすいが、情報量は非常に豊かで、理想的な入門書だと思う。

- 大平英樹（編）『感情心理学・入門』有斐閣アルマ、二〇一〇年

第1章

- 信原幸弘（二〇一四）「よみがえる情動の哲学」『シリーズ 新・心の哲学Ⅲ 情動篇』一―二九ページ
- デカルト『情念論』谷川多佳子訳、岩波文庫、二〇〇八年
- Plutchik, R.（1980）*Emotion: A psychoevolutionary synthesis*. Harper and Row
- Russell, J. A.（1980）A circumplex model of affect. *Journal of Personality and Social Psychology*, 39, 1169–1178
- Griffiths, P. E.（1997）*What Emotions Really Are*. University of Chicago Press
- Dutton, D. G. & Aron, A. P.（1974）Some evidence for heightened sexual attraction under conditions of high anxiety. *Journal of Personality and Social Psychology*, 30（4）, 510–517
- Schachter, S. & Singer, J. E.（1962）Cognitive, social, and physiological determinants of emotional state. *Psychological Review* 69（5）, 379–399
- Russell, B.（1927）*An Outline of Philosophy*. Allen & Unwin（バートランド・ラッセル『現代哲学』高村夏輝訳、ちくま学芸文庫、二〇一四年）
- Marks, I. M.（1987）*Fears, Phobias and Rituals: Panic, Anxiety, and Their Disorders*. Oxford

University Press
- Bracha, H. S. (2004) Freeze, flight, fight, fright, faint: Adaptationist perspectives on the acute stress response spectrum. *CNS Spectrums* 9 (9). 679–685
- Tomkins, S. S. (1962) *Affect imagery consciousness*. Springer
- Ekman, P. (1972) Universals and cultural differences in facial expressions of emotion. In J. K. Cole (ed.), *Nebraska Symposium on Motivation*, 1971. University of Nebraska Press, 207–283
- Strack, F. et al. (1988) Inhibiting and facilitating conditions of the human smile: A nonobtrusive test of the facial feedback hypothesis. *Journal of Personality and Social Psychology* 54 (5), 768–777
- Larsen, R. J. & Diener, E. (1992) Promises and problems with the circumplex model of emotion. *Review of Personality and Social Psychology* 13, 25–59

第2章

- James, W. (1884) What is an emotion? *Mind* 9, (34), 188–205
- Lange, C. G. (1885) *The Emotions* (reprinted in C. G. Lange & W. James [eds.] (1967) *The Emotions*.) Hafner Publishing Company
- Cannon, W. B. (1927) The James-Lange theory of emotions: A critical examination and an alternative theory. *The American Journal of Psychology* 39 (1/4), 106–124

- James, W.（1890）*The Principles of Psychology*. Henry Holt & Co.
- Watson, J. B.（1913）Psychology as the Behaviorist Views it. *Psychological Review 20*(2), 158–177
- Ryle, G.（1949）*The Concept of Mind*. University of Chicago Press（ギルバート・ライル『心の概念』坂本百大ほか訳、みすず書房、一九八七年）
- Skinner, B. F.（1953）*Science and Human Behavior*. The Free Press
- Bower, G. H.（1981）Mood and memory. *American Psychologist* 36 (2), 129–148
- Bless, H. et al.（1996）Mood and stereotyping: Affective states and the use of general knowledge structures. *European Review of Social Psychology* 7 (1), 63–93
- Oatley, K. & Johnson-Laird, P. N.（1987）Towards a cognitive theory of emotions. *Cognition and Emotion* 1 (1), 29–50
- Panksepp, J.（2000）Emotions as natural kinds within the mammalian brain. In M. Lewis & J. M. Haviland-Jones（eds.）, *Handbook of Emotions*（2nd.ed.）. Guilford Press, 137–156
- Solomon, R. C.（1976）*The Passions: Emotions and the Meaning of life*. Doubleday
- Arnold, M. B.（1960）*Emotion and Personality*. Columbia University Press
- Lazarus, R. S.（1991）*Emotion and Adaptation*. Oxford University Press
- Zajonc, R. B.（1980）Feeling and thinking: Preferences need no inferences. *American Psychologist* 35 (2), 151–175

- Zajonc, R. B. et al.（1989）Feeling and facial efference: Implications of the vascular theory of emotion. *Psychological Review* 96 (3), 395–416
- Lazarus, R. S.（1984）On the primacy of cognition. *American Psychologist* 39 (2), 124–129
- LeDoux, J. E.（1996）*The Emotional Brain: The mysterious underpinnings of emotional life.* Simon and Schuster（ジョセフ・ルドゥー『エモーショナル・ブレイン――情動の脳科学』松本元ほか訳、東京大学出版会、二〇〇三年）

第3章

ダマシオのソマティックマーカー仮説の意味や、アイオワ・ギャンブル課題実験の解釈などについては、次の西堤さんの論文から学んだ。すごく見通しの良い好論文。

- 西堤優（二〇一〇）「ソマティック・マーカー仮説について――アイオワ・ギャンブル課題の解釈をめぐる問題」『科学哲学』四三―一号、三一―四四ページ

また、『シリーズ 新・心の哲学Ⅲ 情動篇』の信原幸弘論文「先延ばしと情動」も参考にさせていただいた。

- Damasio, A. R.（1994）*Descartes' Error: Emotion, Reason, and the Human Brain.* Putnam Publishing（アントニオ・R・ダマシオ『デカルトの誤り――情動、理性、人間の脳』田中三彦訳、ちくま学芸文庫、二〇一〇年）
- Bechara, A. et al.（1997）Deciding advantageously before knowing the advantageous strategy.

Science 275, 1293–1295

第5章

- チャールズ・ダーウィン『人及び動物の表情について』浜中浜太郎訳、岩波文庫、一九九一年
- Ekman, P. & Friesen, W. V.（1971）Constants across cultures in the face and emotion. *Journal of Personality and Social Psychology* 17（2）, 124–129
- Galati, D. et al.（1997）Voluntary facial expression of emotion: Comparing congenitally blind with normally sighted encoders. *Journal of Personality and Social Psychology* 73 (6), 1363–1379
- Fridlund, A. J.（1994）*Human Facial Expression: An Evolutionary View*. Academic Press
- Russell, J. A.（1994）Is there universal recognition of emotion from facial expression? A review of the cross-cultural studies. *Psychological Bulletin* 115 (1), 102–141
- Izard, C. E.（1994）Answer - None: Cognition is one of four types of emotion activating systems. In P. Ekman & R. J. Davidson（eds.）*The Nature of Emotion: Fundamental Questions*. Oxford University Press, 203–207
- Millikan, R. G.（2004）*Varieties of Meaning*, MIT Press（ルース・G・ミリカン『意味と目的の世界』信原幸弘訳、勁草書房、二〇〇七年）
- Nagel, T.（1979）*Mortal Questions*. Cambridge University Press（トマス・ネーゲル『コウモリであるとはどのようなものか』永井均訳、勁草書房、一九八九年）

• Papineau, D.（2003）*The Roots of Reason: Philosophical Essays on Rationality, Evolution, and Probability*. Oxford University Press

第6章

美学に不案内なので困っていた私に、虚構と情動に関するさまざまな文献を紹介してくれたのは、同僚の秋庭史典《あきばふみのり》さんだ。飲み会の席でちらっと口にした話題を覚えていてくれて、重要文献をコピーまでしてくださった。ありがとうございます。

• Gendler, T. S. & Kovakovich, K.（2006）Genuine rational fictional emotions. In M. Kieran（ed.）, *Contemporary Debates in Aesthetics and the Philosophy of Art*. Blackwell, 241-253
• Walton, K. L.（1978）Fearing Fictions. *The Journal of Philosophy* 75（1）, 5-27（ケンダル・ウォルトン「フィクションを怖がる」森功次訳、西村清和編・監訳『分析美学基本論文集』勁草書房、二〇一五年、三〇一—三三四ページ）
• Mian, R. et al.（2003）Observing a fictitious stressful event: haematologiacl changes, including circulating leukocyte activation. *Stress* 6（1）, 41-47

第7章

• Jones, E.（1931）*On the Nightmare*. The Hogarth Press
• Jackson, R.（1981）*Fantasy: The Literature of Subversion*. Methuen

・デイヴィッド・ヒューム『ヒューム 道徳・政治・文学論集［完訳版］』田中敏弘訳、名古屋大学出版会、二〇一一年
・エドマンド・バーク『崇高と美の観念の起原』中野好之訳、みすず書房、一九九九年
・Gilmore, L. A. & Campbell, M. A.（2008）Scared but loving it: Children's enjoyment of fear as a diagnostic marker of anxiety? *Australian Educational and Developmental Psychologist* 25（1）, 24-31
・Cantor, J.（2004）"I'll never have a clown in my house": Why movie horror lives on. *Poetics Today* 25（2）, 283-304
・Milham, M. P. et al.（2005）Selective reduction in amygdala volume in pediatric anxiety disorders: A voxel-based morphometry investigation. *Biological Psychiatry* 57（9）, 961-966
・De Bellis, M. D. et al.（2000）. A pilot study of amygdala volumes in pediatric generalized anxiety disorder. *Biological Psychiatry* 48（1）, 51-57

第8章

この章を書くのに最も頼りにしたのは次の本だ。

・鈴木貴之（二〇一五）『ぼくらが原子の集まりなら、なぜ痛みや悲しみを感じるのだろう——意識のハード・プロブレムに挑む』勁草書房

意識のハードプロブレムに表象理論で挑むというスリリングな本。議論の全体像がつねにマ

ップで示され、いまどこを議論しているのかが「イマココ」と現在地表示されるという、とんでもなく親切な本だ。意識の哲学に関して、日本語で読めるものの現時点における最高峰だと思う。

- Chalmers, D. J. (1996) *The Conscious Mind: In Search of a Fundamental Theory*, Oxford University Press（デイヴィッド・J・チャーマーズ『意識する心——脳と精神の根本理論を求めて』林一訳、白揚社、二〇〇一年）
- Clore, G. L. (1994) Why emotions are never unconscious. In P. Ekman & R. J. Davidson (eds.) *The Nature of Emotion: Fundamental Questions*. Oxford University Press, 285–290
- Rosenthal, D. M. (1991) The independence of consciousness and sensory quality. In E. Villanueva (ed.) *Consciousness: Philosophical Issues*, vol.1, Ridgeview, 15–36
- Arntz, A. (1993) Endorphins stimulate approach behavior, but do not reduce subjective fear: A piot study. *Behaviour Research and Therapy* 31 (4), 403–405
- Fischman, M. W. & Foltin, R. W. (1992) Self-administration of cocaine by humans: A laboratory perspective. In G. R. Bock & J. Whelan (eds.), *Cocaine: Scientific and Social Dimensions*. Wiley, 165–180
- Strahan, E. J. et al. (2002) Subliminal priming and persuasion: Striking while the iron is hot. *Journal of Experimental Social Psychology* 38 (6), 556–568

第9章

ＡＩＲ理論を検討した日本語文献としては、次のものがある。タイトルが示すように太田さんはこの理論に批判的だ。太田紘史「身体知覚はいつ感情になるのか？——視覚意識と情動意識の中間レベル説に対する疑問」『Prospectus』一二号、一八—三一ページ

- Bisiach, E.（1992）Understanding consciousness: Clues from unilateral neglect and related disorders. In A. D. Milner & M. D. Rugg（eds.）, *The Neuropsychology of Consciousness*. Academic Press, 113–137
- Mack, A. & Rock, I.（1998）*Inattentional Blindness*. MIT Press
- Olshausen, B. A. et al.（1994）A neurobiological model of visual attention and invariant pattern recognition based task. *Journal of Neuroscience* 14, 6171–6186
- Damasio, A. R.（1999）*The Feeling of What Happens: Body and Emotion in the Making of Consciousness*. Harcourt Press（アントニオ・Ｒ・ダマシオ『無意識の脳・自己意識の脳』田中三彦訳、講談社、二〇〇三年）
- Critchly, H. D. et al.（2001）Neuroanatomical basis for first- and second- order representations of bodily states, *Nature Neuroscience* 4, 207–212
- Damasio, A. R. et al.（2000）Subcortical and cortical brain activity during the feeling of self-generated emotions. *Nature Neuroscience* 3, 1049–1056

• Buckner, R. L. et al. (1999) Frontal cortex contributes to human memory formation. *Nature Neuroscience*, 2, 311–314

おすすめホラームービー10選

「はじめに」で断ったとおり、私はコアなホラーファンではない。血しぶきドバーはわりと苦手だ。そういう私の好きなホラー映画を挙げておこう。臆病者の私が観ていられるくらいだから、誰にでも安心しておすすめできる教育委員会推薦ホラームービーです。ワンポイント見所つき。

❶**『悪魔のいけにえ』**トビー・フーパー監督、一九七四年

原題どおり「テキサス・チェンソー大量殺人」にして欲しかった。牛肉を吊るすための巨大なフックに女子大生が……というシーンが好き。大学教授がこんなこと書いていいんですか？というツッコミが編集者から入ったが、いいんです。

❷**『スクリーム』**ウェス・クレイヴン監督、一九九六年

メタホラーの傑作。Leave her alone.とLiver alone.を掛けた悪趣味な冗談を言って、ペロリと舌を出すマシュー・リラードのベロの長いこと。ちょっと怖い。

❸**『ゾンビ』**ジョージ・A・ロメロ監督、一九七八年

Dawn of the Deadね。もちろん、エンドロールのマヌケな感じの音楽とか、見所、聞き所

は満載。だけど、私が好きなのは、五分以上にもおよぶオープニングクレジットの間じゅう、ゾンビについて報道している放送局の混乱ぶりが活写され、なんだかとんでもないことが起きているという感じだけが盛りあがっていく場面。

❹『**ミスト**』フランク・ダラボン監督、二〇〇七年

狂信的なミセス・カーモディがスーパーマーケットに残された人々の人間関係をずたずたにしていくのが怖いよね、怖いのはやっぱり人間だ、という感想は月並みなので書かない（書いたけど）。やっぱり、この映画でもっとも良いのは、巨大な吸血触手にせよクモの化け物にせよ、モンスターが、襲われたらひどく痛そうなつくりになっているところ。

❺『**死霊のはらわたⅡ**』サム・ライミ監督、一九八七年

そりゃ何と言っても、ブルース・キャンベルが自分の右手と戦う場面。ラストもかなり驚く（悪い意味で）。

❻『**ブレア・ウィッチ・プロジェクト**』エドゥアルド・サンチェス、ダニエル・マイリック監督、一九九九年

怖いものはいっさい映らず、何かを怖がっている人だけが映るという、賛否両論を巻き起こした映画。最後の最後のシーンをちゃんと怖がるためには、相当の記憶力を必要とする。

❼『**SF／ボディ・スナッチャー**』フィリップ・カウフマン監督、一九七八年

ラストのドナルド・サザーランドの顔はかなり怖い。素顔なのに。それを見て怖がるヴェロニカ・カートライトの顔はもっと怖い。それらを見るためだけにも退屈な全編を耐えるに値する。

❽『シャイニング』スタンリー・キューブリック監督、一九八〇年

小説が書けなくてだんだんオカシクなっていくお父さん役のジャック・ニコルソンによる過剰な百面相演技。最後に凍死してしまったときの顔がひどく間抜け。

❾『ザ・フライ』デイヴィッド・クローネンバーグ監督、一九八六年

ハエ男になるブランドル博士（ジェフ・ゴールドブラム）のもともと人間離れしたご面相が素晴らしい。徐々に人間でなくなっていくブランドルが、自分の体からこぼれ落ちた器官をホルマリン漬けにして、私的なメモリアルをつくる場面が、気持ち悪く、かつ哀切でよいなあ。

❿『ウィッカーマン』ロビン・ハーディ監督、一九七三年

一九七三年のイギリス映画だが、日本で公開されたのは一九九八年。異教を信仰する離島を捜査のために訪れた巡査がヒドイ目に遭う。その異教が何とも奇妙かつのどかで、おかしいんだか、怖いんだかわからない映画。

あとがき

スティーブン・キング原作の映画『ミザリー』は大好きな映画だった。

雪山で事故を起こした流行作家が意識を取り戻すと、暖かいベッドの上で親切な女性（アニー）に看護してもらっているところだった。アニーは看護師で、作家が長年書き続けてきた「ミザリーシリーズ」の大ファンだという。ところが作家は、最新作でヒロインのミザリーの死を描いて、シリーズを完結させるつもりだった。心機一転、新しい作品に挑もうという算段だ。最新作を読んで、作家がミザリーを殺してしまったことを知ったアニーは、激昂《げっこう》して作家を監禁・拘束し書き直しを命じる。献身的なアニーから狂気のアニーへの豹変《ひょうへん》ぶりを演じるキャシー・ベイツが素晴らしかった。

本書を書く過程で、私はすっかりこの映画が苦手になってしまった。狂気の編集者に原稿の遅れを責められ、何度も恐ろしい目に遭わされたからだ。もう、身につまされてスクリーンを正視できませんよ。

というわけで、唐突ですがNHK出版の大場旦さんに感謝します。本書は『論文の教室』以来、四冊目の共同作業だ。たくさんの改善案を提案していただいたおかげでずいぶん内容が充実しました。でも、今回はこれまでで一番辛い執筆作業でした。アニー大場の容赦ない追い込みがなければ、とても本書は完成に至らなかったでしょう。これからも宜しく。ただ、私をベッドに縛り付けて足をハンマーで潰すのだけは、お願いですからもうカンベンしてください。

さて、本文の最後で書いたとおり、哲学は生物学や脳科学とシームレスにつながるべきだ。魂があるから、理性があるから、言語があるから、人間は特別なんだとハナから決めてかかるヘッポコ哲学者には、彼らの思惑に反して、人間のユニークさは決して理解できないだろう。そういう哲学者の首をチェンソーではねてまわりたい、と思う今日この頃。

二〇一五年十二月

戸田山和久

校閲　山本則子
DTP　角谷剛
本文イラスト　前田はんきち
図版作成　原清人

戸田山和久 とだやま・かずひさ
1958年、東京都生まれ。
1989年、東京大学大学院人文科学研究科単位取得退学。
専攻は科学哲学。現在、名古屋大学大学院情報学研究科教授。
主な著書に『論理学をつくる』(名古屋大学出版会)、
『知識の哲学』(産業図書)、
『新版 論文の教室』『科学哲学の冒険』(NHKブックス)、
『「科学的思考」のレッスン』(NHK出版新書)、
『哲学入門』(ちくま新書)、
『科学的実在論を擁護する』(名古屋大学出版会)、
『教養の書』(筑摩書房)、『思考の教室』(NHK出版)など。

NHK出版新書 478

恐怖の哲学
ホラーで人間を読む

2016年1月10日　第1刷発行
2021年7月20日　第2刷発行

著者 戸田山和久
発行者 土井成紀
発行所 NHK出版
〒150-8081東京都渋谷区宇田川町41-1
電話 (0570) 009-321(問い合わせ) (0570) 000-321(注文)
https://www.nhk-book.co.jp (ホームページ)
振替 00110-1-49701

ブックデザイン albireo
印刷 壮光舎印刷・近代美術
製本 二葉製本

Printed in Japan ISBN978-4-14-088478-2 C0210